성공적인
대학생활을 위한
학습전략

Learnig Strategy for successful university life

김홍자 저

화수목

프롤로그

신입생들의 얼굴을 보면 대학생활에 대한 기대와 열의로 부풀어 있다. 그러나 대학에서의 낭만과 자유가 대학생활의 모든 부분을 자신이 책임져야 하는 부담감으로 작용하면서부터 희로애락과 같은 만감이 교차한다. 고등학교 때와는 전혀 다른 많은 양의 학습량과 생소한 단어들로 몹시 당황하거나 고생을 하는 경우를 종종 보게 된다.

대학에서의 기본은 학습역량을 고취하는 것이다. 대학공부의 즐거움과 성취감을 맛볼 수 없다면 자아 정체감이나 학습 효능감을 경험할 수 없다. 대학생과 공부는 서로 분리될 수 없으며 밀접한 관계에 놓여 있으므로 대학생활에 대한 기본적이고 체계적인 학습전략이 무엇보다 필요하다. 더욱이 글로벌 인재 양성을 비전으로 하는 우리대학에서는 대학에서의 공부 방법에 대한 지식과 졸업 후의 진로에 대한 구체적인 정보를 제공함으로써 대학공부의 즐거움과 성취감을 맛볼 수 있도록 하는 것이 이 책의 목적이다.

대학에서 소속감을 느끼지 못하거나 자기 자신의 공부스타일이나 방법을 발견하지 못하고 방황하는 학생들이 체계적인 학습전략을 습득할 필요가 있다. 흔히 대학교에 들어오게 되면 배낭여행이나 동아리 활동, 어학연수를 통해 꿈을 이루어 가는 과정은 참으로 아름답다.

성공적인 대학 생활은 자신의 미래를 담보한다. 그러나 정작 공부를 하는 학생들은 어떻게 하면 공부를 잘 할 수 있을까, 왜 집중이 안 될까?, 왜 공부는 하는데 성적이 잘 오르지 않을까하는 현실적인 문제에 부딪혀 고민을 하는 학생들을 많이 보아왔다. 이와 같은 고민은 일시적일 수도 있지만 심하면 공부 자체에 흥미를 잃고 심지어는 학업을 중단하는 사태에 이르게 된다. 이렇게 학업을 중단하는 경우는 지나치게 자신에게 엄격하여 실행하기가 어려운 비효율적인 학습전략을 세움으로서 일어나는 현상이다. '완전무결' '완벽' '빨리하자' '남에게 약점을 보이면 안 된다'라는 등의 결과 지향적 사고방식에 사로잡혀 있으면 과정지향의 유연한 전략보다 실패할 확률이 높다. 그러므로 과거의 비효율적인 공부전략을 현실적으로 보다 융통성 있는 새로운 공부전략으로 교체하는 일이 필요하다. 이렇게 공부계획을 신축성 있게 세움으로써 자유로운 선택을 가능하게 하고 '융통성'과 '인간답게 살자' '좋은 기분' '자유로움'이라는 행복과 연결되어 졸업 후의 인생경로에도 많은 영향을 받게 된다.

당연하다고 생각했던 학생들의 학습태도나 학습기술에 대해 아직도 생각해 볼 것이 너무도 많다는 사실을 이 교재를 쓰면서야 알게 되었다. 그리고 자신이 이 책을 쓰면서 학습전략에 대해 너무 피상적인 생각만 하고 있다는 것도 깨달았다. 아무래도 이것은 나의 한국적임에서 우러나온 것 같다. Harvard, Stanford 대학을 비롯해 많은 대학들이 학습의 어려움을 가지고 있거나 학업성취를 향상시키고자 하는 대학생들을 대상으로 학습전략을 가르치고 있다. West Virginia 대학이나 South West Texas 주립대학을 비롯한 몇 몇 대학에서는 학생들의 학습능력을 향상시키기 위해 study skills 강좌나 learning to learn 등의 학과목을 개설하여, 이를 정규과목으로 인정하여 학점을 허용하고 있다. 우리나라에서는 학습전략의 정기적 교육프로그램을 통하여 학습자의 정의적 특성을 수직적으로 개선하려는 연구가 지속되어야 할 것이다.

학습전략이라는 용어가 사용되면서 대학생들이 나름대로 자신에게 맞는 공부방법을 찾아 전략적으로 공부하여 변화하고 발전하는 모습을 보아왔다. 우리 한국사회는 표현과 수사라는 말로 요약할 수 있을 정도로 다양성에 치중하고 있다. 특히 글들이 기계적 체계로 연결되어 있는 다른 책들에 비해 다양한 양식으로 얽혀 있다는 비난에 대해 자유롭지 못하다. 하지만 내가 보는 학습이란 굳이 그것을 해체적이라 말하지는 않더라도 단순한 학습론으로는 설명할 수 없는 부분을 어떻게 내적으로 연결시켜 학습전략의 '통일성'을 찾아낼 것인가 하는 것을 쓰고 싶었을 뿐이다. 그것은 기계적 체계가 아니라 리좀적 체계이다. 사유논리에 의한 학습의 형식들이 서로 별개로 존재하는 것이 아니라 나무의 뿌리가 새로운 뿌리를 만나 결합하는 리좀(rhizome) 같은 구조로 되어 있다. 학습의 형식은 정점도 중심도 없는 하나의 독립된 장 일 뿐이다. 리좀적 사유에 의하면 시간과 스트레스가 접속이 되고 노트정리와 보고서 작성이 서로 만날 수 있다. 학습의 이항들이 만나면서 창출하는 이질성으로 하나의 '내부'가 접속이 된다. 이런 식의 사유는 기존의 학습에서 다루어 왔던 내재적 사유의 소산과 다를 바 없다. 특히 보편적 학습의 원리를 찾는 것 보다 내재적 학습의 관계를 찾는데 치중했다. 벡터적 자질로서 학습전략을 보아 온 것이다. 필자는 지금까지의 한국의 학생들에게는 한국의 학습전략을 체계로 파악하게 하면 그것은 쉬웠지만 각 대학에 맞는 내부를 짚어 내는 것은 어려웠다. 우리가 각 대학의 선배와 동료들의 사례를 중심으로 직접

학습전략을 더듬어 보는 것은 즐거운 일임에 틀림없다.

학습기술 속에는 학습준비와 학습과정, 학습 후와 같은 '외부' 들이 내적 통일성을 조망하고 있기 때문이다. 이 책은 학습이 조망하는 내부를 어떤 일자적 관점에서 보는 대신, 상호적으로 대비하여 서로가 어떤 리좀적 '내부'를 산출하는 지를 성찰할 필요가 있다. 그러면 기존의 학습 패러다임, 예를 들어 학교에서 행해지는 학습(노트필기, 보고서 작성, 수업 잘 듣기, 학습목표, 시험 잘 보기)과 같은 일자적 사유를 넘어 다양성, 내재성의 사유를 담은 학습의 지평이 열릴 것이다. 인간관계와 커뮤니케이션, 진로와 집중력을 통한 학습전략은 대학생활과 대학졸업 후의 생활을 하나의 연결고리로 인정하고 서로 만나 헤어지지도 않는 리좀 구조가 지식기반사회에 필요한 역량을 개발시켜 줄 것이다. 이 책은 어디에서 시작해도 좋다. 인간 관계론부터 시작해도 좋고 목표설정에서 시작해도 좋다. 읽기 전략에서 시작하여 글쓰기 부분에서 끝내도 좋다.

2016년 8월
사계 김홍자

목 차

부 록

01 학습전략 기초

1. 학습이란?

2. 자기 인식하기
   1) Kolb의 학습스타일 검사
   2) Baker & Siryk의 학업적응도 검사
   3) Felder의 학업 스타일 분류 검사

01 학습전략 기초

제 별명은 작심삼일이에요. 계획은 거창하지만 실천은 언제나 작심삼일로 끝나죠. 계획을 너무 거창하게 세우는 것 같기도 하고, 저의 의지력이 의심스럽기도 하고, 이제 계획 세우는 게 무서울 정도에요. 작심삼일을 작심꾸준으로 바꿀 수 있는 방법, 어디 없을까요?

공부를 잘하는 학생들은 뭐가 다를까? 행동의 씨앗을 뿌리면 습관의 열매가 열리고, 습관의 씨앗을 뿌리면 성격의 열매가 열리고, 성격의 씨앗을 뿌리면 운명의 열매가 열린다. 우등생처럼 행동하라! 그러면 우등생이 된다.

1982년도 미식축구 챔피언이 된 샌프란시스코 포티 나이티 침은 전년도 전적이 16전 14패였었다. 그런데 의식개혁주의자인 코치 빌 월쉬가 새로 부임하여 선수들에게 '할 수 있다'는 자신감을 불어넣어 선수들의 실력과 전적이 눈에 띄게 향상되었다. 히딩크(전 축구대표 감독) 또한 우리나라 대표 축구팀의 전략을 한층 업그레이드 시킨 좋은 예에 해당한다. 그는 2002년 월드컵 축구대회에서 우리나라 대표팀의 4강 신화를 이끌어낸 히딩크 감독을 전략이 뛰어난 경우로 꼽을 수 있다. 히딩크 감독은 선수 개개인에 대한 정보를 정확하게 분석해 경기마다 적재적소에 선수를 배치하고, 경기의 흐름에 따라 과감하게 전략을 바꾸는 등 탁월한 전략가의 능력을 보여주었다.

공부 잘 하는 학생과 공부 못하는 학생 간에는 차이가 있다. 무리한 목표를 세우고 시간관리에 실패하는 사람은 절대 공부를 잘 할 수 없다. 앞뒤 가리지 않고 덤벼들어서는 나 자신과의 싸움에서조차 이기기 어렵다. 또한 아무리 뛰어난 능력을 갖고 있어도 치밀한 전략을 세우지 못한다면 계획한 목표를 성공적으로 이끌기 어렵다. 공부 잘 하는 학생은 남들보다 더욱 많은 양의 학습내용을 효율적으로 기억하고, 필요한 것을 머릿속에서 꺼내어 적절히 사용할 줄 아는 능력! 이것이야말로 효율적인 공부방법의 첫걸음이다. 효율적으로 보고 읽고 들은 것을 기억하여 집행하는 전략가이다. F학점에서 A학점으로 대변신의 열쇠가 될 학습전략을 잘 세워 공부의 전략가로 거듭나 보자(손연아외 6인, 2008).

➡ 무조건 요구하는 프로그램보다는 Principle (Why, What)에 대한 이해가 우선될 때 지속적인 동기부여와 Action으로 연결된다.

※ Principle Model

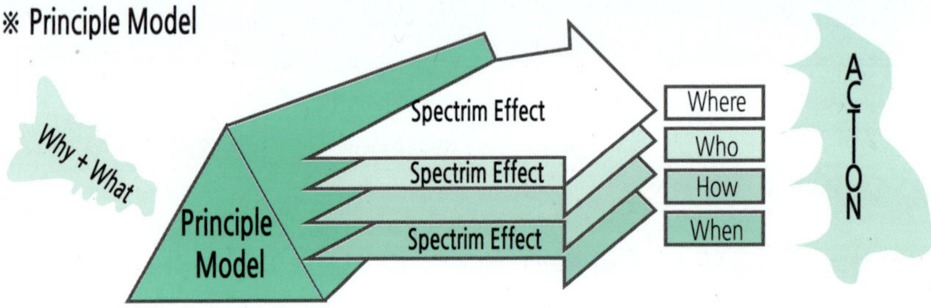

〈그림 1-1〉 강의기술의 배경-성인학습에 대한 이해

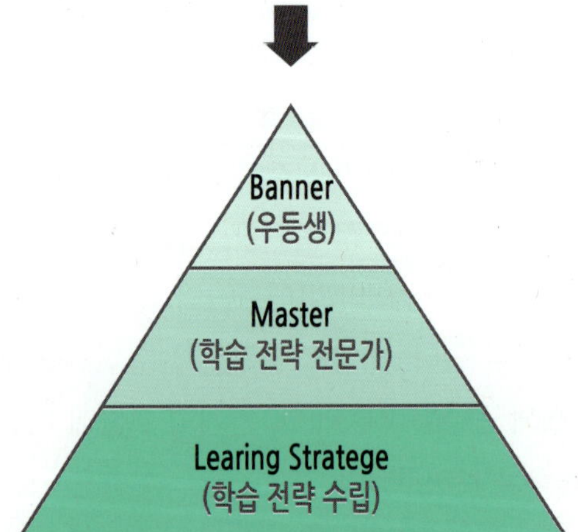

〈그림 1-2〉 Miller's Pyramid(1991)

학습전략이 좋아지면 실력을 갖추게 되고 학습의 주인이 되어 우등생이 된다.

첫 째	효과적으로 공부하는 방법, 즉 학습자가 자신의 학습효과를 높이기 위해서식 의도적으로 취하는 행동 방식과 인지 방식
둘 째	학습스타일에는 의식적인 노력이 포함되어 있지 않은 반면, 학습전략은 구체적으로 목표를 설정하고 달성하기 위한 의식적인 노력이 포함된다.

〈그림 1-3〉 학습전략이란 무엇인가?

01 학습이란?

학습이 무엇이고 어떻게 학습을 해야만 학습이 성공적으로 이루어지는가에 대해 알아보자. 사회인으로서의 변화는 대부분 경험에 의한 학습의 결과로 볼 수 있다. 일반적으로 학습이라 하면 (성공적인 대학생활의 길라잡이_2001 이현우. 장경숙. 홍영기) 학교에서 하는 공부를 생각하기 쉬우나 새로운 기술의 습득이나 감정적 반응, 대인관계 등도 학습을 통해 이루어진다. 우리가 무심코 집에서 TV를 켜는 행동이나 남을 사랑하는 행위까지도 학습의 결과로 이루어지는 행동이다. 학습이란 광범위하게 인간행동의 변화를 의미한다. 즉 학습은 webster 사전에 의하면 연습이나 경험의 결과로 생기는 비교적 지속적인 유기체의 행동 변화를 의미하기도 하다. 학습은 '경험이나 강화를 통한 훈련의 결과로 생기는 행동 및 정신 과정상의 잠재력의 비교적 영속적 변화' 라고 정의할 수 있다. 그래서 학습은 인간의 행동을 형성하는 데 매우 중요하다.

□ 학습은 경험의 결과이다. 그러나 학습의 결과는 즉시 행동결과로 나타나지 않을 수 있다. 학습의 결과는 외적인 행동 변화뿐 만 아니라 내적인 변화 즉 정신과정의 잠재력에 있어서의 변화를 포함하고 있기 때문이다.

□ 학습을 통해 생존과 보람 있고 가치 있는 삶을 영위하기 위해 바람직하고 정상적인 행동과정을 보다 잘 이해할 수 있을 뿐 만 아니라 비정상적이고 부적응적 행동을 일으키는 환경조건도 잘 이해한다. 뿐 만 아니라 암기력에만 의존하여 문제 해결을 시도하던 학생이 공간 능력과 추리력 등을 활용하는 방법을 학습하거나 듣기 문제 읽기, 노트필기, 리포트 작성을 어떻게 잘 활용하느냐에 따라서 학습능력이 월등하게 향상될 수 있다.

공부가 하기 싫고 어렵기는 누구에게나 마찬가지일 것이다. 그러나 자신감을 가지고 더 열심히 노력한 결과로써 좋은 성적을 얻고, 성적이 좋으니까 그 과목을 더욱 열심히 하게 되는 것이다. 이렇게 열심히 공부하는 것과 자신감은 상호적이다. 자신감이 있는 사람이 공부도 착실하게 하게 되고, 공부를 열심히 하는 사람이 자신에 대한 자부심과 자신감 또한 높다. 자신감이 있는 사람의 특징으로 예습, 복습, 학습계획표를 잘 활용한다는 것을 알 수 있다. 자신감이 없고 동기부여가 되지 않은 학생은 닫힌 학습(close learning)을 하는 것이고 전략적으로 공부를 하는 학생은 열린 학습(open learning)을 하게 된다.

	몸의 상태	환 경	마음의 상태	학습 스타일
열린 학습	적정한 온도를 유지하여 조용한 분위기	조용하게 집중할 수 있는 학습 환경	긍정적인 심리상태, 공부하려는 마음	목표 지향적이며 내적인 동기를 가진 능동적 학습 (예: 수업시간에 노트필기를 하고 백일몽에 빠지지 않는다)
닫힌 학습	심하게 운동을 하거나 몸을 움직인 상태	책상의 위치나 공부방이 시끄러운 곳에 노출되어 있음	친구와 다투거나 불안한 마음, 하기 싫은 공부를 억지로 하는 행위	주는 것만 기다리는 수동적 학습 (예: 수업시간에 노트필기를 하지 않고 제대로 경청하지 않는다)

대부분의 학생들이 학습을 한다고 하면 교과과정을 끝내는 것만으로 만족하는데 반해, 성공적인 학습을 하는 학생들은 커다란 목표를 세워두고 거기에서 즐거움을 찾는다. 그래서 보통의 학생들이 수동적으로 혹은 닫힌 학습을 하는 동안, 성공적인 학생들은 자기 스스로 계획한 연구의 최종 결과를 도출한다. 닫힌 형태의 학습을 하는 학생들은 학교 신문의 투고란에 보낼 글을 쓰는 동안 열린 학습을 하는 학생들은 정기적으로 기사를 쓰고 아예 전국적인 동아리 연합을 만든다. 누구나 뛰어난 대학생활을 보내고 싶다면 열린 학습을 하는 태도를 가져야 한다. 성공적인 대학생활을 위하여 열린 학습 태도를 가지고 우선 절실하게 바라는 것을 이루기 위하여, 혹은 5년 후 졸업을 하고 싶은 일을 이루기 위하여 학습전략의 전문가가 되는 것이다.

대부분의 대학생들은 대체적으로 자율성과 책임감이 주어지는 대학 교육이라는 낯선 교육환경에 접하게 되어 적지 않은 혼란을 겪고 있는 것이 사실이다. 대학생들로 하여금 성공적인 대학생활을 영위하도록 하려면 대학에서의 학습에 임하는 학생들에게 최소한 학문생활 및 학습에 관한 체계적인 지도가 필요하다. Rogers 역시 현대 사회에서 가장 유용한 학습은 학습에 관한 학습을 하는 것이라고 하였다. 공부하면 생각나는 것을 적어보자. 자신이 어디에 속하는지 경험이 있는 학생은 그것을 바탕으로 더 높은 목표를 세울 수 있다.

A형 부정적인 측면이 강한 경우	B형 모범적인 스타일
과제 / 시험지 / 전공 / 영어 / 졸음 / 힘들다 / 근심 / 피곤 / 부담감 / 문제 / 교재 / 책 / 연필 등	시험 / 학교 / 도서관 / 책 / 연습장 / 노트 / 예습 / 복습 / 교수 / 학점 / 성적표 / 문제풀이 / 학습계획표 / 친구 / 결과 등
많이 생각해야한다 / 사회에 꼭 필요하다 / 많은 도움이 된다 / 못하면 왠지 이상한 것 같다 / 전공 때문에 고민이 많다 / 팔이 아프다 / 고민이 많다 등	짜증 /이해 / 숫자 / 부등식 / 예습 / 복습 / 생각 / 부화 / 연립방정식 / 방정식 / 문제풀기 / 고민 / 기분 / 소인수분해 등
C형 두뇌활용도가 느리고 우뇌적	D형 수학적내용 일색으로 창의성 떨어짐

〈표 1-2〉 생각나는 것 2분 동안 20가지 쓰기의 사례

A형 부정적인 측면이 강한 경우

이런 유형의 학생은 목표를 세우는 것이 중요하다. 목표가 정해지면 인생의 의미도 달라질 뿐 만 아니라 시간의 의미도 달라진다. 목표가 없던 사람도 목표나 꿈이 정해지면 최선을 다해 열정적으로 도전한다. 일단 목표를 정하면 차츰 리듬이 생기고 시너지가 발생하여 일이 수월해진다. 그리고 어느 순간 마음이 평온해지는 순간에 이르게 된다, 그리고 자신을 향한 긍정적인 암시를 하라. 자기 암시는 잠재의식 계발을 위한 가장 적극적인 수단이다.

B형 모범적인 스타일

이런 학생들은 구체적인 미래의 꿈을 세워본다. 그리하여 '불가능한 일은 없다'라는 태도를 가지고 꿈을 향해 꾸준히 도전한다. 글을 쓰는 것에 관심이 있다면 5년 후 주요 주간지의 고정칼럼을 쓰겠다는 프로젝트를 세워본다. 그리하여 일단은 학교 신문을 목표로 날카롭고 흥미 있는 시리즈 기사를 연재한다. 그리하여 차츰 지역 신문으로, 나아가 전국규모의 신문에 기사를 연재하여 그 범위를 넓혀 간다. 자기 자신에 대한 인식이 강하기 때문에 자신의 꿈이나 목표에 대해 구체적이고 적극적으로 실행에 옮긴다.

C형 두뇌 활용도가 느리고 우뇌적이다.

이미지를 위해 모든 감각을 잘 이용하기 때문에 그림이나 차트 같은 것을 활용해 공부하면 좋다. 주로 시각적인 면을 잘 활용하거나 음악적 구조를 이용하여 음악적으로 공부하면 효과적이다. 또한 접촉하고 조작하며 신체적인 감각을 통해 배우고 주변과 조화를 잘 이룬다면 공부가 잘 될 것이다. 단 충분한 휴식은 필수적이다.

D형 수학적 내용일색으로 창의성이 떨어진다.

조직적이고 논리적인 방법으로 행동하는 것을 좋아한다. 문제를 해결하는 것에 기뻐하고 정밀성이 뛰어나다. 계산을 좋아하며 정리를 잘하기 때문에 조직적이고 논리적인 방법들을 다른 과목에 접목시켜 공부하는 것이 효과적이다.

02 자기 인식 하기

학습스타일에 대한 이해는 자신이 어떤 방식으로 학습하고 있는가를 분석하는데서 출발한다. 나의 학습방법과 태도를 파악하고 효과적으로 공부하는 방법과 전략을 구상해 보자. 소극적인 학습자는 공부계획을 세우지 않고 수업 때마다 강의실 뒷자리에 앉아 공상이나 백일몽에 빠지기 쉬운, 최소한의 관심과 참여만을 보이는 태도를 가지기 쉽다. 반면 적극적인 학습자는 수업을 잘 경청하고 노트필기를 해두고, 주위의 도움을 요청하여 미리 시험 공부하는 목표 지향적이며 내적인 동기를 가지고 정보와 지식을 조직하고 자주 연습해 나간다.

1) Kolb의 학습스타일 검사(Learning Style Inventory)

각 범주에 속하는 4개의 단어 중에서 당신의 학습 성향을 가장 잘 표현해주는 단어에 체크해 주십시오.

		1(CE)	2(RO)	3(AC)	4(AE)
1	나는______	내 감정을 다루기 좋아한다	주의 깊게 보고 듣는것을좋아한다	생각해 보는 것을 좋아한다	직접 해 보는 것을 좋아 한다
2	나는 ______ 가장 잘 배운다.	내 직감을 믿을 때	신중하게 보고 들을 때	논리적 사고에 의존할 때	일을 끝내기 위해 열심히 일할 때
3	배우는 동안에 나는 ________	강한 느낌과 반응을 갖게 된다	조용하고 별로 표현하지 않는다	이유를 알고 싶어 하는 경향이 있다	책임감을 느낀다
4	나는 ______	느낌으로 배운다	보면서 배운다	생각하면서 배운다	직접 해 보면서 배운다
5	학습 할 때 나는______	새로운 경험에 개방적이다	문제의 모든 측면을 고려한다.	부분으로 나눠 분석하는 것을 좋아한다.	직접 실험해보는 것을 좋아한다.
6	학습 할 때 나는______	직관적이다	관찰하며 지켜본다	논리적이다	참여적이다
7	나는______ 가장 잘 배운다.	개인적인 관계로부터	관찰을 하면서	합리적인 이론으로	연습 기회가 많이 주어지면
8	학습 할 때 나는______	학습 활동에 깊이 몰두한다	행동하기 전에 시간을 갖고 생각해 본다	아이디어와 이론을 좋아한다	과제 수행 결과가 있는 것이 좋다
9	나는 ______ 가장 잘 배운다.	나의 느낌에 의존 할 때	나의 관찰에 의존할 때	나의 생각에 의존할 때	스스로 시험해 볼 수 있을 때
10	나는 학습하는 동안______	남의 의견을 수용하는 편이다	나의 의견을 표현하지 않는 편이다	이성적인 사람이다	책임감 있는 사람이다
11	학습할 때 나는______	열중한다	관찰하는 것을 좋아한다	신중하게 사물을 평가한다	참여적인 것을 좋아한다
12	내가 ______ 가장 잘 배운다.	수용적이고 개방적일 때	신중할 때	아이디어를 분석할 때	실제적이고 실용적일 때

〈표1-3〉 Kolb 학습스타일 테스트

[평가] Kolb(1985)의 학습스타일에서 1문항이 많으면 구체적 경험(CE), 2문항이 많으면 반성적 관찰(RO), 3문항이 많으면 추상적 개념화(AC), 4문항이 많으면 능동적 실험(AE)의 4단계로 구분한다. 이러한 4개의 영역에서 학습자가 학습하는 동안 어느 영역에 가중치를 가장 많이 두는가를 측정하여 학습양식을 파악할 수 있다.

□ 구체적 경험(CE)

구체적 경험을 중시하는 활동형으로서 새로운 아이디어에 대한 개방성을 지니고 있으며 변화에 대한 유연성과 활동중심적인 학습자에 속한다. 구체적 경험을 좋아하는 사람은 길을 가면서 중얼중얼 거리며 영어 단어를 암기한다거나 사물의 이미지를 직접 경험하면서 나름의 요령을 가지고 이를 순차적으로 이해하고 뇌에 정보를 저장한다. 구체적 경험을 통해 학습을 하는 활동가가 여기에 속한다.

□ 반성적 관찰자(RO)

특징은 실행하기 전에 모든 정보를 충분히 고려하여 경청하는 기술을 지니고 있으며 정보를 수집하는 능력이 있다. 비전을 명확히 설정한 후 역산하여 해야 할 일을 실천해 나가는 것은 성공을 위한 철칙이다. 반성적 관찰자에게는 지금 무엇 때문에 공부를 하고 있는지 혹은 자신이 스스로 어느 단계에 있다고 생각하는지 질문하여 대답을 해본다. 그렇지 않으면 지나치게 세세한 것에 신경을 쓰고 준비만 하다가 에너지를 낭비하여 자칫 자신이 무엇을 하고 있는지 오히려 혼란스러워 질 수 도 있다.

□ 추상적 개념화(AC)

특징은 이론가로서 논리적으로 구조화하고 질문하는 기술이 있으며 조직화하는 능력이 있다. 계획을 잘 세우고 자신의 수행을 스스로 감독하고 조절하여 성공적으로 목표를 달성하는 능력, 한마디로 조직화와 체계화를 잘하는 능력을 지닌 사람이 여기에 해당한다.

□ 능동적인 실험(AE)

특징은 직접적이고 요령 있는 실용적, 유용한 전문적인 기술을 강조한다. 실험이나 실습을 좋아하고 전문적인 기술을 습득해 나가는 기술이 뛰어나다. 이 유형에 속하는 사람은 전문적인 기술을 바탕으로 실용적인 작품을 완성하는 공학도나 예술가에게서 그 특징이 잘 드러난다.

2) Baker& Siryk(1989)의 학업적응도 검사

다음은 대학생활에서 겪게 되는 경험 중 학업 적응도에 관한 질문이다. 최근 여러분의 생각과 상태를 고려하여 해당하는 항목에 체크해 본다.

문항		매우그렇다	그렇다	보통	그렇지않다	매우그렇지않다
1	공부를 밀리지 않고 잘해나가고 있다					
2	왜 대학에 다니며 무엇을 얻고자 하는지 알고 있다					
3	대학공부가 어렵게 느껴진다					
4	나는 시험기간 중에는 잘 지내지 못한다					
5	학업성적 수준에 만족하고 있다					
6	학과공부를 그렇게 열심히 하지 못하고 있다.					
7	학업목적과 목표는 뚜렷하게 정해져 있다.					
8	사실 해야 되는 공부를 해 낼만큼 머리가 좋지 않다					
9	학위를 따는 것은 내게 매우 중요하다					
10	최근에 공부시간을 효율적으로 사용하지 못하고 있다					
11	수강과목의 보고서를 작성하는 것이 즐겁다.					
12	최근에 공부하려는 의욕이 별로 생기지 않는다.					
13	최근에 대학교육의 가치에 대해 회의를 가지고 있다					
14	대학에서 들을 수 있는 강의가 많고 다양하다는데 만족한다.					
15	최근에 공부할 때 주의 집중이 안 되어 어려움을 겪고 있다					
16	노력에 비해서는 성적이 만족스럽지 못하다					
17	대학에서 들을 수 있는 강의의 질이나 양에 만족한다.					
18	규칙적으로 강의에 출석한다.					
19	대학에서 공부하는 것이 즐겁다					
20	과제물을 시작하는데 힘이 든다.					
21	이번 학기에 수강하는 과목들에 대해 만족한다					
22	흥미를 느끼는 것은 거의 학과 공부와는 아무 관련이 없다					
23	지금 강의를 맡고 있는 교수님에 대해 매우 만족한다					
24	대학에서의 내 학업 상황에 대해 만족하고 있다					
체크한 개수를 합산해주십시오						

〈표1-4〉 학업 적응도 테스트

[평가]

대학생활 적응에 관한 설문지로서 총 67문항이며, 4개의 하위 척도(학업적응척도, 사회적응 척도, 개인정서적응척도, 대학환경적응척도)로 구성되어 있는데, 여기서는 "학업적응척도"만 분리하여 실시한다. 학업적응척도는 대학생들이 대학 내에서 학업과 관련된 생활(수업, 시험 등)에 적응하는 수준을 측정한 것으로 '매우 그렇다'에 체크된 문항이 많을수록 학업 적응도가 높다.

3) Felder(1993)의 학업 스타일 분류 검사

표시된 문항에 따라 적극적인 학습자, 숙고하는 학습자, 논리적, 실용적인 학습자로 구분할 수 있다. 다음의 문항에 따라 해당하는 란에 체크한 후, 합산해 본다.

유형	문 항		체 크
A형	1	내 행동이 어떤 결과를 초래할지 깊이 생각하지 않고 곧바로 실행하는 편이다	
	2	새로운 경험을 좋아한다	
	3	기존의 것과 다른 새로운 것에 도전하기를 즐긴다	
	4	어떤 상황을 미리 준비하기보다는 그 상황에 직면하여 대응하기를 선호한다	
	5	토론을 할 때 나의 의견을 자발적으로 말한다	
	6	듣기 보다는 말하기를 즐긴다	
	7	어떤 일이 잘못되면 쉽게 회피하고자 한다	
	8	구체적인 목표나 제한적인 계획을 세우는 것이 너무 형식적이라고 생각한다	
	9	일상적이고 세부적인 일에 쉽게 싫증을 낸다	
	10	위기상황이 주는 흥분을 즐긴다	
	합 계		

B형	11	철저하게 준비해서 해결할 만한 충분한 시간이 주어지는 과제를 좋한다	
	12	나에게 맡겨진 일을 철저하게 완수한다는 자부심을 가지고 있다	
	13	자료를 신중하게 해석해서 무작정 결론은 내리지 않도록 주의한다	
	14	어떤 일을 결정할 때 모든 대안들을 신중하게 검토한다	
	15	가능한 한 많은 자료를 얻으려고 노력하고, 자료가 많으면 많을수록 좋은 생각이 떠오르는데 도움이 된다고 생각한다	
	16	토론을 할 때 내 의견을 내세우기에 앞서 다른 사람의 의견을 듣는 편이다	
	17	토론을 할 때 토론에 참여하는 사람들끼리 서로의 견해를 주고받는 장면을 보는 것을 좋아한다	
	18	빡빡한 마감시간에 맞추기 위해 허겁지겁 작업하는 것을 좋아하지 않는다	
	19	보고서를 작성할 때 완성 전에 초안이나 개요를 여러 번 써본다	
	20	토론할 때 소극적인 자세를 취한다	
	합 계		
C형	21	문제를 풀 때 단계별로 차근차근 푼다	
	22	체계적인 것을 좋아하고, 어떤 사항을 분명한 패턴에 맞추어 생각하려고 한다	
	23	순간적으로 어떤 생각을 해내지 못한다	
	24	완벽주의자다	
	25	다른 사람의 논증에서 허술한 점을 발견하려고 한다	
	26	논리적인 과정을 거쳐 해답에 도달하려고 노력한다	
	27	토론할 때 냉정하고 객관적인 편이다	
	28	현재의 상황을 장기적인 안목으로 확대하여 해석할 수 있기를 원한다	
	29	어떤 것의 토대가 되는 기본적인 전제나 원칙, 이론에 대해 탐구하는 것을 즐긴다	
	30	주관적이거나 모호한 주제들을 좋아하지 않는다	
	합 계		

D형	31	새로운 아이디어나 방식을 접하면 어떻게 적용할지 생각한다	
	32	정해진 규정을 준수한다	
	33	산만하고 엉성한 토론을 싫어한다	
	34	가능하면 빨리 요점을 이야기하려고 한다	
	35	다른 사람들의 생각을 실용성의 관점에서 판단하는 경향이 있다	
	36	어떤 일을 수행하기에 앞서 우수하고 실용적인 방법을 생각해 낸다	
	37	보고서는 요점에 충실하고 간단명료해야 한다고 생각한다.	
	38	핵심주제에서 벗어난 교수자를 좋아하지 않는다	
	39	배운 것을 실제로 적용할 수 있는지 열심히 시험해 본다	
	40	비현실적인 생각이나 충분히 검토되지 않은 갑작스러운 생각을 무시하는 경향이 있다	
	합 계		

〈표 1-5〉 Felder(1993)의 학업 스타일 분류 검사

[평가]

유형별로 체크된 문항을 합산하여 가장 많은 점수(각열의 총점:10점만점)가 나온 부분이 자신의 학업스타일에 해당한다고 볼 수 있다.

A형 적극적인 학습자

- 적극적인 학습자는 정보를 활발하게 이용하여 새로운 것을 적극적으로 시도한다.
- 정보를 기억하고 이해하려는 경향이 있다.
- 열정적이고 부지런하며, 개방적인 성향이 강하다.
- 일상의 문제들에 관하여 브레인스토밍(brainstorming)을 즐긴다.
- 토론이나 제안을 하거나 자신의 생각을 다른 사람에게 설명하는 것을 좋아한다.
- 아무런 활동 없이 강의 내내 앉아서 필기만 하는 수업을 힘들어 한다.
- 새로운 것을 시도해 보려는 적극성이나 새로운 상황이나 변화에 쉽게 흔들리지 않는다.
- 충분한 생각과 준비없이 행동하려는 경향이 강하다. 새로운 시도를 많이 한다 해도 그 것을 세밀하게 적용하거나 장기간 수행하는 것에는 쉽게 싫증을 느낀다.

- 고착화된 일상적인 업무에는 집중력을 유지하기 힘들다.

B형 숙고한 학습자

- '우선 조용히 생각해보자'라고 반응하는 경향이 있다.
- 그룹보다는 혼자 학습하는 것을 좋아한다.
- 주의 깊고 사려 깊다.
- 방법론적이고 철저하며 다른 사람들의 말을 잘 듣고 자료를 철저하게 수집한다.
- 어떤 하나의 결론에 도달하기 전에 그 문제를 여러 각도에서 조망하고 다양한 가능성을 찾아본다.
- 자신의 마음을 정리하고 어떤 일을 결정하는데 지체하는 경향이 있다.
- 과도하게 조심스러워서 모험을 하지 않으려는 경향이 있기 때문에 단체 활동에 직접적으로 참여하기를 꺼려한다.
- 자신의 의견을 내세우기에 앞서 토론하거나 남의 의견을 듣고 관찰하며, 상대적으로 소극적으로 자세를 취하는 경향이 있다.

C형 논리적인 학습자

- 정렬되고 합리적인 방식에 따라 차근차근 생각한다.
- 분석하고 종합하는 것을 좋아하며 명확한 이론이나 구조에 맞추어 생각하려고 한다.
- 현상의 원인을 파악하거나 사실을 일반적인 상황에 적용하고자 노력한다.
- 해답을 찾을 때 한 걸음씩 국지적으로 경로를 따라 학습한다.
- 합리적이고 방법론적이며, 규율에 맞추는 것을 좋아하고 객관적이다.
- 부분적인 정보로도 학습을 할 수 있고 분석에 강하다.
- 사물을 보는 새로운 관점을 찾아내는데 능숙하지 못하다.
- 주관적인 판단이나 창의적인 생각을 꺼리는 경향이 있다

D형 실용적인 학습자

- 어떤 문제에 대한 해결 방안을 찾고 결정하기를 좋아한다.
- 새로운 생각이나 이론, 기술이 실제로 효과를 발휘할 수 있는지 시험하는 것을 즐긴다.
- 일을 진척시키기를 좋아하며 매력을 느끼는 아이디어를 재빨리 그리고 자신있게 실행에 옮긴다.
- 장황한 생각이나 끝이 나지 않을 것 같은 토론은 싫어한다.
- 실용적이고 현실적이며 사무적이고 시간을 낭비하지 않는다.
- 사물을 시험해보기를 잘하며 어떤 일의 결론을 잘 도출해 낸다.
- 여러 가지 대안을 충분히 심사숙고하지 않고 어떤 문제에 대하여 처음 떠오른 해결방안 에만 집착해서 실행하려는 경향이 있다.

참고문헌 · 참고사이트

경희대학교 교수학습지원센터 http://ctl.khu.ac.kr.

이현우. 장경숙. 홍영기.(2001). 「성공적인 대학생활의 길라잡이」. 한국문화사.

손연아. 이석열. 이은화. 이희원. 장상필. 전명남. 조용개(2008). 「성공적인 대학생활을 위한 학습전략」. 학지사

Baker & Siryk.(1989). Measuring adjustment to college. Journal of Counseling Psychology 31.

Felder, R.M.(1993). Reaching the Second Tier: Learning and Teaching Styles in College Science Education. Journal of College Science Teaching, 23, 286-290.

Kolb, D. A.(1976). The learning style inventory: Technical manual. Boston: McBer.

Kolb, D. A.(1985). Learning-style inventory. Boston: McBer & Company.

Kolb, D. A.(1981). Learning styles and disciplinary difference. In A. W. Chicking and Associates(Eds.). The Modern American College. San Francisco: Jossey-Bass.

Miller WR, Hedrick KE, Orlofsky DR.(1991). The helpful responses questionnaire: a procedure for measuring therapeutic empathy. J Clin Psychol 47, 444-448.

02 학습 목표 설정

1. 현실 감각 인식하기

2. 나의 성격 유형에 맞는 학습 방법

3. 나의 학업적 효능감 찾기
   1) 나의 구체적인 장점은 무엇인가?
   2) 목표를 통한 자아 존중감 찾기

4. 현실적인 목표 도달 과정
   1) 학습 목표 세우기
   2) 목표 성취를 위한 자신의 이해
   3) 목표 성취를 위한 도움 구하기

02 학습 목표 설정

목표 설정은 자신이 현재 갖고 있거나 내면에 잠재되어 있는 욕구, 관심, 과제 등을 파악하고 자신이 이루고 싶은 바를 바탕으로 어떻게 행동할 것인지 그 방향을 설정하는 것이다. 수업을 시작하기 전에 학습에 대한 계획을 세우고 장학금을 받는 계획을 세웠다면 이미 학습에 대한 원동력과 동기를 얻었다고 볼 수 있다. 목표가 설정되어 있는 사람은 목표에 도달하기 위한 행동계획이나 전략개발에 더 적극적일 뿐 아니라 해야 할 수많은 일의 우선순위도 쉽게 정할 수 있다. 또한 목표를 가지면 다른 사람과의 관계도 좋아진다. 자신이 어떤 관계를 맺어야 할지가 뚜렷해지기 때문이다. 목표는 성공의 최대의 비결이다. 자아실현에 대한 열심을 이끌어 낸다.

1953년 미국의 예일 대학교에서는 졸업생을 대상으로 다음과 같은 질문을 했다. '지금 현재 당신은 구체적인 목표를 글로 써서 소지하고 있습니까?' 이 질문에 졸업생 중 단지 3%만이 글로 자신의 목표를 작성하여 가지고 있다고 대답했다. 나머지 97%의 졸업생은 그저 인생의 목표를 생각만 하거나 아니면 장래에 무엇이 되겠다는 등 구체적인 목표를 가지고 있지 않다고 대답했다. 그 뒤로 20년이 지난 후 예일 대학교는 1953년 졸업생 가운데 생존자를 대상으로 이들의 성공 여부(경제적인 부)를 조사했다. 그 결과 졸업당시 인생의 목표를 글로 써서 가지고 있었던 3%의 집단이 그렇지 않았던 97%의 재산 보다 많은 것으로 조사되었다.

다른 친구들을 보면서 비교하지 말고 절대적인 목표를 세우고 그것을 위해 최선을 다하십시오. 대학에는 뛰어난 재주와 능력을 가진 학생들이 많기 때문에 그들과 비교하면 금방 주눅 들게 되고 공부에 집중하기 어렵습니다. 상대 평가하는 과목이 많기 때문에 다른 친구들과 비교하지 않을 수 없다고 하지만 누군가를 이기고자 하는 경쟁은 마음이 상하고 쉽게 지치고 맙니다. 내가 달성해야 하는 절대적인 목표를 세우고 그것을 완수하기 위해 최선을 다하는 자신과의 경쟁을 해야 합니다.

4학년 때 공부가 되지 않고 마음을 잡을 수 없는 등 매우 혼란스러운 시기를 겪으면서 공부를 뛰어나게 잘한 학생들의 수기와 성공사례를 많이 읽었는데, 그들의 공통점은 모두 하루에 해야 할 절대분량을 목표로 세워놓고, 무슨 일이 있든지 해내는 것이었습니다. 자기보다 잘하는 학생의 능력과 비교하면서 주눅 들지 않았고, 그를 이기기 위한 목적으로 공부하는 사람은 없었습니다. 모두 공부할 분량을 세워놓고 그것을 달성하기 위한 자신과의 싸움에서 성공한 사람들이었습니다.

여러 권의 수기와 전공서적을 읽으면서 '공부를 잘할 수 있는 비결'이 무엇일까에 대해 고민하고 공부가 되지 않는 이유는 무엇인지 생각해 보았는데, 가장 중요한 것은 학습동기와 목적이 분명해야하고 자기에게 맞는 학습스타일을 연구하고 적용시켜야 합니다. 많은 시행착오를 거칠수록 더욱 효과적인 방법을 찾아낼 수 있을 것입니다. 대학의 공부와 시험 스타일은 고등학교와 다릅니다. 고등학교 공부했던 방법대로 공부한다면 대학에서 충분한 효과를 거두기 어렵습니다. 교수님에 따라 전공과 비전공 과목에 따라 과제와 시험 스타일이 다르기 때문에 스타일을 빨리 파악하고 자신의 학습전략을 적용할 수 있어야 합니다. 지혜롭게 공부할 수 있는 방법과 전략을 구사할 수 있어야 하는 것입니다.

처음에는 이렇게 차분히 준비했지만 복수전공을 하게 되면서 한 학기 내내 전공수업만 6-8과목을 듣고 팀 모임을 하다 보니 시간이 촉박해서 정리할 시간과 공부할 시간이 절대적으로 부족했습니다. 주말에는 교회에 있는 시간이 많기 때문에 더욱 시간이 없었습니다. 그래서 좀 더 잠을 줄이고 시간을 쪼개서 쓰려고 노력했습니다. 학교생활을 하다보면 공부 뿐 아니라 다른 일들로 스트레스를 받는데, 저는 일주일에 한 번 드리는 교회 예배시간을 통해 힘을 얻었습니다. 복수전공을 하게 되면서 시간적 여유가 줄고 몸과 마음이 힘들어 질 땐 새벽기도를 하면서 하루하루 생활할 에너지를 얻었습니다.

사람마다 효과적인 공부방법이 다르지만 저는 학기 시작하는 일주일 동안 강의 계획표를 보면서 각 과목의 과제와 발표물 제출일, 시험날짜를 학생 수첩에 적어놓고 , 개인과제는 제출하기 전 주부터 관련된 주제에 대해 생각하고 도움이 될 만한 책을 준비했습니다. 또 일주일 혹은 한 달 단위로 A4 용지에 계획을 세운 후, 학생 수첩에 그날 해야 할 일들을 적고 시간 단위와 순서를 매기고 할일들을 체크해 나갔습니다(학생사례).

01 현실감각 인식하기기

올바른 목표 설정을 하기 위한 출발점은 '정확한 현실인식'이다. 현실인식은 총체적으로 자기와 주위 상황을 아는 것이다. 현실은 무엇인가? 그것은 한마디로 '현재 있는 그대로의 참모습'이다. 현실은 현재, 여기라는 시공간에 처한 어떤 사물의 총체로고 할 수 있다. 현실 자체는 계속 변하고 있다. 올바른 목표를 설정하기 위해서는 현실을 파악하고 그 현실을 토대로 하여야 한다. 다음의 문항을 체크해 보면 자신의 현실감각 지수를 파악할 수 있다(유성은, 2007).

나의 현실감각지수는 어떠한가? 문항을 읽고 현실적이라고 생각되면 '현' 비현실적이라고 생각되면 '비'라고 적어보자.

1. 나는 강한 의욕만 가지면 모든 것을 이룰 수 있다고 생각한다....................................... (　)
2. 나는 나의 장점이나 단점에 대해서 상당히 무지하다.. (　)
3. 현재 학생인 나는 직장생활만 하면 인생의 많은 문제가 해소된다고 생각한다....... (　)
4. 처음 하는 일은 예측한 것 보다 더 힘들고 오래 걸린다.. (　)
5. 극단을 피하는 지혜, 즉 중용의 지혜가 최상의 지혜다.. (　)
6. 지나친 낙관주의나 희망은 오히려 해가 된다... (　)
7. 별 수입이 없는 자가 3,000만원의 빚을 지면 갚기가 거의 불가능하다........................ (　)

8. 돈만 많다면 해결이 안 되는 일이 거의 없다.. (　)

9. 매사에 지나치게 꼼꼼하고 철저한 것이 오히려 비현실적이다.................................... (　)

10. 현재 체중 60kg을 6개월 내에 45kg으로 줄일 수 있다... (　)

11. 한 번에 너무 많은 일을 처리하려는 것이나 벼락치기 식으로 공부하여 좋은 결과를 거두려는 것은 비현실적이다... (　)

12. 비싸게 티켓을 주고 공연장에 들어갔으면 재미가 없어도 끝까지 보고 나온다..... (　)

13. 나에게 대해서는 엄격해야 하고 다른 사람에 대해서는 관용을 베풀어야 한다..... (　)

[평가] 〈정답과 해설〉

1. (비) 의욕과 실제와는 차이가 많다. 자신의 한계점이 있다.
2. (현) 그래서 소크라테스는 "너 자신을 알라"고 강조했다.
3. (비) 결혼하면 오히려 새로운 문제들이 많이 파생된다.
4. (현) 그렇다. 그래서 여유를 갖고 잘 진행해야 한다.
5. (현) 과유불급이라고 했다. 지나친 것은 부족한 것과 똑같이 좋지 않다.
6. (현) 낙관주의나 희망은 본래 좋은 것이지만 지나치게 되면 오히려 낙심을 준다.
7. (현) 빚이 얼마나 무섭다는 것을 아는 사람은 매우 현실적인 사람이다.
8. (비) 돈으로 해결되지 않는 것도 부지기수로 많다는 것을 인식해야 한다.
9. (현) 사람은 원래 불완전한 존재이기 때문에 지나치게 꼼꼼하고 철저한 것은 비현실적이다.
10. (비) 물론 그렇게 할 수 있는 사람도 있다. 그러나 대부분의 사람에게는 불가능한 일이기 때문에 비현실적이다.
11. (현) 초인적인 생각을 갖는 것은 비현실적이다. 자신의 한계, 일의 한계, 시간의 한계를 인식하는 사람은 지혜롭다.
12. (비) 돈보다 시간이 더 귀중한 것이다. 더 이상 볼 가치가 없다면 즉시 나와야 한다.
13. (현) 사람은 이기적이고 주관적이어서 자기에게 관용하기 쉽다. 발상을 바꾸면 균형이 잡힌다. 현실을 알면 성공 할 수 있다. 정확한 현실 감각을 지님으로써 시행착오를 줄이고 실패를 줄일 수 있다.

현실 감각 기르기 노하우

☐ 자신을 알라

자신의 장단점과 나이와 경험, 자신을 둘러싸고 있는 총체적인 환경을 알아야 한다. 가장 중요한 것이 자기를 아는 것이다.

☐ 과거, 현재, 미래의 통찰력을 가져라.

과거, 현재, 미래를 함께 생각하는 통찰력이 필요하다. 과거에 몰두하면 자랑이나 후회를 하게 되고 현재에만 집중하면 쾌락주의나 혹은 발등에 불을 끄는 자가 되기 쉬우며 미래에만 집중하면 공상주의자가 되기 쉽다. 모두 비현실적이므로 건전한 역사의식을 지녀야 한다. 가장 바람직한 형태는 건전한 비전을 갖고 앞으로 나아가는 운전자의 모습처럼 먼 곳을 우선적으로 바라보고 다음으로는 가까운 곳을 바라보며 가끔은 백미러를 바라보는 것이다.

☐ 올바르게 생각할 수 있는 능력을 기른다.

흑백 논리나 편견, 고정 관념, 독선, 고집과 같은 잘못된 생각을 버리고 올바르게 생각할 수 있는 능력을 기른다. 자신의 생각만 옳다고 믿는 아집에서 벗어나 주변의 의견과 생각에 귀를 기울인다.

☐ 숲도 보고 나무도 보아라.

사물과 환경의 전체적인 모습을 파악해야 한다. 사물의 변화하는 상황을 주시하면서 좋은 방향, 나쁜 방향을 파악할 수 있다.

☐ 객관적이 되어라.

사람은 주관적으로 기울게 될 경향이 강하다. 뜬소문은 믿지 말고 정확한 정보나 신빙성이 있는 데이터를 근거로 판단을 내려야 한다.

☐ 긍정적인 시야를 가져라.

사물에도 긍정적인 면과 부정적인 면이 있다. 가능한 마음의 여유를 갖고 사물을 긍정적으로 보아야 한다. 그렇게 해야 밝고 정확하게 볼 수 있다.

□ 경험을 많이 하라.

경험을 많이 하고 특히 고생을 많이 한 사람은 현실감이 풍부하다. 자신의 취미나 전공 문화가 다른 사람과도 깊은 대화를 나누는 것도 중요하다. 혹은 목적이 있는 문화 여행을 해본다.

□ 끊임없이 배우라.

배우기를 게을리 하지 말고 계속 배우기를 시도하라. 아는 것만큼 볼 수 있다.

□ 이상과 현실의 격차를 좁혀 나가라.

언제나 행동은 현실에서 출발해야 한다. 자신의 모습과 주위 상황을 정확하게 파악한 다음 이것을 기초로 하여 새로운 현실을 만들어 나가는 것이 효과적이다.

02 나의 성격 유형에 맞는 학습 방법

현실감각을 익혔다면 지금부터 나의 성향과 심리유형을 알고 나에게 타고난 적성과 능력, 커뮤니케이션 방법, 일처리 방식, 공부하는 방법, 교수방법, 사랑하는 방법, 인간관계를 맺는 기술 등을 알아보도록 하자.

MBTI를 통해 자기유형을 발견함으로써 학습자의 학습유형에 맞는 효율적인 학습방법을 찾아낼 수 있다. 결과적으로 현재의 나의 성격유형을 찾아내어 학습 동기나 학습방법을 조절해 나가도록 하자.

관심의 방향 에너지의 원천	정보 수집	의사결정 판단	외부세계에 대한 대처
Estraversion(외향형 E) ↕ Introversion(내향형 I)	Sensing(감각형 S) ↕ Intuition(직관형 I)	Thinking(사고형 T) ↕ Feeling(감정형 F)	Judgment(판단형 J) ↕ Perception(지각형 P)

〈표 2-1〉 성격 유형-1

ISTJ 세상의 소금형	ISFJ 임금 뒤의 권력형	INFJ 예언자형	INTJ 과학자형
ISTP 백과사전형	ISFP 성인군자형	INFP 잔다르크형	INTP 아이디어뱅크형
ESTP 수완 좋은 활동가형	ESFP 사교적인 유형	ENFP 스파크형	ENTP 발명가형
ESTJ 사업가형	ESFJ 친선 도모형	INFJ 언변 능숙형	ENTJ 지도자형

〈표 2-2〉 성격 유형-2

다음은 기본적인 성격 유형별로 나타나는 학습 스타일과 학습 개선 방향에 대한 설명글이다. 아래를 참고하여 자신의 성격에 맞는 학습 방향을 고려할 필요가 있다.

□ 나는 E(외향형) 유형이다.

· 호기심이 많고 환경 변화에 민감하다.
· 공부 환경에 민감하므로 가능한 한 방해요인이 적은 곳에서 공부한다.
· 교재를 읽거나 수업을 들으면 모두 자신이 아는 것이라고 착각하기 쉽다.
· 과제나 시험 후에는 반드시 검토한다.
· 학업 중 스트레스 해소를 위해 신체 활동을 하면서 쉬는 것이 좋다.
· 학습 결과물이 다른 학습자에게 공개되거나 활용될 때, 학습동기가 자극된다.
· 몸을 움직이거나 말하기가 포함된 역동적 학습활동이 학습동기를 북돋운다.

□ 나는 I(내향형) 유형이다.

· 공부하면서 에너지의 방향이 내부를 향해 있기 때문에 자꾸 다른 생각을 떠올리거나 공부한 시간에 비해 성과가 나오지 않는다.
· 공부한 내용이나 생각을 정리할 충분한 시간을 가진다.
· 듣고 관찰하는데 집중할 기회를 가진다.
· 공부와 관련하여 요구되는 것이 무엇인지 확인한다.
· 이해되지 않는 부분이나 질문이 있으면 적극적으로 표현하고 도움을 구한다.

□ 나는 S(감각형) 유형이다.

· 학습을 하는데 주로 오감을 이용하는 경향이 있어 현실적이며 분석적이다.
· 직접 다룰 수 있는 자료를 가지고 학습을 시작한다.
· 지나치게 부분에 집착하여 다음 진도에 방해되지 않도록 한다.
· 학습을 시작하기 전에 무엇을 해야 하는지 정확히 확인한다.
· 정답대로만 공부하려고 하지 않는지 성찰한다.

□ 나는 N(직관형) 유형이다.

· 외부정보를 받아들이는데 직감을 이용하므로 창의적 아이디어를 잘 생각해 낸다.
· 새롭고 신기한 학습 자료나 질문을 가지고 공부를 시작한다.
· 세세한 부분을 놓치지 않도록 기록하면서 꼼꼼히 공부한다.
· 공부하면서 자의적 해석을 하지 않는지 성찰한다.
· 공부에 대한 계획을 스스로 세우고 진행하면 학습동기를 높일 수 있다. 공부하면서 객관적 근거나 데이터를 확인한다.

□ 나는 T(사고형) 유형이다.

· 자신의 생각을 중요시 여기기 때문에 타인의 감정적호소에 잘 움직이지 않는다.
· 공부가 필요하다는 것을 스스로 인정한다.
· 논리적으로 구성된 주제와 자료, 학습활동을 계획한다.
· 정서적으로 방해받지 않는 환경에서 공부에 집중한다.
· 친구의 공부법이나 교수의 조언을 적극적으로 받아들인다.
· 학습 진행 상황 또는 이해한 부분과 그렇지 못한 부분을 명확히 파악한다.

□ 나는 F(감정형) 유형이다.

· 감정의 기복이 큰 사람이기 때문에 학습결과물에 대한 칭찬보다 자신에 대한 칭찬을 곁들이는 것을 좋아한다.

· 자신이 공부해야 하는 이유나 가치, 목표를 명확히 한다.

· 감정에 치우치거나 좌우되지 않도록 주의하고, 꾸준히 공부하는 습관을 기른다.

· 부정적인 피드백을 받더라도 기분나빠하지 말고 필요한 부분을 수용한다.

· 팀 활동을 할 때에는 우선 따뜻하고 우호적인 분위기를 형성하는 것이 학습활동을 촉진시킨다.

· 스스로를 격려하고 고무시킬 수 있는 방법을 개발한다.

□ 나는 J(판단형) 유형이다.

· 계획적이고 안정적인 것을 선호하므로 자신이 해야 할 일을 마감기한을 정해 두고 하면 잘 된다.

· 계획을 세울 때는 여유시간을 포함시키도록 한다.

· 세부 스케줄을 계획할 때 우선순위를 분명히 하고, 스케쥴이 변하더라도 스트레스를 받지 않도록 한다.

· 계획을 세운 다음 실천이 잘되는지를 점검하도록 한다.

· 공부를 할 때 자신의 목표와 책임이 무엇인지 확실히 한다.

· 공부의 재미와 성취의 보람을 느끼며 공부하도록 한다.

· 규범이나 틀에 너무 얽매이지 않도록 한다.

□ **나는 P(인식형) 유형이다.**

· 호기심이 없거나 스스로 선택하지 않은 공부를 할 때는 벼락치기 공부를 하므로 반드시 계획을 세운다.

· 필기하고 정리하는 습관을 기른다.

· 가능한 수업목표를 달성하는 방법을 스스로 선택한다.

· 문제 해결에 융통성을 발휘한다.

· 학업이나 과제를 할 때, 자신감을 가지고 지속적으로 공부한다.

03 나의 학업적 효능감 찾기

학업적 효능감이란, 구체적인 자신감을 의미하는 것으로 개인이 소유하고 있는 능력을 어느 정도 행할 수 있는가에 대한 판단을 의미한다. 네드하만에 의하면 인류의 60%는 뇌 지배 모델 중 두 가지 방식을 사용하고 30%는 상황에 따라 세 가지 네 가지 방식까지도 사용한다. 이것은 한 가지 방식이 두드러질수록 개인은 그 사고방식을 선호한다. 그래서 기술자는 논리적, 분석적인 사고를 요구하는 과제를 좋아하고 상상력과 감정이 많이 필요한 활동은 피하려고 한다. 반대로 음악가는 감정과 환상을 사랑하지만 숫자나 논리적, 분석적 사고와 관련된 것은 피하려는 경향이 있다. 공부를 할 때는 여러 부분적인 과정들이 동시에 일어나는데 이것들은 서로 다른 공부 방식을 요구한다. 새로운 주제에 접할 때, 은유와 비유를 찾을 때, 회상할 때는 감정과 시각적인 표상능력이 필요하다. 비판적인 판단을 위해서는 논리적-이성적인 사고방식이 필요하고 암기와 같은 체계적인 접근에는 세부적이고 순차적인사고방식이 필요하다.

□ 이성적 차원	□ 총체적 차원
논리적 이성적 ⇩ 사상가	시각적 개념적 ⇩ 공상가
□ 분석적 차원	**□ 감성적 차원**
세부적 순차적 ⇩ 조직하는 사람	감성적 표현적 ⇩ 감성인

1) 나의 구체적인 장점은 무엇인가?

자신이 가진 장점들을 구체적으로 리스트를 작성하여 정리해보면 나의 학업적 효능감이 높아짐을 잘 알 수 있다.

구체적인 나의 장점 찾기	
1	나의 성격에서 좋은 점은 무엇인가?(10가지)
2	나의 신체조건 중에 좋은 것들은 무엇인가?(10가지)
3	나의 가정환경에서 좋은 점은 무엇인가?(10가지)

4	내가 잘할 수 있는 것은 무엇인가?(10가지)
5	나의 대인관계에서 좋은 점은 무엇인가?(10가지)

나의 장점을 알고 자기 효능감이나 자아 존중감을 높이려면?

□ 자신을 인정한다.

'나 자신을 인정 한다'는 말을 몇 번이고 되 뇌여 본다. 하루에 적어도 수백 번은 이렇게 말을 한다. '나는 나 자신을 인정 한다'를 쉬지 않고 자신에게 거는 일종의 주문으로 외워 본다. 그렇게 함으로써 자신의 의식 속에 묻혀 있던 모든 반대 요소를 끌어낼 수 있는 가장 확실한 방법이다.

□ 나는 소망하는 것을 가질 자격이 있다.

'나는 무엇 무엇을 가질 자격이 있고, 무엇이 될 자격이 있다. 그리고 나는 이제 그것을 인정한다.'라는 말을 수없이 되풀이 하여 자신을 수용하는 느낌이 들 때까지 계속한다.

□ 감사하는 마음으로 하루를 시작한다.

잠에서 깨어나 눈을 뜨기 전에 긴 밤에 푹 자게 해준 침대에게 감사하고 그 다음 내 삶에 주어진 모든 행운에 감사한다. 나는 오늘의 계획된 일이 잘 풀릴 것이고 그 모두를 즐기리라고 긍정하면서 하루 일과를 시작해 본다.

□ 명상을 한다.

매일 몇 분 정도는 가만히 앉아서 명상하는 시간을 갖는다. 5분에서부터 가만히 앉아서 숨 쉬는 것을 살펴보면서 생각이 흘러가게 내버려 둔다.

□ 구체적인 자아긍정을 해본다.

매일 한두 가지 나의 좋은 점을 택해서 큰소리로 읽어 본다. 끊임없이 사용된 긍정은 믿음이 되고 반드시 그 결과물을 좋은 쪽으로 가져다준다.

□ 나 자신을 사랑한다.

종이를 꺼내 '나는 나 자신을 사랑한다'라고 매일 반복해서 읽고 새로운 생각이 떠오르면 '나는 나 자신을 사랑한다. 따라서 ㅇㅇㅇㅇ'라고 말해본다.

2) 목표를 통한 자아 존중감 찾기

자아 존중감이 생겼으면 이제부터 내가 이루고자 하는 목표를 적어보도록 한다. 개인적 측면과 직업적 측면으로 나누어 적어본다. 예를 들어 개인적 측면은 외국여행을 하면서 1년 동안 새로운 문화와 사회를 경험하기, 친구와 함께 국토순례하기, 부모님과 함께 세계 여행하기 등과 같이 실현가능한 일들이다. 직업적 측면은 해외에서 IT회사 설립하기, 몇 년 동안 무슨 회사 근무하기, 몇 년 이내에 석사나 박사학위를 받는 것처럼 구체적으로 업종이나 기관, 지위 등을 적어본다(오정숙, 2007).

평생 동안 달성하고 싶은 일은 무엇인가?	
개인적 측면	직업적 측면
1.	1.
2.	2.
3.	3.
4.	4.
5.	5.

그러면 다음에서 명확하고 분명한 목표와 애매한 목표는 어떤 것이 있는지 구분해 보기로 하자. 분명한 목표는 '분'이라 쓰고, 애매한 목표는 '애'라고 표기해 본다(유성은, 2007).

1. 좋은 학생이 된다. (　)
2. 수업시간에 지각하지 않는다. (　)
3. 효자 혹은 효녀가 된다. (　)
4. 매월 아르바이트를 하여 10만원의 용돈을 번다. (　)
5. 앞으로 훌륭한 공부습관을 익힐 것이다. (　)
6. 매월 적어도 학습법 워크숍에 2회 참석한다. (　)
7. 올해 다량의 책을 읽는다. (　)
8. 올해는 적어도 50권의 교양도서를 읽는다. (　)
9. 보다 날씬해지고 싶다. (　)
10. 현재 70kg의 체중을 6개월 이내에 55kg으로 줄인다 (　)
11. 좋은 성적을 받는다. (　)
12. 수강 학점의 70%를 A+학점을 받는다. (　)
13. 올해는 가능한 한 운동을 많이 하고자 한다. (　)
14. 올해는 1주일에 3번 적어도 테니스 운동을 한다. (　)
15. 시간나면 자원봉사를 하고자 한다. (　)
16. 1년에 적어도 100시간의 자원봉사를 한다. (　)

분명하고 구체적인 목표를 설정하는 연습을 해야 한다. 구체적으로 목표를 세우고 현실적인 계획을 세우는 방법을 일찍 배운다면 일생의 크나큰 프리미엄을 얻게 될 것이다. 확실히 다른 사람보다 훨씬 앞서가게 될 것이다. 단계별로 구체적인 목표는 무엇인가? 구체적이고 세분화된 목표는 대학생활 동안 내가 꼭 이루어야 할 일이 무엇인지 찾게 해주고, 일의 우선순위도 분명하게 해준다. 목표는 긍정문으로 진술하며 '~하지 않기'보다는 '오늘 수업한 과목 내용 복습하기' '내일 수업할 과목 예습하기'처럼 구체적인 일련의 지시사항들로 진술한다.

□ 내 인생의 목표

____

____

□ 구체적인 목표

____

____

목표시간	하고 싶은 일	갖고 싶은 것	되고 싶은 것
현재			
5년 후			
15년 후			
40년 후			

04 현실적인 목표 도달 과정

1) 학습목표 세우기

학습을 하는 입장에서 목표란 자신의 능력에 맞는 합리적인 방법을 통해 달성 가능한 전반적인 학업능력의 향상을 의미한다. 따라서 목표를 정하고 개개인의 능력과 성향을 제대로 파악하여 적절한 목표를 세울 필요가 있다(유성은, 2007).

□ 적정의 동기 부여가 되지 않아도 많은 것을 이룩하지 못한다는 사실에 의해서 자기의

성격에 맞는 건전한 목표를 가져야 할 것이다.

- 내가 원하는 것이 무엇인가? 달성 가능한 현실적인 목표를 설정해야 한다.

- 내가 도달해야할 장기 목표가 분명하게 정해져 있는가? 너무 강한 이상적인 목표를 너무 높게 설정하지 않는다.

- 공부에 대한 자신의 기대에 충분히 미치지 못하면 자기에게 자신을 갖지 못하게 되거나 때로는 극단적인 목표를 갖게 된다. 따라서 우선 자신이 계획한 목표가 '현실적'인지의 여부를 검토해야 한다. 그리고 현실적인 것이라면 그것과 싸우지 않으면 안 된다.

- 목표를 단계별로 구체화 시킨다. 리스트를 가지고 플랜을 작성한다.

- 목표를 달성할 수 있기 위해 생각나는 것을 모두 리스트에 적어 둔다. 가능한 한 자주 정교하고 구체적인 체크리스트를 활용하여 잘한 점이나 개선점을 평가하도록 한다. 혹시 읽기를 미루어두었던 책이 있으면 지금 당장 몇 페이지라도 읽고 실행해 본다.

- 끊임없이 목표를 떠올린다. 수첩을 이용하거나 책상 앞에 붙여놓고 항상 그 목표를 떠올려 본다.

- 우선순위를 정해 플랜에 따라 행동에 옮긴다.

- 중간평가를 한다. 일정한 간격을 두고 목표를 향한 노력을 점검하여 어떤 노력이나 시간이 더 필요한지 문제점을 파악하여 해결한다.

- 목표달성을 위해 아무리 사소한 일이라도 조금씩 앞으로 나아가 본다.

- 원하는 것을 마음을 다해 구하며 자기 자신과 자신의 능력에 대한 최상의 확신을 키운다.

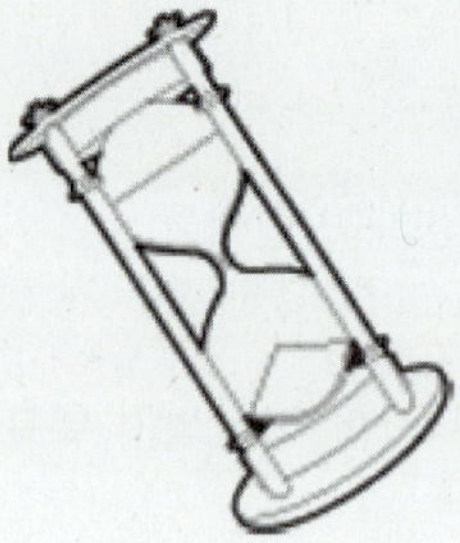

ㅁ 목표달성에 대한 보상을 한다. 단순한 자기 칭찬뿐만 아니라 외식을 하거나 여행을 하거나 음악회를 가는 등 평소에 하고 싶었던 일을 해 본다. 명확한 제1의 목표는 취미가 되어야 한다. 그것이 합리적인 것이고 그것을 구할 수 있다고 믿기만 하면 된다. 강렬하게 계속해서 원함으로써 구할 수 있다. 목표를 발견하기 위해서는 좋아하는 것과 평생 동안 이루고 싶은 것처럼 구체적이어야 한다.

2) 목표 성취를 위한 자신의 이해

달성하기 원하는 목표는 가능한 자세히 그 내용과 기준을 기술해야 한다. 왜냐하면 학습은 대단히 개인적인 문제이기 때문에 스스로 현재의 위치를 확인하도록 자극을 제공할 수 있도록 하기 위해서이다.

ㅁ 나는 분명한 미래상이 있고 삶에서 무엇을 원하는지 알고 있는가?
ㅁ 목표를 세워본 경험이 많은가?
ㅁ 목표를 적어본 경험이 있는가?
ㅁ 계획하는 일은 실천에 옮기는가?
ㅁ 스스로에게 동기를 부여할 수 있는가?
ㅁ 필요한 경우 끈기가 있고 쉽게 낙담하지 않는가?
ㅁ 공부나 다른 일을 하기 전에 어떻게 할지를 미리 생각하는가?
ㅁ 계획을 잘 짜고 현실적인 계획을 세우는가?
ㅁ 할 일이 무엇인지 파악하고 있는가?
ㅁ 어떤 시간에 두뇌회전이 잘되는가?
ㅁ 어느 시간에 휴식을 갖는가?
ㅁ 내가 공부하는 곳을 머무르고 싶은 공간으로 꾸미는가?

목표를 이루기 위해 어떻게 노력할 것인가?
·
·
·
·
·
·
·
·

Reinhard K. Sprenger

목표는 미래의 어느 순간에 도달하고자 하는 상태이다. 목표를 정함으로써 미래는 현재에 영향을 끼친다. 목표가 있으면 집중과 동기유발에 도움이 된다. 목표를 분명하고 구체적으로 세울수록, 그리고 목표로 하는 상태를 세부사항까지 그림처럼 상상할 수 있으면 있을수록 더 좋은 효과를 볼 수 있다.

3) 목표 성취를 위한 도움구하기

효과적으로 상대방의 도움을 받으려면 다음과 같은 태도가 바람직하다. 주변의 선배나 동료, 교수님, 멘토들에게 도움을 요청할 때, 상대방의 도움을 받으려면 도움을 받는 사람의 태도가 좋아야 한다. 또한 주위 사람에게 목표를 말하고 정기적인 감독을 받을 수 있도록 부탁하면 더 큰 자극을 받아 공부하게 된다.

도움을 얻는 TIP!

- 늘 겸손하게 도움을 요청한다.
- 솔직하게 무엇을 도와 달라고 말한다.
- 자신이 처리해야만 하는 지극히 개인적이고 쉬운 일은 다른 사람에게 부탁하지 않는다.
- 언제나 신의를 지켜야 한다. 말의 일관성, 약속 시간을 잘 지켜야 한다.
- 예절을 지킨다.
- 정기적으로 접촉한다. 전화를 하거나 이메일을 보내거나 직접 만난다.
- 도움을 받은 후 어떤 방식으로든지 감사함을 곧 표시한다.
- 상대방의 도움을 늘 기억하고 상대방이 필요할 때 적극적으로 돕는다.

참고문헌

오정숙(2007). 대학4년 우수인재 1%를 위한 대학 공부비법. 한언.

유성은(2007). 명품인생을 창조하는 목표 관리와 자아실현. 중앙경제 평론사.

Reinhard K. Sprenger(1998). Mythos Motivation. Campus Verlag Gmbh. Frankfurt.

03 학습 동기 유발 작전

1. 학습 동기에 영향을 미치는 요인

2. 학습 동기 유발 전략
   1) 내가 과제를 하는 이유는 무엇인가?
   2) 학습 동기 유형
   3) 내적동기를 형성하기 위한 실천 전략

03 학습 동기 유발 작전

대학생 시기는 자신의 정체성 확립과 성인으로의 과도기적 여러 가지 경험에 집중하는 시기이다. 특히 대학생이 되면서 독립적이며 능동적인 교육환경과 생활방식으로의 전환과 주도적이고 다양한 대인관계로의 전환과 사회적 지위의 변화 등을 한꺼번에 겪게 된다(Goldman et al. 2003). 기대와 현실 간의 격차로 인하여 소위 신입생 신화(Freshman Myth)를 경험하기도 한다. 이 시기의 대학생들은 자율성, 유능성, 관계성의 기본 심리 요인들이 충분히 충족된다고 스스로 자각을 할 때, 자신의 생활에 만족하고 학교생활에 잘 적응을 한다. 교육현장에서 만족감을 느끼는 대학생들은 교실에서 뿐 아니라 학교 졸업 이후의 삶속에서도 더욱 잘 적응하고, 보다 높은 성취도와 내재 동기를 나타내는 것으로 보고되고 있다(Levesque, 2004).

일반적으로 신입생들의 대학생활 적응을 살펴본 선행 연구에 따르면(김은주. 홍세희. 김주환 2014) 신입생은 상급생에 비하여 대학생활 만족도가 낮은 것으로 나타났다. 전국의 19개 대학교 1~4학년 재학생 3500명을 대상으로 대학교육 만족도 수준을 조사한 결과, 전체적으로 대학생들의 대학교육 만족도 수준이 보통이하라고 보고하였다.

자기주도적 학습태도는 나에게 적절한 학습동기를 파악함으로써 가능하다. 대학에서의 공부는 자발성에서 시작한다. 수업시간에 배운 내용을 앵무새처럼 암기하는 것이 아니라 문제의식을 가지고 스스로 배워나가는 자세를 익혀야 할 시기이다. 그렇게 하기 위해서는 학업적 자기 효능감을 높여야 한다. 학업적 자기 효능감이란 계획된 교육적 수행의 유형을 획득하기 위한 행동과정을 조직하고 실행하는 자신의 능력에 대한 개인의 판단으로 정의할 수 있다. 좀 더 쉽게 말하자면 개인이 소유하고 있는 능력을 어느 정도 행할 수 있는가에 대한 판단을 의미한다. 즉, 대학에서의 공부에 대한 자율성과 동시에 책임도 전적으로 여러분이 지는 것이다. 여러분들은 자율성을 가지는 대신 그 결과에 대한 책임을 져야 한다. 학습에서의 자신감과 유능감, 자율성을 가지고 여러 어려움에 직면할 필요가 있다. 공부를 하면서 때로는 어렵고 힘들 때도 있지만 학습의 내재적 동기를 가지고 노력할 필요가 있다. 그렇다면 학습동기에 영향을 미치는 것은 어떤 것이 있는지 살펴보고 공부할 때의 어려운 점을 학습동기와 관련하여 파악해 보도록 한다.

01 학습동기에 영향을 미치는 요인

지각된 학업효능감은 동기를 통하여 다음과 같이 학생들의 학습에 영향을 준다. 예를 들어 학생에게 "왜 공부를 열심히 하느냐?"고 학습 동기를 물었을 때 학생들의 대답은 자기 결정의 다양한 양을 반영하는 대답으로 나타난다. 여기서 주목할 점은 학생의 동기가 보다 자기 결정적일 수록 보다 많은 노력을 기울이고 성적이 높아진 반면, 자기 결정 정도가 낮은 학생은 최소한의 노력만 하고 성적도 낮았다는 것이다(Bandura. A. 1993).

□ 학습동기에 대한 여러 답변 예시

- 최소한의 자기결정의 경우
    - 규칙이기 때문에 (사회적 기능)

- 약간의 자기결정의 경우
    - 공부하지 않으면 죄책감을 느끼기 때문에 (정서적 기능)

- 좀 더 많은 자기결정의 경우
    - 공부는 나에게 중요하기 때문에 (학업적 효능감)

- 완전한 자기결정의 경우
    - 재미있고 즐겁기 때문에 (학업적 자기 효능감)

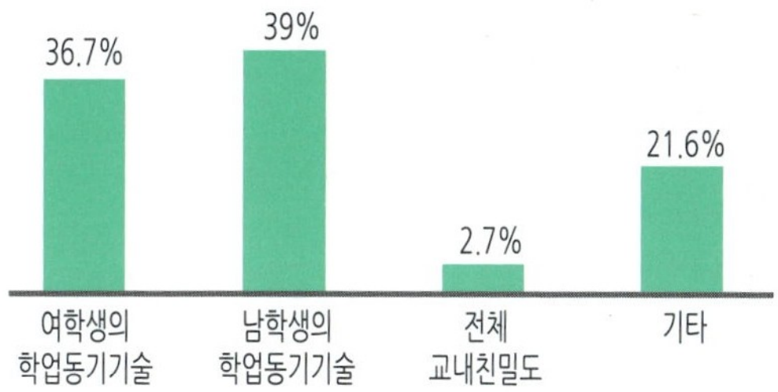

〈도표3-1〉 학업적응에 영향을 미치는 요인

학업동기와 관련하여 321명의 자료를 분석한 결과(임은미1998) 여학생 집단에서 학업 영향을 미치는 요인으로 학습동기가 차지하는 비율이 36.7%로 가장 많은 부분을 차지했다. 대인관계 즉 교내친밀도나 사회적 지지로부터 비롯된다는 견해는 2.7%를 차지하여 많은 영향을 끼치지는 않았다. 남학생의 경우 학업 성적을 높이기 위한 요인으로는 나이와 학년은 별 영향을 끼치지 못하고, 학업적 효능감, 학업전략과 학습동기가 많은 영향을 끼치고 있었다(39.0%). 결과적으로 대학에서 학업을 성취하고 자신에게 맞는 진로를 개척하기 위해서는 학업동기를 지니고 학업 전략을 위한 대학교의 지속적인 관심과 전폭적인 지원이 요망된다(김은주, 2014).

대학환경에서 정서 적응에 영향을 미치는 요인으로는 교내 친밀도나 사회적 지지를 상대적으로 비교해보면 교내친밀도가 55.62%를 차지하고 학업적 효능감이나 학업기술, 학업동기는 44.38%를 차지하고 있었다.

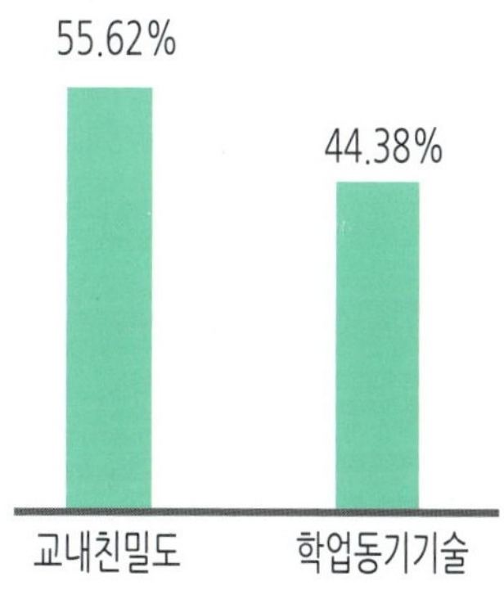

〈도표3-2〉 정서적응에 미치는 요인

따라서 대학에서 교수님들과 친밀한 관계를 맺거나 선배들과의 친밀도, 이성친구 유무가 학업동기 기술보다 정서적응에 많은 영향을 끼치고 있음을 알 수 있다. 대학생활을 하면서 학교공부를 잘할 수 있기 위한 학업동기 기술도 필요하지만 무엇보다도 대인관계나 워크숍 활동, 동아리 활동 등 교내 친밀도를 높임으로써 성공적인 대학생활을 유지할 수 있어야 하겠다. 대학공부에 적합한 공부 방법을 찾는 것은 쉽지 않다. 특히 신입생들은 고등학교 때와는 다른 대학의 수업방식과 과제들로 인해 당황하고 좌절하기도 한다. 학년이 올라간다고 성적이 저절로 올라가는 것도 아니어서 재학생들의 성적관리와 정서적응을 위한 여러 가지 방안의 노력이 병행되어야 할 것이다.

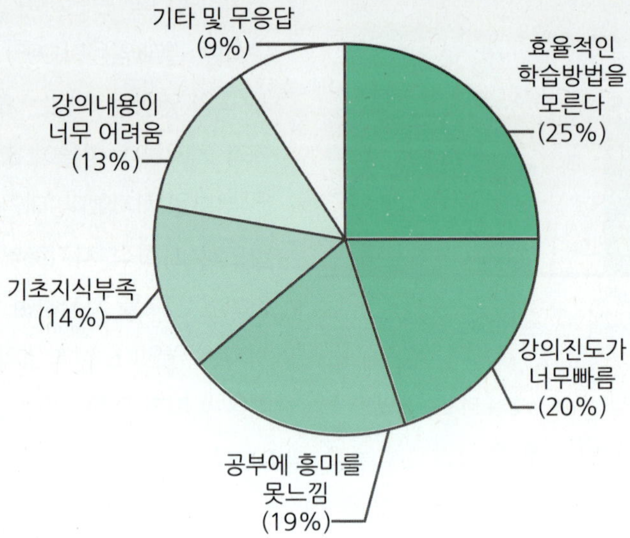

〈도표3-3〉 공부할 때 가장 어려운 점

2007학년도 재학생들의 실태조사보고서에 의하면 공부할 때 가장 어려운 점이 무엇인지 묻는 질문에는 위와 같은 결과가 나왔다. '효율적인 학습방법을 모른다.'가 24.6%로 가장 많았고, '강의 진도가 너무 빠르다'(양이 너무 많다)가 20.5%를 차지하고 '공부에 흥미를 느끼지 못한다.'가 19.0%, '기초적인 지식이 부족하다'는 14.0%의 순으로 나타났다(한양상담센터, 2007).

보고서에 따르면 학업성취도 문제는 학년이 올라갈수록 대학에 대한 자긍심이 점차 향상되는 것으로 나타났다. 학교에 대한 자긍심을 향상시키는 요인으로는 학생들의 학업기술과 학업적 효능감, 학습동기 뿐 아니라 교내 대인 관계에서 느끼는 친밀감 정도가 많은 영향을 끼치고 있었다. 결과적으로 1학년과 복학생을 대상으로 학업동기와 자기 효능감, 학습전략 등 학업과 관련된 기술과 전략을 익히도록 도와주는 것이 바람직할 것이다.

02 학습동기 유발 전략

1) 내가 과제를 하는 이유는 무엇인가?

□ 외적동기(규칙준수, 벌의 회피)

- 그것을 하지 않으면 학점을 잘 받을 수 없기 때문이다.
- 그것을 하기로 되어 있기 때문이다.
- 그것을 하지 않으면 교수님으로부터 꾸중을 듣기 때문이다.
- 그것을 해야 하는 것이 규칙이기 때문이다.
- 그것을 하지 않으면 다른 사람으로부터 비난을 받기 때문이다.

□ 정서가 개입된 동기(자아 및 타인의 인정, 인정추구)

- 교수님께서 나를 좋은 학생이라고 생각하기를 원하기 때문이다.
- 그것을 하지 않는 것을 나 스스로가 용납하지 못하기 때문이다.
- 그것을 하지 않으면 수치스럽기 때문이다.
- 동료들이 내가 영리하다고 생각하기를 원하기 때문이다.
- 그것을 하지 않으면 마음이 편하지 않기 때문이다.
- 사람들이 나를 좋아하기를 원하기 때문이다.

□ 동일시 동기(자기 가치적 목표, 개인적 중요성)

- 그 과목을 이해하기를 원하기 때문이다.
- 새로운 것을 배우기를 원하기 때문이다.
- 정확하게 이해하고 있는가를 확인해보기를 원하기 때문이다.
- 중요하다고 생각하기 때문이다.

□ 내재적 동기(즐거움, 재미)

- 재미있기 때문이다.
- 즐겁기 때문이다

2) 학습동기 유형

명문대를 합격한 한 졸업생은 지금까지의 삶 중에서 언제가 가장 행복했느냐는 물음에 이렇게 대답했습니다. “특별히 행복했던 순간이 없었던 것 같습니다. 끝없이 공부해야 했는데 즐거운 마음으로 공부한 기억은 거의 없습니다”(최해수2002). 공부를 할 때 가장 어려운 점은 하기 싫어서 억지로 하는 것이다. 하기 싫다는 공부를 한다는 것은 동기와 관련하여 자신이 즐거워하지 않는 과제를 선택해서 그것을 수행하는 하는 것을 말한다. 학생들은 내면화된 가치나 과제나 활동과 더 많이 관련되어 있을수록 자기 결정을 더 많이 경험하게 된다. 바람직한 동기(내재적 동기)를 형성한 학생이 보다 능률적이고 자율적으로 학습에 임한다. 아래 여러 학습의 동기의 유형을 알아보고 나의 학습 동기 성향은 어느 쪽에 속하는지 알아보기로 하자(Harter, S. 1992).

Ryan과 Connell(1989)이 개발한 자기 조정양식 질문지(Self-Regulatory Style Questionaire: SRQ)는 아래와 같은 학생들의 동기 성향을 보여주고 있다.

□ 외재적 동기

‘내가 공부를 하면 선생님이 기뻐할 것이기 때문에 나는 공부를 한다.’이다. 외적 동기를 가지고 있는 것으로 측정된 학생들은 교실에서 자율성이 부족하며 불안수준이 높고 학교과제를 지루하게 생각하는 것으로 밝혀졌다.

□ 정서가 개입된 동기

정서가 개입된 조정에는 외적 힘(보상의 약속이나 벌의 위협)이 없지만 그것은 자기 결정감보다는 통제감이나 구속감과 더 관련되어 있다고 볼 수 있다. 이 동기를 가진 학생은 순응(compliance)과 불순응(noncompliance)에 수반되는 경험을 하게 된다. 예를 들어 과제를 하지 않으면 불안감이나 죄책감을 느끼기 때문에 과제를 하든지 혹은 친구와 함께 있으면 즐겁기 때문에 과제를 하지 않고 친구와 시간을 보내는 경우를 들 수 있다.

□ 동일시 동기

동일시 동기를 가진 사람은 자신이 하는 사고와 행동방식이 자신에게 중요하고 유용하다고 여기기 때문에 동기는 외적이지만 자유로이 선택하는 경향이 있다. 그리하여 개인의 자기 결정을 유지하고 지지함으로써 외적 보상의 저해 효과인 '과잉정당화'(외적 보상, 예를 들어 높은 성적의 저해효과)를 피할 수 있다.

□ 내재적 동기

어떠한 외적 목적이나 보상 없이 특정한 활동을 하려는 동기를 말한다. '내가 배우는 것이 정말로 흥미가 있기 때문에 공부를 한다.'이다. 공부를 할 때 즐길 가능성은 그들이 자신의 이루고자 하는 공부성과가 점수화되어 나왔을 때 더욱 커진다. 좋은 성적은 자부심과 같은 긍정적인 감정을 야기하고 다음에 그것은 학습에 대한 열정을 증가시킨다. 좋은 성적은 실패에 대한 걱정을 덜어주기 때문이다. 또 많이 공부할수록 그만큼 학습 자료가 더 흥미로워질 수 있다(Stip, D. & Schunk, D. 1984).

내적 동기 성향	O	X
1. 새로운 것을 배우기 위해 도전을 필요로 하는 수업이나 과제가 좋다.		
2. 배우는 내용이 다소 어렵더라도 지적인 호기심을 갖게 하는 과목이 좋다.		
3. 공부할 때 좋은 성적을 받는 것보다 많은 내용을 배우는 것을 중요하게 생각한다.		
4. 풀지 못할 정도로 문제가 어려워도 무엇인가를 배울 수 있는 문제가 좋다		
5. 많은 노력이 들더라도 무엇인가를 배울 수 있는 학습내용이 좋다.		

* O가 많을수록 내재적 동기가 높다고 볼 수 있다.

〈표3-1〉 내적 동기 성향 (Amabile, T.M. 1996)

외적 동기 성향	O	X
1. 친구들보다 공부를 잘하는 것이 중요하다.		
2. 친구들 보다 내가 더 똑똑하다는 것을 보여주고 싶다.		
3. 선생님 질문에 나 혼자만 대답하면 기쁘다.		
4. 공부를 잘했는데도 교수님이 칭찬을 안 해 주시면 기분이 나쁘다.		
5. 가능하면 친구들 보다 좋은 점수를 받고 싶다.		

* O가 많을수록 외재적 동기가 높다고 볼 수 있다.

〈표3-2〉 외적 동기 성향(Amabile, T.M. 1996)

➲ 외적 동기 보다 내적 동기가 학습을 효율적으로 할 수 있도록 도와준다.

내적으로 동기화된 학생은 다음과 같이 행동한다.

□ 학습활동을 자발적으로 시작한다.(Amabile, T.M. 1996)

외적인 이유 때문에 과제를 수행하는 것이 아니라 자신의 의지(volition)에 의하여 수행하는 학습활동을 일컫는데, 예를 들어 두 명의 학생이 동일한 책을 읽어야 할 경우에 스스로 선택해서 읽는 학생은 그것을 통하여 즐거움을 느끼겠지만(내적으로 동기화된 학생) 숙제를 하기 위해서 그 책을 읽는 학생은 그 책에서 즐거움을 경험하지 못할 것이다.

□ 도전감 있는 과제를 선호하거나 과제의 도전적인 측면을 추구한다.

내적으로 동기화되었을 때 더 도전감 있는 과제를 선택한다. 예를 들어 문제해결의 정확성 여부에 따라 보상(다음시험에 +3점)과 벌(다음시험에 –3점)을 제공했을 때 학생들은 그러한 보상이나 벌이 있었을 때보다 스스로 택한 문제에 관해서는 더 어려운 문제를 선택한다.

□ 학교 학습을 학교 밖의 활동이나 흥미와 자발적으로 관련시킨다.

외적 보상 때문에 공부하는 학생들은 성적이나 다른 형태로 인정을 받을 수 없는 학교 밖의 활동에는 참여하지 않으려고 할 것이다. 내적으로 동기화된 학 생은 공부를 해서 보상을 받거나 벌과 관련 없이 학교 밖의 활동에 자발적으로 참여할 것이다.

□ 현재 수행하고 있는 과제와 관련된 질문을 해서 지식의 폭을 확장시킨다.

내재적으로 흥미가 있다고 생각하는 자료를 읽을 경우에 더 많은 것을 학습한다.

□ 필수적으로 이수해야 할 과제는 물론 그 밖의 다른 영역에도 관심을 갖는다.

필수적으로 이수해야 할 과제 뿐 만 아니라 흥미와 즐거움을 유발시키는 조건은 이해를 통한 다른 영역에도 관심을 고조시킨다.

□ 자신이 아직 완성하지 못한 과제를 중간에 그만 두지 않는다.

내재적 동기에 의해 과제를 하는 학생은 자율성과 원인 소재가 내부에 있기 때문에 외적 변인들의 영향에도 아랑곳하지 않고 과제를 끝까지 수행할 수 있다.

□ 외적이유 즉, 성적이나 교사의 철저한 점검과는 상관없이 과제를 수행한다.

외적인 보상이나 환경과 상관없이 과제를 수행하는데 있어, 일련의 문제를 해결 할 때 금전적인 보상을 약속받은 대학생들이 그렇지 않은 학생들보다 문제해결에 더 많은 어려움을 겪는다.

□ 과제를 수행할 때 미소를 지으며 과제를 즐긴다.

내재적 흥미와 동기는 외재적 흥미나 동기보다 더 큰 즐거움을 유발시키고 과제에 더 적극적으로 참여하게 된다. 내재적으로 동기화된 학생은 불안을 덜 느끼고 화를 덜 내며 학교 과제를 피하려하지 않고 거짓으로 성실한 척 하지 않는다.

□ **자신의 성취결과에 자부심을 갖는다.**

사람들의 행동을 설명해 주는 뚜렷한 이유가 있다면 그 밖의 다른 이유에 대한 가치는 절감되는 절감원리(discounting principle)처럼 보상의 부정적인 영향을 받지 않는 학생은 성적을 받아보지 않고도 자신의 학교생활의 성취 결과에 만족을 한다.

3) 내적동기를 형성하기 위한 실천전략

□ **자신이 진정으로 원하는 것을 한다.**

가끔 자신이 원하는 것과 주위 사람들이 원하는 것을 혼동할 때가 있다. 주위의 친구들이나 부모님이 원하는 것이 아닌 내 자신의 욕구가 가장 중요한 것임을 인정하고 그것을 추구해야 한다.

□ **외적 동기를 내적 동기로 전환한다.**

처음에는 부모에게 혼나는 것이 싫어서 혹은 칭찬 받고 싶어서 억지로 공부를 하다가 점차 성적이 오르고 실력이 향상되면 내재적 동기를 갖게 되어 시키지 않아도 스스로 공부를 하게 된다. 내적 동기가 유발된 경우 외적 보상이 주어지면 내재적 동기가 감소된다는 것도 유념해야 한다.

□ **문제 해결을 통해 만족감을 느낀다.**

무엇보다도 성공적인 학업성취의 경험을 많이 가져 긍정적 자아개념을 가질 수 있도록 한다.

□ **교수님과 친밀한 사이가 된다.**

될 수 있으면 교수님의 열정이 여러분들을 자극하여 다양한 동기를 부여해 주도록 한다. 쉬는 시간에 혹은 면담시간에 교수님을 찾아가 학교생활, 넓게는 인생 전체에 대해 멋진 이야기를 들을 수 있다.

□ **지도교수님의 지도를 받는다.**

신입생들이 조금씩 학교에 적응할 시기가 되면 지도교수님이 정해진다. 지도 교수님들은 여러 가지 조언을 해주고, 여러분의 능력과 관심에 맞게 학업이나 진로를 선택하는데 적극적인 도움과 동기를 부여해 준다.

□ 조교와 친하게 지낸다.

조교와 잘 지내며 학업에 대한 많은 정보와 도움을 얻을 수 있다. 조교들은 대개 소속 학과의 선배이며, 누구보다도 해당 교과목과 교수님에 대한 정보를 많이 가지고 있다.

□ 성적이 좋은 친구로부터 배운다.

공부를 잘하기 위해서는 자신보다 성적이 좋은 친구를 가까이 두면 좋은 성적을 받을 수 있다. 성적이 비슷한 친구가 있다면 그와 선의의 경쟁을 벌여 자기 발전을 도모한다. 성적이 나쁜 친구에게는 '가르치면서 배운다'는 말과 같이 친구를 가르치기 위하여 더 많은 것을 알고 있어야 하기 때문에 더 많이 공부할 수 있다.

□ 자기 효능감을 높인다.

다른 사람의 도움 없이도 스스로 공부할 수 있다는 자신감을 가지고, 외부의 압력에 의해서 공부하기 보다는 재미와 흥미를 가지고 공부를 하다보면 주변상황이나 학습 환경이 아무리 어려워도 환경적인 제약을 극복할 수 있는 힘을 얻게 된다.

참고문헌

김은주. 홍세희. 김주환(2014). 대학신입생의 자기 결정성 요인들과 학교생활 만족도 관계의 시간에 따른 변화분석. KERA International Conference2008, 137-287.

김은주(2007). 부모자녀관계와 자기결정성 요인들이 대학신입생들의 학교생활 만족도에 미치는 영향. 교육심리연구21(3), 539-555.

한순미.김선.박숙희.이경화.성은현.(2005). 창의성. 학지사.

한양상담센터(2007). 한양대학교 안산캠퍼스 실태조사보고서. 제11호

Amabile, T.M.(1996). Creativity in context. Boulder, CO: Westview.

Bandura A.(1993). Self-efficacy mechanism in Psychobiologic functioning. Educational Psychologist,28

Deci, E.L.(1980). The psychology of self-determination. lexington, MA: DC Health.

Goldman et al.(2003). classroom teaching skills. Boston: Houghton Mifflin.

Harter,S.(1992). The relationship between perceived competence, effect, and motivational orientation within the classroon Process and patterns of change. In A.Boggiano & T.Pittman(Eds.) Achievement and motivation : A social-developmental perspective (pp.77-114). New York :Cambridge University Press.

Levesque, C.(2004). Autonomy and competence in and American university students: Acomparative study based on self-determination theory. Journal of Educational Psychology,96. PP. 68-84.

Schunk, D. H. (in press). Education and instruction. In J. E. Maddux(Ed.), Self-efficacy, adaptation, and adjustment: Theory, research, and applicarion. New York:: plenum.

Stip,D.(1984). Young children's performance expectations : Logical analysis or wishful thinking? In J.Nicholls(Ed.), The development of achievement motivation(pp.145-174). New York:: Academic Press.

04 효율적인 시간관리

1. 나의 시간 사용 점검

2. 미루기병고치기

3. 효율적인 시간관리
   1) 계획표 개발시 주의사항
   2) 주간계획 세우기
   3) 짜투리 시간 활용
   4) 시간관리와 스트레스 해소

당신의 하루는 어떻게 돌아가나요?

04 효율적인 시간관리

□ 이것은 무엇일까요?

▶가장 길고 가장 짧다.

▶가장 빠르고 가장 느리다.

▶가장 잘게 쪼갤 수 있고, 가장 크게 나눌 수 있다.

▶가장 소홀히 하면서, 가장 아쉬워하는 것이다.

▶이것 없이는 아무것도 성취할 수 없다.

이것은 바로 "시간"이다.

미국의 명문대학 졸업반 학생들이 뽑은 "대학에서 배운 가장 중요한 것"은 의외로 "시간관리 방법의 습득"이었다.

시간관리란 자기 자신과 자기의 생활을 관리하는데 주어진 시간을 극대화하여 의미 있게 사용하는 것이다. 시간 관리는 넓은 의미로 보면 주어진 모든 시간을 최선으로 활용하여 최대의 효과를 거두는 것으로 삶 전체를 관리하는 것이다. 좁은 의미에서 시간관리라 함은 효과적인 활동을 하기 위해 시간을 잘 조직하는 것이다.

□ 시간관리란?

· 시간을 가장 효율적으로 사용하고 자신의 인생에 긴장과 이완을 주는 기술을 일상생활에서 계속 실천하는 것이다.

· 알맞은 시간에 알맞은 일을 하는 것이다.

· 공부와 여가에 적절하게 시간을 분배하는 것이다.

· 바람직한 목표달성을 위해 계획된 일을 하는 것이다.

· 시간을 효율적으로 이용하는 것이다.

· 삶의 전반 적인 면을 관리하고 통제하는 것이다.

대학에 들어오니까 고등학교 때 까지 와는 달리 수업시간이 적고 과외활동이 많아 자유와 생활의 유연성을 경험하게 되었다. 이럴 때일수록 나는 시간관리 기술을 연마하거나 전략적 차원에서 시간을 관리할 필요성을 발견하게 되었다. 1주일 168시간 중 적어도 18-20시간은 과제와 공부를 해야 하며 추가로 식사시간, 잠자는 시간, 동아리 활동, 친구와 잡담 등 일상생활에 대한 소비시간을 고려하면 남는 시간이 별로 많지 않다. 어떻게 하면 시간을 효율적으로 관리할 수 있을까 고민하게 된다.

우리는 시간에 얽매이지 않는 자유로운 생활을 언제나 갈망한다. 그러나 절차에 맞게 움직여서 일이 원활하게 진행되면 누구나 유쾌한 기분이 들고 자유로움을 느끼게 될 것이다. 즉 여러분들은 효율적이고 능숙하게 시간을 활용할 수 있게 되면 자연히 기분도 좋아지는 것을 경험했을 것이다.

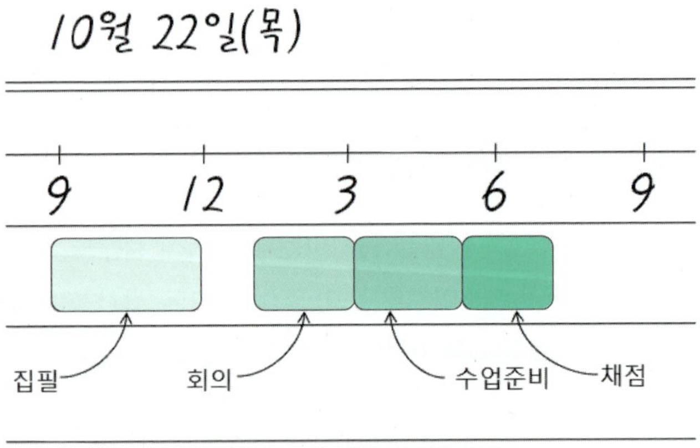

〈그림 4-1〉 단위별 시간표 작성

공부와 용건을 단위로 구분하는 것 또한 효율적으로 공부를 하는 데 있어 매우 중요한 요소다. 수업을 할 때도 90분, 즉 한 시간 반 동안 집중력을 유지한 채 충실하게 임할 수 있는 최적의 시간인 것 같다. 그 단위를 하루라는 시간 속에 적당히 배치하고 그것을 빨강, 파랑, 초록으로 표시를 해본다.

그러고 보면, 시간표는 대단히 뛰어난 아이디어로부터 탄생한 결과이다. 만일 시간표를 갖고 있는 민족과 그렇지 않은 민족이 비슷한 조건에서 전쟁을 한다면 틀림없이 시간표를 가진 민족이 이길 것이다. 예를 들어 하루 열두 시간 일을 할 경우, 그것을 단위로 쪼개지 않고 한 색깔로만 표시하면 결과적으로 그다지 열심히 일을 하지 않게 된다. 절박감이 없으므로 처음 다섯 시간 정도는 빈둥빈둥 게으름을 피우게 된다. 그 결과 애초에 하기로 되어 있던 일 가운데 몇 가지는 그날 안으로 처리하지 못하는 경우를 종종 경험하게 될 것이다.

그러나 단위로 쪼개어 시간표를 만들어 두면 게으름을 피울 경우 금방 다음 단위(시간)가 오기 때문에 그전까지 어쨌든 결말을 지어야 한다. 결말을 짓는다는 것은 원점으로 퇴보하지 않는 선까지 진행하여 일을 끝마치는 것이다. 일단 결말을 지어두면 단위 안에서 완전하게 일을 마치지 못했어도 다음 기회에 다시 거기서부터 시작할 수 있다.

학교성적이 시간관리 전략에 깊은 관계가 있다는 것이 연구결과 나타나고 있다. 남녀별, 학교계열별에 따라 시간관리 수준이 차이가 있음이 밝혀지고 있는데, 시간 관리와 학업성취도 간에 유의한 상관관계가 있는 것으로 나타났으며, 하위 영역 중 우선순위정하기와 평가하기가 높은 상관관계가 있는 경우를 볼 수 있다. 남녀 간에는 전체 시간 관리에는 차이가 없으나 여학생이 남학생 보다 계획하기를 잘하고 남학생이 여학생 보다 정보이용하기를 잘하는 것으로 나타나고 있다. 또 계열 간에는 인문계 학생이 자연계 학생보다 목표 세우기를 잘하는 것으로 연구되고 있다. 지방의 대학생들이 서울지역 대학생들에 비해 여가기능과 여가 만족이 높으며(정영주), 책임의식, 민주주의 실현의지는 서울. 경기 지역 대학생들이 지방 대학생들에 비해 다소 높게 나타나고 있다(이주희, 박순희 2007).

그러면 이 시간의 활용에는 계획 수립이 필요하다. 우선 자투리 시간의 목록을 작성하여야 한다. 정리된 목록이 있어야 그 목록에 따른 행동계획(Action Plan) 즉, 시간의 운용방법(Modus Operandi)이 세워질 것이다. 사람은 이름을 남기는 것이 만물의 영장(靈長)으로서의 바람직한 목표라고 했다. 이름을 남긴다는 것은 무엇인가, 결국 자신이 처신한 시간의 족적(足跡), 자신이 남긴 언행(言行) 의 기록, 즉 시간의 점철(點綴) 아니던가?

01 나의 시간 사용 점검

마음대로 바꿀 수 없는 시간	
고정시간	수업시간, 보충수업시간, 과외학습시간, 학원, 종교활동 시간
생활시간	수면 시간, 세면 시간, 청소 시간, 각종 이동에 필요한 시간
자유시간	TV시청, 인터넷, 라디오 청취, 운동, 가족 간의 대화, 취미 및 동아리 활동, 독서, 친구 만남, 오락 등

〈표 4-1〉 마음대로 바꿀 수 없는 시간 (대구가톨릭대학교 CTL, 2007)

일요일에는 평소보다 10분만 일찍 일어나보자. 5분간은 창문을 열고 심호흡을 해보자. 나머지 5분은 물구나무서기를 해보자. 아침 배설의 쾌감이 두 배로 늘어날 것임이 틀림없을 것이다. 이 10분은 하루일과 1440분 중 가장 쓸데 있고, 하루 종일 기억에 남아있는 순간의 시간이 될 것이다. 그리하여 우리는 시간의 사용에 있어 순간의 선택이 중요함을 알 것이고 시간활용의 지혜와 가치를 느끼게 될 것이다.

1) 1주일간의 시간 사용 확인

<table>
<tr><th colspan="2">항 목</th><th>시간</th><th>총시간</th></tr>
<tr><td rowspan="4">고정시간</td><td>수업참여</td><td></td><td rowspan="4"></td></tr>
<tr><td>과외학습시간(학원 등)</td><td></td></tr>
<tr><td>아르바이트 시간</td><td></td></tr>
<tr><td>종교 활동 시간</td><td></td></tr>
<tr><td rowspan="5">생활시간</td><td>수면 시간</td><td></td><td rowspan="5"></td></tr>
<tr><td>세면시간</td><td></td></tr>
<tr><td>식사시간</td><td></td></tr>
<tr><td>이동시간</td><td></td></tr>
<tr><td>기타생활시간</td><td></td></tr>
<tr><td rowspan="4">자유시간</td><td>휴식, 인터넷, TV, 오락</td><td></td><td rowspan="4"></td></tr>
<tr><td>취미 및 동아리</td><td></td></tr>
<tr><td>친구</td><td></td></tr>
<tr><td>기타 자유 시간</td><td></td></tr>
<tr><td>학습시간</td><td>학교 수업 외 공부시간</td><td></td><td></td></tr>
</table>

2) 시간 낭비의 원인은 무엇인가?

(자신에게 가장 많이 해당하는 순서대로 번호를 적어보자.)

□ 내적 낭비 요인

- 계획, 관리의 부족 ………………………………… ( )
- 우선순위 설정의 미비 ……………………………… ( )
- 급한 것 먼저 함 …………………………………… ( )
- 미루기 ……………………………………………… ( )
- 의사소통의 미비 …………………………………… ( )
- 거절을 못함 ………………………………………… ( )
- 피로 ………………………………………………… ( )

□ 아래의 항목들은 미루지 않는 결정력이 어느 정도인지 알아보는 항목이다. 해당되면 O표, 해당되지 않으면 X를 하시오(유성은 2015).

	내 용	OX 체크
1	바쁠 때는 눈코 뜰 새 없이 바쁘지만 한가할 때는 너무 한가하다	
2	내일 해야 할 구체적인 일이 지금 제대로 생각나지 않는다	
3	어떤 일이 더 중요하고 어떤 일이 덜 중요한지 분별할 수 없다	
4	쉬운 일과 어려운 일이 있을 경우는 무조건 쉬운 일 부터 시작한다	
5	좋아하는 일과 싫어하는 일이 있을 경우는 좋아하는 일부터 시작한다	
6	책상위에 놓인 일 중 눈에 보이는 것, 손에 잡히는 것부터 하는 경향이 있다	
7	남의 부탁을 거절하지 못해서 울며 겨자 먹기 식으로 일하는 경향이 있다	
8	공부를 하다보면 순서가 중구난방 격이 되어 어디부터 손을 대야할지 모를 때가 있다	
9	'시간이 더 있으면 일을 마칠 수 있는데'라는 생각을 자주 한다	
10	왜 그 일을 선택했으며, 왜 그렇게 많은 시간과 돈을 투자했는지 후회를 자주한다	

11	내가 왜 지금 이 일을 해야 하는지 모를 때가 종종 있다. 타성에 끌려서 행동한다	
12	하루 스케줄을 거의 만들지 않고 일한다	
13	한 가지 일이 즐거우면 시간 가는 줄 모르고 즐긴다	
14	건강을 해치면서 까지 밤을 새워 공부를 하거나 게임을 하는 경우가 종종 있다	
15	학교에서 공부하는 날 보다 휴일이 오히려 지내기 지겹다	
16	어떤 일을 결정할 때 심사숙고하지 않고 대충대충 생각하여 결정한다	
17	장기적인 이익보다는 단기적인 이익을 추구하는 경향이 많다	
18	평상적인 일이나 시시한 일에 지나치게 많은 시간과 정력을 쓰는 경향이 있다	
19	기분에 따라 행동의 순서가 자주 바뀌는 경향이 많다. 기분이 이성보다 앞선다	
20	내 앞의 모든 일은 내가 처리해야 마음이 놓인다. 남에게 위임을 못한다	

[평가]

체크 문항 수를 합산하여 O가 13개 이상은 미루는 습관이 몸에 베여 있는 것이다. 항상 시간에 허덕이며 여유 없이 살고 있다. 단순히 바쁜 일상 외에 성격이나 습관에 의한 미루기 습관이 많이 작용하고 있다. 아침에 일어나 그날의 시간을 미리 분배해 계획하는 습관을 들이는 것이 도움이 될 것이다. 시간을 분배하는데 있어서 적당한 수준을 유지하는 것이 쉽지 않겠지만, 조금씩 준비하는 생활습관이 되다보면 하루에 몇 시간은 덤으로 얻은 것 같은 여유가 생길 것이다.

O가 12개 이하이면 시간의 주인으로서 비교적 시간을 잘 관리하고 있다는 것이다. 똑같은 시간이 주어져도 개인의 조절력에 의해 영향을 많이 받는다. 시간 관리에서 보이지 않는 시간을 가시화(可視化)하는 것이 무엇보다 중요하다. 시간을 정말 돈처럼 생각하고 아껴 써야 한다. 돈을 쓰기 전에 예산을 세워 사용목적, 사용 내역을 따지고 또 결산을 해 보듯 시간을 쓰는데도 계획을 세우고 생활의 패턴을 파악한 다음 거기에 맞도록 시간의 조절, 관리, 운용이 필요한 것이다.

시간관리는 가벼운 마음으로 하라. 시간을 효율적으로 관리하는 첫걸음은 누구나 말하듯이 자투리 시간을 활용하는 것이에요. 너무 식상하다고요? 하지만 여러분들도 시간관리를 잘못해서 쌓여버린 과제에 치여서 저런 생각을 해보신적 있을 거에요. 저는 과제를 할 때 아주 큰맘을 먹어야 시작하곤 했어요. 자투리 시간을 활용하는 가장 간단한 방법은 '가벼운 맘'을 먹는 거랍니다. 큰 맘 먹고 컴퓨터 앞에 혹은 책상 앞에 앉기 까지 얼마나 많은 시간이 소요되는지 잘 아시죠? 과제나 공부를 너무 무거운 짐으로 생각하지 말고 여유시간이 생길 때 마다 아주 사소한 마음으로 가볍게 시작해 보세요. '해야 하는데, 해야 하는데'하고 놀면서도 사실 마음은 너무 무겁잖아요. 그럴 바에야 '아잇 까짓껏' 이라는 자세로 일단 과제나 공부에 손을 댄다면 틈틈이 의외로 많은 것들을 얻을 수 있을 거예요.

02 미루기 병 고치기

어느 한 가지에만 해당되는 것은 아닐 것이다. 미루게 되는 이유가 다 같아 보여도 사람마다 조금씩 다르다. 자신에게 해당하는 내용에 밑줄을 그으면서 읽어보자(사사키 겐지, 2015).

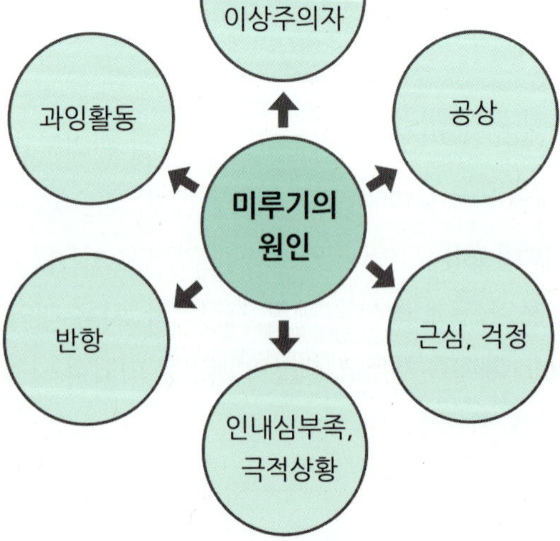

〈그림 4-2〉 미루기의 원인

□ 완벽주의

이상주의자로서 자신의 시간 사용과 에너지에 비해 비현실적인 경향이 있고, 모든 것을 자신이 책임져야 하는 짐으로 보는 경향이 있다. 그 결과 실패하는 것을 어렵게 만들며, 과제를 시작하거나 효과적인 수행을 하거나 완성하는 것을 미루게 된다.

□ 공상

항상 즐겁고 재미있고 그리고 쉬운 삶을 갈망하기 때문에 어렵고 힘들고 불편할 수 있는 새로운 발전에 저항한다. 자신은 특별한 대우를 받아야 하는, 혹은 받을 자격이 있는 특별한 사람으로 생각할 수 있다. 그래서 다른 사람들처럼 열심히 일해야 한다고 느끼지 않으며 막연히 잘 될 거라는 공상으로 시간을 보낼 가능성이 많다.

□ 근심, 걱정

미지의 위험을 무릅쓰기보다 안전을 선호하므로 변화에 저항한다. 실수를 두려워 하여, 해야 할 과제를 회피하고 질질 끌며 지속적으로 걱정을 한다. 타인으로부터 조언과 재확인, 보살핌, 도움을 받지만 정작 행동으로 옮길 때는 어려움을 느낀다.

□ 인내심 부족

쉽게 싫증을 내고 지겨워 보이는 것에 대한 인내심이 부족한 사람이다. 그래서 행동하기 전에 마음이 즐겁거나 신나거나 하는 식으로 고양되어 있어야 흥미가 생기는 것이다. 또한 상황을 지나치게 극적으로 만들기 때문에 시선 집중을 받을 수 있으나, 더 이상 주목을 받지 못하면 흥미가 사라지고 그 일을 지속하기가 어려워진다.

□ 반항

이들이 하는 습관적 지연은 권위에 대한 도전이다. 즉 직접적으로 적대감을 표현하기보다 해야 하는 것을 미루어 둠으로써 간접적으로 저항하는데, 보통 권위자에 대해 불편한 마음이 있다. 역설적으로 자신이 참으로 원하고 필요한 것이 무엇인가를 찾기보다 타인이 기대하고 요구하는 것을 찾으려 하는 경향이 있다. 나아가 자신의 문제를 더욱 명백히 해줄 수 있는 건설적인 자기 탐색을 하는 것에도 저항한다.

□ **과잉활동**

자신이 감당할 수 있는 것 보다 더 많은 일을 하려는 경향이 있다. 예로서 다른 사람이 도움을 요청해 오면 거절을 하기 어려워서 많은 짐을 안고 있거나, 자신의 무가치함을 보상받으려는 심리가 있을 수 있다. 다양한 종류의 책임을 지려고 하기 때문에 우선순위에 대해 혼란을 느끼며 개인적인 과제에 초점을 맞추는데 어려움이 있다. 특히 자신의 욕구를 알아차리는 자기 훈련이 필요하다.

03 효율적인 시간관리

1) 계획표 개발시 주의 사항

(1) 각 교과에 대한 충분한 공부 시간을 확보한다. 일반적으로 한 교과를 공부하기 위해서는 한 수업시간당 2시간이 필요하다. 공부시간을 계획하는 데 있어서 제출해야 하는 리포트 등의 시기뿐 만 아니라 각 교과의 난이도까지 고려해야 한다.

(2) 공부시간을 너무 짧게나 길게 하는 것은 좋지 않다. 1시간 이하는 너무 짧고 3시간 이상은 너무 길다. 1시간 이하는 책과 노트를 정리하다가 시간이 다 지나가고, 3시간 이상은 너무 길어 생산성이 떨어진다.

(3) 수업 전후에 공부하는 것이 좋다. 만약 수업 사이에 시간이 있다면 수업 노트를 다시 공부하고 교수가 수업에 사용했던 자료를 치우기 전에 한번 더 보는 것이 좋다.

(4) 주간 공부 일정 변경에 준비되어 있어야 한다. 일정은 가능한 고정되어야 하지만 예상하지 않은 사건이 발생하여 변경되는 데에 대한 준비가 되어 있어야 한다.

인지적 전략	
TV시청, 친구와 담소, 공상 등으로 시간을 낭비하고 있다면 자신의 내면에 집중해 보세요	할 기분이 날 때까지 기다리다간 결코 완성할 수 없어. 시작하는 길만이 끝마칠 수 있지. 할 수 있는 만큼만 하면 돼, 일단시작하고 차츰 보완하는 것이 훨씬 효율적이야. 우선 10분 동안 만이라도 집중해서 보자. 과제의 수행이 곧 나의 가치가 되는 것은 아니니까 능력 있는 사람도 실패는 종종하지
자신이 미루지 않는 사람이라 생각하세요	시간을 잘 이용한 후 마음속에 선명한 그림을 그리고 어떻게 행동하고 있는지를 상상해 보세요. 그리고 평가하고 잘했는가? 기분이 어떠한가를 상상해 보세요
과제를 마친 상황을 그려 보세요	미루고 있는 과제가 중요하고 의미있는 것임을 상기하며 그것을 이루었을 때를 상상하며 만족감을 느껴 보세요!! 그리고 기억하세요! 이 성취감은 노력하는 자만이 누릴 수 있다는 것을!
미루면 즐겁지 않은 과제로 변합니다	해야 할 일을 미루면 점점 더 즐겁지 않은 것이 됩니다. 하지는 않고 걱정만 할수록 점점 더 하기 싫은 과제로 변합니다
지금 이 순간 선택할 기회를 주십시오	이 과제는 내가 해야 할 필요가 있는 중요한 것인가? 그렇다면 나는 지금 이 과제를 시작하기를 선택하겠는가? 아니면 미루기를 선택하겠는가?
완벽하게 일을 할 필요가 없다는 것을 깨달으세요	과제를 할 때 완벽하지 않더라도 시도를 하는 것이 전혀 안하는 것보다 낫습니다. 우선 시작하고 보완하는 것이 일을 훨씬 쉽게 만듭니다
긍정적으로 생각하세요	과제가 그렇게 끔찍한 것만은 아님을 자신에게 설득하세요. 긍정적인 self talk(자기대화)가 도움이 됩니다. 한 번에 할 수 있는 만큼 구체적이고 현실적인 계획에 따라 하는 과제라면 충분히 감당할 수 있습니다

〈표 4-4〉 인지적 전략(사사키겐지, 2015)

행동적 전략	
일단 10분 동안만 한다는 제한 책략을 사용하세요.	한자리에서 끝마치겠다는 결심을 하게 되면 질리게 되므로 처음 시작을 할 때는 일단 10분 동안 만 한다는 시간제한을 해놓고 그 시간 동안은 열심히 하세요. 그다음 계속할 것인지 아닌지를 결정하세요!
완벽한 환경에 대한 환상을 버리세요.	완벽한 준비, 충분한 시간, 깔끔한 주변을 기다리다 보면 에너지가 미리 소진되어 지쳐버리거나 해야 할 다른 일이 생기거나 충분한 시간이 남아있지 않게 됩니다. 미진한 환경이라도 일단 해야 할 시간이 되면 일단 시작부터 하세요!!
할 기분이 아닌 상태일지라도 시작하세요.	"영감이 나에게 오지 않을 때, 내가 그것을 만나러 반을 간다."라고 프로이드는 말하였습니다. 하고 싶을 때 까지 기다린다면 그 시간은 영원히 오지 않을 수도 있습니다. 가장 집중이 잘되는 시간을 정하여 날마다 할 수 있도록 습관화하십시오.
가장 중요하면서 어려운 것부터 하세요.	우선순위를 정하되 하기 싫은 일부터 먼저 합니다. 그 결과 이후의 과목을 제대로 활용할 수 있는 정서적 안정감을 줍니다. 그러면 쉬운 일이 남게 되겠지요?

〈표 4-5〉 행동적 전략(사사키겐지, 2015)

2) 주간계획 세우기

시간 관리는 자신이 세운 목표가 실제 삶에서 어떻게 실행되고 있는지 확인할 수 있는 과정이다. 즉 시간 관리는 목표달성을 위한 항해 일지와 같은 것이며 필수적인 것이다. 시간계획에는 단기와 장기적 계획이 있는데, 년 간, 월간, 주간계획 가운데 가장 현실적인 시간 계획표가 주간계획이다. 이것을 잘 작성하여 실행해 나가면 한 주간을 순조롭게 살아갈 수 있다. 주간계획표는 일일 계획표를 포함하는 경우가 많은데, 이처럼 주간 계획표가 함께 있는 것은 일주일과 하루의 계획을 한눈에 파악할 수 있어서 편리하다.

□ 이번 주에 해야 할 가장 중심이 되는 과제는 무엇인가?

▸ (내일 보는 시험, 모래의 과제물 등...

□ 이번 주에 가장 시간이 많이 걸리는 일은 무엇인가?

▸ 강의 예습 복습, 외국어 공부, 독서 등...

□ 이번 주에 꼭 완료해야 할 일은 무엇인가?

▸ 과제물, 시험 준비 등...

□ 정형화된 일로 내가 해야 할 일은 무엇인가?

▸ MT참석, 학과장님과 면담 등...

□ 이번 주에 꼭 만나야 할 사람은 누구인가?

▸ 선배와의 면담, 친구 등...

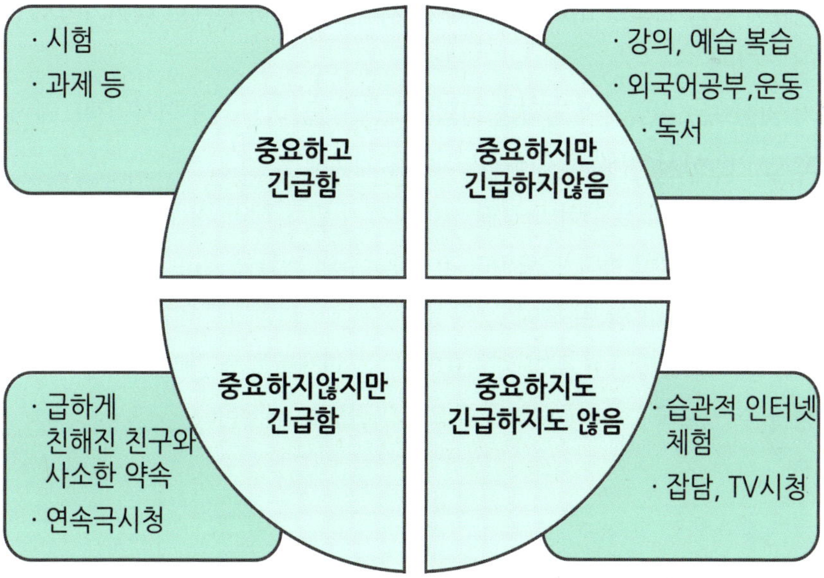

〈그림 4-3〉 일의 중요도와 긴급성 분류

□ **일일계획표 작성요령(학습전략과 진로탐색, 2010)**

- 60:40 법칙에 의거해서 활용가능한 시간의 60%만 계획하고 40%는 남겨둔다.
- 그날 할당된 수업을 먼저 작성하고 다른 일은 나중에 채워 넣는다.
- 구체적으로 시간계획을 세우자.
  과제를 오늘 안에 다 써야 한다는 생각으로 꾸물거리기 보다는 과제물 작성에 필요한 논문 세 편을 복사하겠다는 식으로 세부적이고 구체적인 계획을 세운다.
- 갑작스런 약속이나 조별활동이 생길 수 있으므로 변동사항을 반영하여 작성한다.
- 매일 시간대별로 계획을 세우는 것이 부담스럽다면 그날의 목록list를 수첩에 작성하여 지니고 다닌다.
- 각 수업 시간표와 수업에서 해야 할 일들의 목록을 만든다.
- 일정표에 해야 할 일들에 대한 마감 날짜를 적는다.
- 학업과정의 단계들에 따라 장기간에 걸쳐 해야 할 일들을 부분으로 나누어 본다.
  (예: 주제 선정하기, 정보 수집하기, 정보 조직하기, 윤곽 형성하기, 보고서 초안이나 발표 준비하기, 편집하거나 수정하기, 최종 보고서 준비하기)
- 일정표에 학업 과정의 마지막 단계에서 시작하여 시작 단계로 나아가면서 단계를 배치해 본다.
- 장기 일정표는 한학기의 달력을 이용한다.(달력을 이용하여 학사일정표에 맞추어 중간고사, 기말고사, 휴일, 동아리 모임 등을 기록해 놓는다.)
- 그 다음 그 학기에 맞추어 토요일 난에다가 주별로 해야 할 일을 배치하는 방식으로 주별 계획표를 개발한다.(토요일마다, 다음 주의 날들을 위한 일일 계획표를 완성한다. → 수업과 해야 할 일 외에도, 각 날에 수업과 관련되지 않는 일로서 해야 할 일이나 약속을 기록한다. → 주별 계획표에다 그 과제들을 적 매일 그 중 어떤 과제들을 달성할 수 있도록 그 과제들을 그 주의 각 날들에 배분한다.)

□ **계획표를 체크리스트로 활용**

매일 저녁에 일일 계획표상의 모든 과제들이 완수되었는지를 점검해 본다. 어떤 것을 하지 못했다면, 다음 날 그것들을 완수할 시도를 한다.

주별 계획표를 토요일마다 점검하라. 지난주에 해야 할 모든 과제를 끝냈는지를 보고 다음 주의 일일 계획표를 개발한다.

해야 할 일	실행여부
과학 chapter3 예습	☐
문화학 조모임	☐
공학 참고도서 제출	☐
친구에게 생일축하 문자 메세지 보내기	☐

□ 예시

수학공부시간을 3시간 연속으로 배정하는 것보다는 1시간은 수학, 1시간은 영어, 1시간은 국어로 배정하는 것이 낫다. 그리고 좋아하는 일만 배정하는 것보다는 좋아하는 것과 싫어하는 것을 섞어서 시간표를 짜는 것이 더 효율적이다. 육체적 활동, 정신적 활동, 사회생활과 사생활이 잘 어울려지도록 시간표를 짜는 것이 좋다.

시간	月	火	水	개선점	木	개선점	金	土
7:00			세면, 식사 등교준비	등교시간에 할 수 있는 활동 찾아보기		암기 할 카드 챙기기		
8:00			등교	노트필기한 것 복습	등교			
9:00		영어	휴식	휴식과담소를 줄이고 영어 단어 암기 시간으로 활용	수업			
10:00			심리학 수업		수업			
11:00		역사	커피		수업			
12:00			휴식		점심식사	A과목 조모임 병행		
1:00			과학사 과목 공부					
2:00		건축사	휴식	휴식시간에 수학공부 예습하기	수업			
3:00			수학공부		도서관	B과목 보고서 자료제출		
4:00		건축 설계			동아리			
5:00					아르바이트			
6:00					하교			
7:00					저녁식사	쉬면서 조모임 요약 연락하기		
8:00					아르바이트			
9:00					아르바이트			
10:00					공부			
11:00					공부			
12:00					취침			

〈표 4-7〉 시간표

3) 자투리 시간 활용

□ **5분 내외**

- 아침시간을 활용한다.
- 간단한 전화통화하기
- 엽서 한 장 쓰기
- 줄넘기하기
- 명언이나 단어외우기
- 맨손체조 하기
- 기지개를 켜거나 심호흡
- 목표를 상기하기
- 흥미로운 일을 계획하기
- 사랑하는 가족이나 사람의 사진을 본다.

□ **15분 내외**

- 영어회화 공부하기
- 신문읽기
- 책의 일부 읽기
- 음악 감상하기
- 간식을 먹는다.
- 커피나 음료를 마신다.
- 잠시 이야기를 나눈다.

□ **30분 내외**

- 식사준비
- 책상정리
- 서재 청소
- 산책
- 시사주간지 읽기

□ **60분 내외**

- 인터넷 검색
- 세탁
- 작성
- 과제물 작성
- 수업

자투리 시간관리 전략

<학 생 사례 : 통학버스나 흔들리는 차안에서>
흔들리는 통학버스나 차안에서 책이나 노트를 보게 되면 멀미를 하게 된다. 그 시간을 유용하게 이용하려면 mp3를 이용하여 요점 정리한 내용이나 잘 외워지지 않은 내용을 직접자신이 녹음해 두었다가 통학을 할 때 그것을 듣는다. 처음에는 다소 어색하지만 자신의 목소리이기 때문에 오히려 더 집중할 수 있는 기회가 된다. 다함께 따라해 보자. 눈으로 보고 손으로 요약하고 말로 녹음하고 귀로 듣게 되는 과정을 거치게 되면 웬만한 내용은 머리에 쏙 들어올 것이다. 이 과정을 시험시간에 몰아서 하면 힘이 들겠지만 학기 초 부터 꾸준히 쌓아 가면 효율도 오르고 반복의 묘미와 성취감을 맛볼 수 있을 것이다.

□ **카톡에 일일이 답하지 않는다.**

- 수업시작 전후로 나누어 20분간 카톡이나 이메일 처리시간을 따로 정해둔다.

□ **급한 전화가 아니면 받거나 걸지 않는다.**

- 메신저도 마찬가지다. 평상시에도 발신자 표시를 해두었다가 가려서 받는다. 점심시간 전후로 10분간 따로 전화를 하는 시간을 마련해 둔다.

□ **친구를 기다리는 시간에 읽다가 만 교양서적을 읽어 본다.**

□ **식당에서 식사를 기다리는 동안 영어 단어나 문장을 외운다.**

□ **지하철이나 통학버스를 타고 가면서 비교적 쉬운 책을 읽거나 영어 회화 듣기나 교양서적이나 강의 테이프를 들을 수 있다.**

□ **등하교길 지하철에서 영어단어를 하루에 10개씩 암기하려면 하루에 여러 번 복습해서 암기하는 방법보다 20개를 쭉 훑어보고 반 정도가 머리에 남으면 만족하는 것이**

좋다. 시간도 절약되고 잘 잊어버리는 단어를 주의하여 외울 수 있어 좋다.

□ 화장실에서 간단한 영어 문장을 외운다.

□ 정리 정돈을 꼼꼼하게 한다. 학용품이나 학습 자료를 잘 정리하여 필요한 경우에 쉽게 찾을 수 있도록 한다.

□ 아침에 5분 일찍 일어나 스트레칭을 한다.

□ 예약을 하고 반드시 시간을 지킨다.

□ 등. 하교 시가. 귀가후의 시간. 점심시간 등을 그냥 보내지 말고 창조적인 일을 하기 위한 준비시간으로 활용하면 좋다. 아침에 등교를 하면서 오늘 하루 일정과 학습할 주요 내용을 정리하고, 저녁에 귀가할 때는 하루 학습한 내용을 정리한다.

□ MP3, PDA, 카세트 녹음기, 단어장(수첩), 전자수첩 등을 활용하여 시, 이론 공식, 용어의 정의, 영어단어와 문장 등을 암기한다.

□ 과제물은 제출일에 임박해 하지 말고 그 과목의 수업이 끝난 직후 할 수 있도록 한다.

□ 어려운 과목은 될 수 있으면 여유 있는 시간에 한다.

□ 주위환경이 적절하지 않으면 도서관에 간다.

□ 같은 장소에서 공부하는 것은 집중도를 높이고 학습의 효율성을 높여주며 학습상황의 점검시간을 줄여준다.

□ 계속공부하고 싶더라도 짧은 휴식을 가지고 기지개를 펴거나 환기를 시키거나 물을 먹거나 하여 정신적 피로감을 풀어준다.

□ 스케줄 관리도구

- 컴퓨터
- 카메라
- 전자수첩
- 휴대폰
- 녹음기. 팩스, 복사기, 벽걸이, 탁상용 달력, 다이어리, 수첩, 체크리스트, 인터넷

4) 시간 관리와 스트레스 해소

휴식은 게으름과 동의어가 아니다. 진정한 휴식이란 정신적, 육체적 영역 모두 편안한 상태가 지속되는 것을 말한다. 몸은 쉬면서 머릿속을 공부를 생각하고 있다면 진정한 휴식

이 아니다. 쉴 때는 몸과 마음이 모두 즐거운 상태에서 여유로운 활동에 몰입하는 것이다. 자신에게 적합한 형태의 휴식을 갖고 에너지를 재충전할 수 있는 학생이 다음 공부를 할 때 집중력과 효율성이 높아진다(유성은, 2015).

- TV 시청
- 공상
- 인터넷채팅/ 검색
- 낮잠
- 친구와의 잡담/통화
- 커피마시기
- 신문구독
- 쇼핑하기
- 영화를 본다.
- 간식시간
- 등산
- 운동하기
- 영화감상하기
- 교양도서 읽기
- 휴식시간은 일주일에 10–25시간으로 잡는다.

□ 수업시작 15분전에 강의실에 도착한다.

자리다툼이 치열한 과목은 30분전에 들어가 그날 배울 내용을 미리 훑어본다. 수업시작 전에 자리에 앉는 것이 도움이 되는 이유는 교수님과 눈 맞춤을 할 수 있는 자리에 있는 것이 긴장과 집중을 유도해서 학습에 효율적이기 때문이다. 예습할 시간이 없는 경우 강의실에 일찍 도착해서 선수학습을 해놓는 것이 그날 학습의 이해도를 높일 수 있는 방법입니다.

□ 오늘 나온 과제는 오늘 끝낸다.

오늘 안으로 끝낼 수 있는 과제는 과제를 받자마자 하루 만에 끝낸다. 하루 만에 완성할 수 없는 것은 마감일 3–4일전에 끝내는 것을 원칙으로 해야 시간을 충분히 활용할 수 있을 뿐 만 아니라 충분한 점검과 수정을 거칠 수 있기 때문이다.

□ 전공 같은 경우는 달력을 만들어 놓고 그 달력과 똑같은 스케줄이 기록된 수첩을 휴대하면서 반드시 그 날짜에 완성하는 것을 목표로 합니다.

□ 쉬어가기 (Saito Takashi, 2015. ECTL 학습자가이드북)

▸ 스트레스가 생기면 화내고 불평하고 터트려서 쌓아두지 말고 자신의 감정을 표출한다.

▸ 친구들과 함께 행동하는 것도 좋다. 같이 행동하게 되면 미루거나 그만두는 일없이 어떤 일을 함께 완성할 수 있다.

▸ 하기 싫은 일도 즐기면서 할 수 있도록 노력한다.

▸ 해야 할 일들을 메모장, 일기장, 교재겉장 등에 기록하거나 보이는 곳에 붙여둔다.

▸ 황금시간대에 집중하여 공부한다. – 대개 낮에 1시간정도의 공부시간은 저녁때의 1시간 30분의 효과와 상응한다.

▸ 1시간 단위로 시간블록을 잡는다. – 시간관리가 익숙하지 않다면 오전–오후– 저녁으로 시간블록을 잡지 말고 한 시간 반에서 두 시간 정도를 하나의 블록으로 잡는다. 그렇게 하면 뒤로 미루어졌을 때 시간단위로 지켜야겠다는 생각이 들 것이다.

▸ 취미활동이나 대인관계를 할 수 있는 여유가 있어야 완벽주의에서 벗어나 상황에 대처하는 여유를 가질 수 있다.

▸ 한 달 계획은 월말에, 한주의 계획은 일요일 밤에, 하루 계획은 전날 밤에 한다.

▸ 감산시간 관리를 활용한다. – 목표를 향하여 '앞으로 몇 분 남았다' 식으로 숫자가 작아질 때 경각심이 커지고 주의를 하게 된다.

▸ 3주에서 7주 정도 의식적으로 행동한다.

▸ 휴식시간을 확실히 가진다. –공부할 때는 열심히 하고 쉴 때는 확실히 쉰다.

▸ 계획한 일을 달성했다면 스스로에게 보상을 준다.

참고문헌

학습전략과 진로 탐색(2010). 대구 카톨릭 대학교 교수학습개발센터.

유성은(2015). 시간관리와 자아실현. 중앙경제 평론사.

이주희, 박순희(2007). 대학생의 시간관리에 관한 연구. 청소년학연구15(2), 91-120.

사사키겐지(2015). 미루기병 고치기. 그리고 책.

ECTL 학습자가이드북. 이화여자대학교 교수학습센터.

Saito Takashi(2015). Dandori Ryoku. Chikuma Shobo, Tokyo.

05 프레젠테이션 기법과 응용

1. 프레젠테이션을 하는 이유
2. 효과적인 프레젠테이션
   1) 프레젠테이션 전략
   2) 프레젠테이션 4단계
   3) 오감을 자극하는 프레젠테이션 TIP

05 프레젠테이션 기법과 응용

수업시간 중 자신의 과제를 발표할 때 다른 사람들은 내 프레젠테이션을 왜 지루하게 바라보고 있는지? 이것을 효과적으로 전달할 방법은 없을까? 어떤 사람은 귀에 쏙쏙 들어오고 흥미진진하게 말하는 사람이 있는가 하면, 똑같은 재미있는 이야기를 해도 지루하고 재미없게 이야기 하는 사람이 있다(조에스트 2015). 지금부터 당신의 오감을 자극하는 프레젠테이션 전략 기법과 응용방법에 대하여 알아보기로 한다.

01 프레젠테이션을 하는 이유

□ 동기부여

청중들의 무관심한 부분을 관심영역으로 끌어들인다. 청중들이 관심을 갖지 않았던 부분을 프레젠테이션을 통해 관심을 갖게 만들어야 한다.

□ 정보제공

청중들로 하여금 프레젠테이션을 통해 모든 것을 알게 해 주어야 한다. 이때 정보는 공신력 있고 신뢰성이 있어야 한다. 발표자는 인터넷에서 그대로 옮겨온 것은 신뢰성과 창의성이 떨어지므로 자제를 해야 한다. 발표자는 세 번 정도 그 분야에 관한 다양한 종류의 책을 읽고 와서 발표를 한다.

□ 설득

청중들로 하여금 프레젠테이션을 통해서 구체적 실천사항을 행동으로 옮기기 전 먼저 마음속으로 뭔가를 결심하도록 만드는 것이다.

□ 실천

청중들로 하여금 행동으로 옮기게 한다. 예를 들어 구체적으로 "관련된 교재를 30분 읽고 자료를 보내주세요. 제가 피드백 해드리겠습니다"등과 같은 것이 여기에 해당한다.

□ 위안이나 오락제공

청중들로 하여금 단순히 재미있고 즐거움을 주기 위하여 발표를 한다.

※ 프레젠테이션에 실패하는 3가지 이유

프레젠테이션에 신경 쓰지 않는다
발표를 할 때의 3P(청중people, 목적purpose, 장소place)를 분석하여 내용contents 이미지Visuals 전달Delivery의 구성요소를 갖추고 스토리를 전개하지 않았을 때 실패를 한다.
목표가 없다
발표의 목적과 목차, 청중이 알아야 할 상황이나 주제와 관련된 중요한 이슈와 문제점, 앞으로 해야 할 일, 다음 단계에서 나아갈 방향을 제시하지 못하면 실패를 하게 된다. 발표를 통해 도달하고자하는 결과를 구체적으로 써 본다. 발표를 통해 어떻게 실천을 할 것이며, 변화된 모습 등을 기록해 둔다. 그리고 이것을 내가 왜 하는지 해야 하는 이유를 생각해 본다.
충분히 연습하지 않는다
가령 청중이 소극적일 경우 속으로 웃지만 겉으로는 적극적인 반응을 보이지 않는다. 이때 발표자는 심리적으로 위축되게 된다. 그러나 발표가 끝나고 평가를 할 경우에는 최고의 발표자로 평가하게 된다. 그래서 너무 청중의 반응에 따라 좌지우지 예민해 하지 말고 청중과의 벽허물기 Ice breaking을 통해 강단있는 모습을 보여줄 필요가 있다.

〈표 5-1〉 프레젠테이션에 실패하는 3가지 이유(조에스트, 2015)

02 효과적인 프레젠테이션

1) 프레젠테이션 전략

□ Practice – 말하고 행동해야 한다.

사람들은 읽은 것을 10% 기억하고
들은 것을 20% 기억하고
본 것은 30%를 기억하고
듣고 본 것은 50%를 기억하고
말한 것은 70%를 기억하고
우리가 말하고 행동한 것은 90%를 기억한다.

□ Simple – 필요한 사람에게 적정량의 정보를 제공해야 한다.

발표자는 너무 많은 정보를 제공하려고 하다가 실패를 하는 경우가 많다. 우리가 물을 마시고 싶다고 할 때 2컵을 마시고 나면 충족이 되는데, 그 이상을 먹으라고 준다면 거부를 하게 되는 것과 마찬가지로 주어진 시간 안에 주장하고자 하는 것 세 가지만 청중의 기억에 남더라도 그 발표는 성공하게 된다.

몇 년 전 어느 광고회사에서 클라이언트를 상대로 프레젠테이션을 실시했는데 담당자는 나이든 임원들을 상대로 그야말로 휘황찬란한 용어를 써가며 발표를 2시간 동안 했다. 그러나 마지막에 '질문이 있습니까?'라고 했을 때 임원들의 반응은"도대체 무슨 말인지 처음부터 끝까지 통 알아듣지 못했어."라고 반응했다.

대부분의 발표자들이 가능한 많은 내용을 발표하려고 하지만 좋은 방법이 아니다. 오히려 한 가지 요점을 깊이 다루는 것이 초점없이 여러 주제를 다루는 것보다 효과적이다. 즉 발표할 때는 가능한 단순하고 명확하게 요점만을 전달하도록 노력해야 한다. 여러분이 정말 전달하고자 하는 핵심에 초점을 맞춘다.

□ Story – 스토리텔러가 되어야 한다.

스토리텔링이란 이야기와 말하는 것이 합쳐진 말이다. 스토리란 어떤 사건을 겪은 사람의 경험을 중심으로 한번 걸러진 지식, 일기 쉽고 느끼기 쉬운 지식이다. 즉 이야기란 전달하고자 하는 가공된 정보로서, 사건과 사물에 대한 사실에 대한 단순한 나열이 아니라 여기에 개인적인 경험, 감정 등이 뒤섞여 만들어진 것을 의미한다. 여기에 더해지는 '–텔링', 즉 말하는 것을 전달하고자 하는 행위이다. 행위는 인간의 의지에 의한 몸의 활동이며, 그렇기 때문에 체험과 연결된다. 그러므로 스토리텔링은 가공된 정보를 전달하기 위해 이루어지는 체험적 행위라고도 말 할 수 있다(Gabriel, Y. 2000).

스토리텔링을 함으로써 이야기 하는 사람과 듣는 사람의 감정적 표출은 재미와 공감대를 형성하며, 사건을 이해하기 위한 효과적인 정보의 전달을 가능하게 한다. 그러므로 스토리텔링은 인간의 알고자 하는 욕구와 유희적인 욕구를 동시에 만족시키는 강력한 커뮤니케이션 수단인 것이다. 이러한 소통적 기능을 바탕으로 인간이 창조성을 발휘하고 복잡한 상황을 쉽게 이해하며 문화에 참여하는 데 도움을 주며, 경제적 가치를 창출하고 특정 조직의 문화적 삶에까지 영향을 미친다. 그리고 실제적으로 이러한 효과적인 소통의 기능은 체험과 밀접하게 연결되어 있어서, 이야기는 체험으로, 체험은 이야기로 전이될 수 있고, 이로써 스토리텔링은 지속성을 가질 수 있다. 그럼으로써 스토리텔링의 기능은 사회의 구성원들의 정체성과 안정감, 확신을 제공하는 수단으로서의 범위까지 확장된다(Gabriel, Y. 2000).

<스토리텔링 예시>

오스트레일리아 북서부 경관에 대한 원주민과 유럽인의 관점 차이

많은 유럽인들은 오스트레일리아의 경관이 획일적이고 특색이 없다고 말해 왔다. 그러나 원주민들은 오랫동안 함께 해 온 그 경관의 모든 특색을 알고 있으며, 각 경관은 의미를 지니고 있다. 한 예로 아이어즈록(Ayer's Rock)의 모든 특색은 각각 의미 있는 신화, 그리고 그 신화를 창조한 신화적 존재와 관련이 있다. 모든 나무, 얼룩, 구멍과 틈은 각각 의미를 지닌다.

스토리텔링은 예를 들어 박물관이나 미술관과 같은 전시 관람형 유형을 스토리텔링으로 만들려면 텍스트 이미지, 전시물을 효과적으로 구성함으로써 서사적인 이야기의 표현이 가능하며, 기념비적 장소를 이야기 거리로 만들려면 캐릭터, 영상, 소리, 게시판, 기념비, 복원되거나 보존된 건축물 등 다양한 매체로서 이루어질 수 있다. 그 과정은 다음과 같이 이루어진다(Gabriel, Y. 2000).

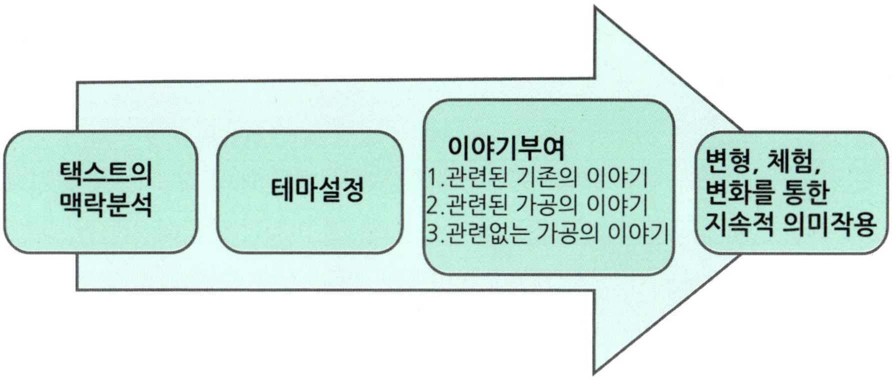

〈그림 5-1〉 스토리텔링 과정

예를 들어 경주라는 공간을 스토리텔링하려면 먼저 경주라는 공간의 맥락을 통해 장소성을 파악하는 단계로서 공간을 있는 그대로 읽어내는 공간 수신자의 입장에 선다.

둘째, 경주라는 공간에 테마와 이야기를 부여하는 단계로서 장소성을 구체화하고 이야기로서 공간 소통의 길을 터주는 단계이다.

셋째, 공간 발신자의 입장으로서 경주라는 공간을 기획하고 생산하는 단계이다.

스토리텔링의 과정은 경주라는 공간과 인간이 같은 이야기를 공유함으로써 시작되는 경주라는 본질에 대한 이해를 바탕으로 경주라는 공간을 기획하는 모형으로서 의의를 지닌다.

□ Smart – 잘 정리되어야 한다.

사람은 머릿속에 한꺼번에 정보를 떠올리는 평형탐색(parallel search)을 하는 것이 아니라 정보를 하나씩 찾아내 사용하는 순차탐색(serial search)으로 정보를 인출한다(Sternberg, 1995). 따라서 정보를 받아들이는 상대방은 정보가 많으면 많을수록 판단하는 시간도 많이 걸릴 수밖에 없다. 정보가 많을수록 말하는 것은 물론이고 듣는 것도 어려우므로 발표를 잘하려면 '구조화'할 줄 알아야 한다. 말의 구조화란 전체를 보고 큰 맥락을 놓치지 않고 명확하고 완벽하게 말하는 것이다. 예를 들어 첫째와 둘째, 문제점과 해결책, 공통점과 차이점, 정의와 예시, 강점과 약점, 기회요인 등으로 분석할 수 있어야 한다.

□ Curiosity – 호기심을 자극해야 한다.

요즘 신세대들은 '재미'를 빼면 아예 관심조차 두지 않을 정도로 '재미'와 '의미'라는 말을 자주 쓴다. 발표를 할 때 뻔한 내용을 이야기하면 청중들은 매우 지루해 한다. 그렇다면 어떻게 하면 청중들을 자극할 수 있을까? 초반에 수수께끼나 퀴즈문제를 내어서 발표 내내 그 의문을 상기시키면서 청중들의 호기심을 유지시키다가 맨 마지막에 이해 가능한 결말을 제시함으로서 '아하!'하는 깨달음을 느낄 수 있도록 한다. 이렇게 하여 무관심한 분야를 관심영역으로 끌어 들인다. 혹은 발표에 영상을 가미하여 의식이하의 지각(subliminal perception)효과를 얻을 수 있다.

즉 사물을 의식하지 못하는 수준liminal에서도 지각이 될 수 있도록 한다는 것이다. 한 예로 1958년 Vicary는 영화를 상영하는 도중 300분의 1초씩 5초 간격으로 '팝콘을 먹어라(Eat Popcorn)'와 '코카콜라를 마셔라(Drink Cocacola)'라는 문구를 영화에 겹쳐 내보내는 실험을 실시했더니 영화가 끝난 뒤 팝콘의 판매는 평소보다 85퍼센트, 콜라는 18퍼센트가 증가했다고 한다. 이처럼 영상의 효과는 사람들의 잠재의식에 깊게 작용하는 것이다.

2) 프레젠테이션 4단계

□ 1단계

- 청중을 분석한다.
  – 몇 명이 참석하는지? 남자와 여자의 구성 비율은 어느정도 인지를 미리 파악한다.
- 목적을 파악한다.
  – 설득을 위한 것인지 정보제공인지 경쟁, 취업, 동기부여인지를 알아야 한다.

▸ 장소를 파악한다.

– 음향스피커는 좋은지 조명과 장소는 청결한지를 확인한다.

□ 2단계

▸ 스토리라인을 설계하여 무엇을 넣고 무엇을 뺄 것인가?

▸ 어떤 순서로 보여줄 것인가?

– 핵심 메시지를 먼저 보여주고 그 다음으로 소결론을 보여준 후 그것에 관한 내용 설명을 한다.

▸ 논리적 빈틈을 어떻게 채울까? – 논리적 비약, 중복, 충돌을 피한다.

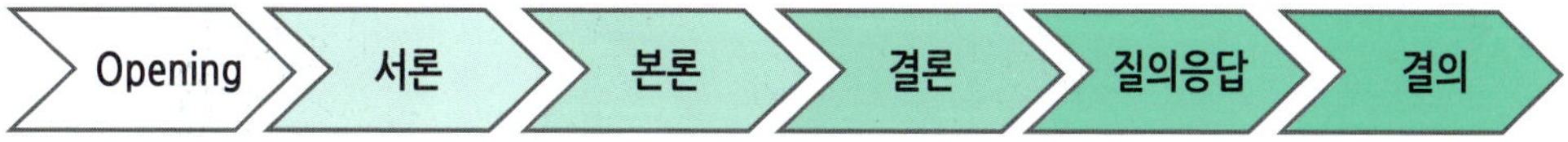

〈그림 5-2〉 스토리 라인 순서

□ 3단계

▸ 비주얼작업을 한다.

– 슬라이드 컬러가 형형색색이면 안 된다.

– 글씨가 너무 빼곡하게 작성되는 것도 피한다.

– 유인물 자료와 발표 자료가 똑같을 필요는 없다.

□ 4단계

▸ 수 없는 연습 후에 발표를 한다.

– 말(Speech), 눈짓(eye–contact), 몸짓(gesture)에 신경을 쓴다.

– 청중의 질문에 미리 대비한다.

3) 오감을 자극하는 프레젠테이션 Tip(조에스트, 2015)

(1) 오프닝에 공을 들인다.

- 자기소개 및 주위환기를 한다.
- 흥미있는 이야기나 삽화를 넣는다.
- 짧고 적합한 인용을 한다.
- 재미있는 유머를 사용한다.
- 호기심을 유발하는 최근의 사건을 이용한다.
- 개인적인 경험담을 들려준다.
- 청중에게 질문을 한다.

(2) 청중과 끊임없이 눈을 맞춘다.

＊ 3초의 첫인상이 그날 발표의 성패를 좌우한다.

- 무대로 나올 때는 청중이 봤을 때 오른쪽에서 나오는 것이 효과적이다.

- 입장할 때 시선은 얼굴을 들고 어깨를 편안하게 내리고 청중들을 바라보면서 '안녕하세요? 저는 ㅇㅇ입니다. 반갑습니다'하고 이때 시선의 방향은 맨 뒤 쪽 좌측에서 우측 → 중간 좌측 → 중간 우측 → 앞쪽 왼쪽 → 앞쪽으로 이동한다. 즉 ZIGZAG로 본다.

– 발표할 때 한사람을 계속 지그시 바라보면 청중에게 중압감을 주기 때문에 피해야 한다. 혹은 팔짱을 끼고 옆으로 청중들을 보는 것도 피해야 할 행동이다. 질문을 할 때나 지시를 할 때는 고개를 약간 숙이고 청중의 눈높이에서 몸을 청중쪽으로 가서 약간 숙여 준다. 그리고 청중의 얼굴 중앙의 가운데 부분 전체를 본다.

– 무조건 눈을 마주친다고 주의가 집중되는 것은 아니다.

· 모르는 사람을 오래 쳐다보면 공격적이 된다.

· 친밀한 사이에 오래 쳐다보면 사랑이 넘치고 효과적이지만

· 청중 가운데 한 사람이나 몇 사람을 응시할 때 오해할 수 있다.

· 한 번도 쳐다보지 않으면 무관심으로 받아들여진다.

· 항상 누군가의 눈을 보면서 전체가 아닌 한명 한명에게 골고루 시선을 맞춘다.

(3) 목소리의 감성을 살려서 이야기 한다.

– 천편일률적인 무미건조한 목소리는 자장가로써의 힘을 발휘한다.

– 강조하는 Speech Skill

· 강조하려는 단어와 문장을 힘주어 말한다.

· 강조하고 싶은 부분은 천천히 말한다.

· 강조하고 싶은 부분에서 잠시 사이를 둔다.

· 강조하고 싶은 부분을 반복해서 말한다.

– 강조하고 싶은 곳에서 신체 언어(Body Language)를 사용한다.
(예를 들어 주먹을 준다든가. 주요 지점을 손으로 지시하는 것이다.)

(4) 적절한 질문을 활용한다.

– 개별질문 : 말이 없거나 비참여적인 학습자를 토론에 끌어들인다.

– 전체질문 : 청중 전체의 주의를 집중시킨다.

– 주관식질문 : 청중이 자신의 의견을 충분히 답변하도록 하여 토론을 활발하게 촉진시킨다.

– 객관식질문 : 청중이 특정한 사항에 대해 생각하도록 한다.

– 인격 모독적인 질문을 한다거나 공격적 질문은 피한다.

(5) 페차쿠차 pecha kucha 기법을 이용해 본다.

Pecha Kucha 기법은 발표 내용을 청중들에게 효과적으로 전달하기 위한 시간사용 기법을 말한다. 예를 들어 20장의 프레젠테이션을 할 때 1장당 20초씩 총 6분 40초의 시간이 소요되는 것을 말한다.

(6) 내용구성 Process

〈그림 5-3〉 내용 구성 Process

발표 내용을 구성할 때는 제목을 간결하고 명확하게 작성한다. 서론부에서는 문제를 제기하거나 문제설정의 이유를 작성한다. 그리고 발표의 중요성을 언급한다. 또는 발표를 하게 된 배경설명을 하는 것도 좋다. 본론에서는 대략 3~5개 정도의 소제목으로 나누어 각 발표의 내용을 함축적으로 표현하는 간략한 구조로 구성한다. 결론에서는 발표내용을 요약한다. 기초적 지식을 가진 사람이라면 요약만으로 이해할 수 있을 정도로 명료하고 포괄적으로 그러나 간결하게 정리한다. 마지막으로 질의응답을 통해 청중이 더 알고 싶어 하는 것이나 궁금한 것을 해결해 준다(Robert, B. 1979).

참고문헌

밥파이크(2006), 김경선 · 유재필 역. 밥파이크의 창의적 교수법. 김영사.

조에스트(2015). 오감을 자극시키는 프레젠테이션강연.

Gabriel, Y.(2000). Storytelling in organizations: Facts, Fictions, and Fantasies. Oxford: Oxford University Press.

Robert B., Frank E. Mc. & Elroy Konikow(1979). Communications for the Safety Professional, Chicago: National safety Council: .

Sternberg, R. (1995). Triarchic Theory of Intelligence. Blackwell Pub.

06 성공적인 학습공동체

1. 학습공동체의 목적
   1) 학습공동체 목표
   2) 함께 공부해야 하는 이유
2. 학습공동체 운영
   1) 성공적인 학습공동체를 위하여
   2) 각 구성원의 역할과 책임
   3) 원활한 학습공동체 활동을 위한 의사소통
   4) 모임기록 양식 및 사례소개

06 성공적인 학습공동체

< 학생 사례>

저는 학습공동체를 통하여 제가 가지고 있던 지금까지의 배움을 나누고자 하는 마음에서 참여하였지만, 그 보다 더 큰 배움을 안고 한 학기의 활동을 마무리합니다. 이번 학습공동체를 통해 전 제 자신의 가치를 한층 높일 수 있었으며, 함께 공부하였던 동료들 역시 이번 기회를 그들이 목표하는 바에 한걸음 가까워질 수 있었던 시간으로 받아들였을 것입니다.

현대 사회와 기업에서 요구하는 인재상은 다음과 같다. 하지만 최근에는 조직 적응력과 인간관계, 적극성/협조성은 학창 시절의 동아리 활동이나 공동 학습활동에서 비롯되는 중요한 경쟁력으로 그 가치가 더욱 커지고 있는 추세이다.

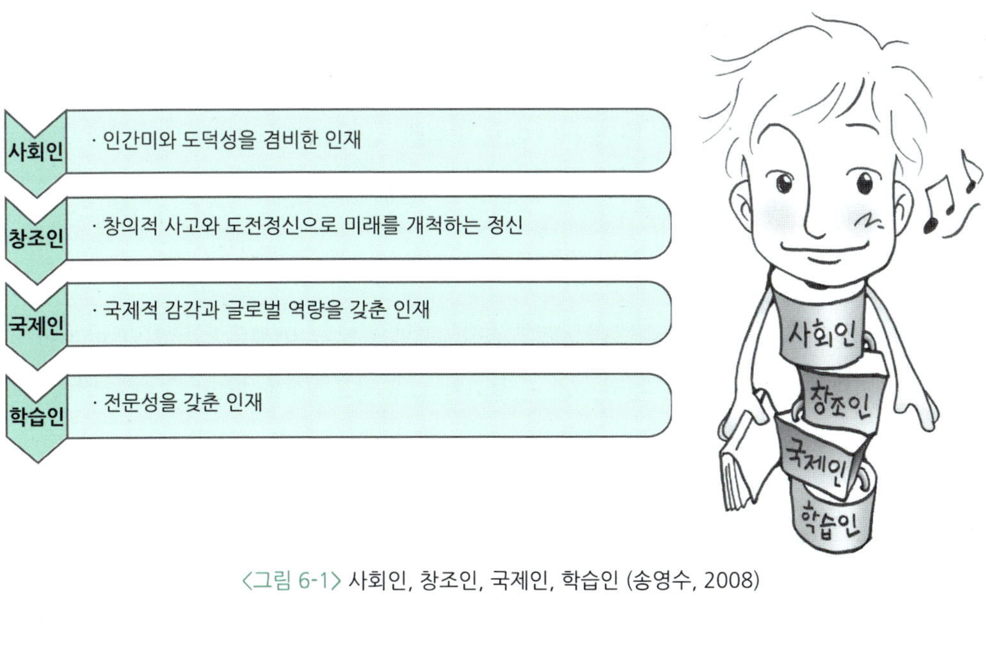

〈그림 6-1〉 사회인, 창조인, 국제인, 학습인 (송영수, 2008)

01 학습 공동체(Study-group)의 목적

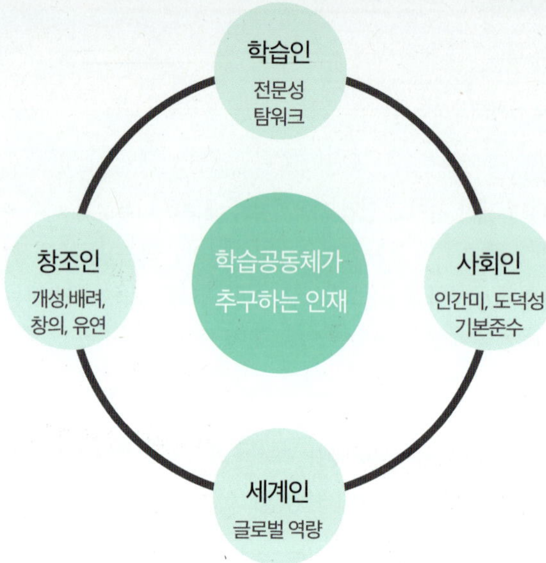

〈그림 6-2〉 학습공동체가 추구하는 인재

국가경쟁력을 갖춘 인재상의 특성 가운데 하나인 전문성과 팀워크를 이루는 학습인이 되기 위해서 우리는 학습 공동체 활동을 경험할 필요가 있다. 대학에서 누릴 수 있는 경험 중의 특권인 학습 공동체 활동을 통해 리더쉽을 발휘할 수 있고 인간미와 도덕성의 기본을 준수할 수 있다. 또한 같이 학습하는 친구들과의 관계에서 삶의 유연성과 사회성을 확보 할 수 있다.

학습 공동체를 활용하여 협동한 학생들은 대학 내에서 높은 학점을 취득하고 학교의 일탈률이 적으며 학문적 문제가 적다는 연구 결과가 발표되고 있다(전명남, 2005). 학습공동체는 학습자간에 공유하는 학습의 가치와 방법 및 자료를 포함하고 있다. 유능한 학습 집단은 이들 요인을 결합시켜 성공적인 학습결과를 가져올 수 있다. 대학에 와서 심화과목이나 주제에 대한 토론을 하는 수업의 경우 혼자 공부하는 것은 분명 한계가 있다. 요즘 대학에서는 '공부해서 남 주자'라는 의식이 팽배하다. 공부해서 남을 가르쳐 봄으로서 확실하게 학습내용이 '내 것'이 될 수 있다. 그래서 대학에서는 학습네트워크를 얼마나 탄탄하게 구성하느냐가 학습 성과에 큰 영향을 끼치게 된다. 윈윈전략(win–win strategy)으로 서로 교감을 나누다 보면 경쟁에 따른 스트레스가 완화되기도 하고 학습 동기를 높이는 자극제가 된다.

1) 학습공동체 목표

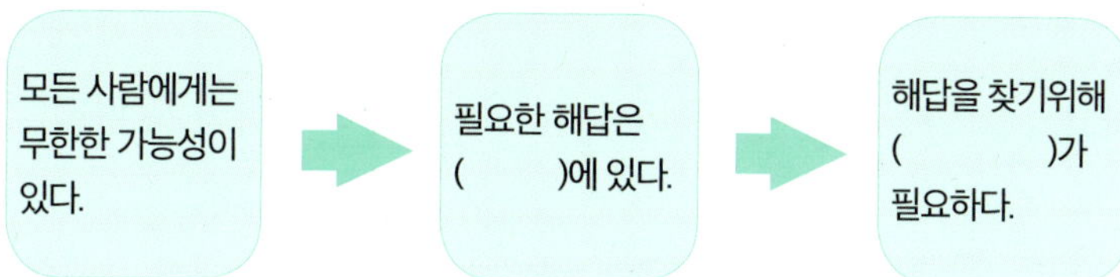

〈그림 6-3〉 학습공동체의 3가지 철학

지식을 함께 나눔으로서 공유를 통한 자기 주도적 학습을 하는 것이다. 모임은 각자의 강의 노트를 비교하면서 강의 노트와 강의 안내문, 혹은 교수님이 써준 스터디 가이드를 가지고 각자가 토론할 주제의 순서를 정한다.

2) 함께 공부해야 하는 이유

(1) 학습공동체는 공동의 관심 과제(숙제, 시험 준비, 토론, 조별과제 등)를 수행한다는 점에서 협동심과 팀웍을 배우는 기회가 되어 졸업 후 팀 단위의 전문 활동을 수행할 때 도움이 된다(학습의 시너지 효과).

(2) 팀웍을 이루어 학습공동체를 활용함으로써 수업 이외의 세계를 경험하므로 학습정보와 전략, 개인적 경험을 공유할 수 있다.

(3) 큰 과제를 적정 분량으로 나누어 수행함으로써 혼자 하는 것 보다 시간이 절약된다.

(4) 학문적 관점에서 다른 사람의 견해를 접할 수 있어 창의적, 비판적 사고능력이 향상

된다.

(5) 사고의 깊이와 폭을 넓혀 주어 학습 공동체를 활용함으로서 자신도 몰랐던 새로운 가능성을 발견하게 된다.

(6) 어떤 주제를 두고 토론하는 수업에서 소극적인 학생들도 그룹 공동체 학습에서 토론과 논쟁의 기회를 많이 접하게 되어 이를 극복할 수 있다.

(7) 나만의 사고의 틀 안에서 판단/결정하지 않으며 관점과 시야의 폭을 넓힐 수 있다.

(8) 문제 해결법을 연습하게 되고 어려움에 처했을 때 혼자가 아니라는 사실을 자각할 수 있다.

▶ 학교 내에서 담당교수님이나 지도교수, 강사, 선배 등 한사람의 전문적인 도움을 받는다.

: 함께 공부한 후에도 명확하지 않는 부분을 확실하게 이해하도록 하며, 교수님과 상의하려면 교수님의 연구실에 정기적으로, 자주 들르도록 한다.

▶ 학교활동에 적극적으로 참여한다.

: 학교 동아리나 워크숍, 컨퍼런스, 세미나, 방송활동 등에 적극적으로 참여한다. 캠퍼스 내에 게시판이나 플래카드들을 유심히 보면 각종 기관에서 강연을 유치하고 있다. 그냥 무심히 넘기지 말고 장소와 시간을 잘 기억해두었다가 찾아 가도록 한다. 이를 통해 특별히 더 매력적인 부분을 발견할 수 도 있고 그저 관심으로만 존재하던 그날의 주제를 가지고 동료나 선배들과 토론할 기회도 가짐으로서 더욱 적극적인 대학생활을 영위할 수 있다.

▶ 미리 분위기를 파악한다.

: 미리 분위기를 파악하기 위해서 모임을 가져보고 자신이 그 안에서 잘 어울릴 수 있는지를 알아본다. 그 이후 정기적인 모임을 계획한다.

02 학습 공동체(Study-group) 운영

1) 성공적인 학습 공동체를 위하여 (한양대 학습법 가이드,2015)

1단계

평소에는 성실하게 수업에 참여하고 앞자리에 앉아 필기도 열심히 하며 적극적으로 질문하고 답하는 사람들을 찾아 봅니다.

2단계

인원을 제한합니다. - 구성인원은 2-5명 규모가 적당합니다. 사람이 많으면 분산되기 쉽습니다.

3단계

학습계획을 수립합니다. - 모임이 구성되면 매번 학습을 통해 얻고자하는 공동의 목표를 세우고 공동의 학습목표와 관련 없는 주제로 빠지지 않도록 유의합니다. 학습을 효과적으로 이루어 줄 리더와 서기를 정합니다.

4단계

장애를 제거하세요. - 조모임 활동에 뛰어나고 적극적인 소수의 동료에게 집중되어 나의 역할이 없다거나, 그 반대로 아무도 적극적이지 않는데 나 혼자 봉사한다는 느낌이 들지 않도록 합니다. 팀원들 간의 소통이 없어 모임이 전혀 창의적이지 않고 단순한 자료수집과 발표의 과정으로 전락하지 않도록 합니다.

5단계

학습피드백을 합니다. - 내가 무엇을 이해했는지 무엇이 이해가 어려운지 정확하게 알고 또한 구성원들이 최선의 노력을 했는가? 내용이 주제에서 벗어나지 않았는가? 어떻게 하면 더 많은 노력을 기울일 수 있고 더 많은 성과를 얻을 수 있을까?를 가지고 평가를 합니다.

〈그림 6-4〉 학습공동체 운영 단계

(1) 내가 얼마나 준비해 가는가에 따라 그날의 스터디 진행이 좌우되므로 할 당된 과제를 완벽하게 할 수 있도록 노력한다.

(2) 서로 가르치며 배움을 익혀나간다. 어떤 주제를 가르칠 때는 미리 개념이나 내용을 알고 와서 다른 사람에게 가르쳐 보는 것이다. 이러한 방법은 팀원들을 도울 뿐 아니라 가르치는 과정을 통해 그 분야에 대한 나의 지식을 더욱 더 강화시킬 수 있다.

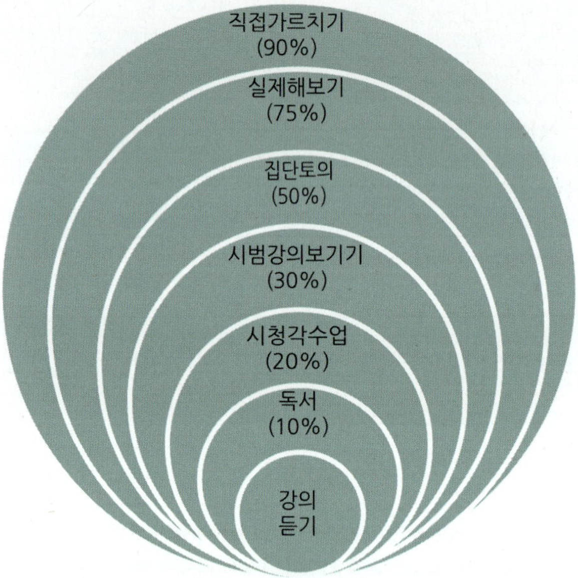

〈그림 6-5〉 학습의 효과

(3) 의견을 제시하거나 토론을 할 때 적극적으로 참여해야 한다.

(4) 자신의 의견은 간결하고 명확하게 말한다.

(5) 동료의 의견을 잘 들어주면서 상대의 의견을 느끼고 이해하기 위하여 노력한다.

(6) 자신과 다른 의견이 나올 경우 부담없이 이의를 제기한다.

(7) 모르는 내용이나 용어가 나오면 추가 설명을 부탁한다.

(8) 서로의 의견에 비판을 하되 건설적인 방향이어야 한다.

(9) 문제에 대한 최종 결론에는 모두가 동의하도록 한다.

(10) 학습이 진행되는 동안 공식적인 언어를 사용한다.

2) 각 구성원의 역할과 책임

학습공동체 운영은 강의나 세미나에 비해 참여하는 학생 수가 훨씬 적어서 나의 참여가 스터디 그룹을 운영하는데 매우 중요한 부분을 차지한다. 스터디 모임의 일원으로서 내가 공부하는 내용과 진도가 스터디 그룹에 많은 영향을 끼칠 수 있다는 점을 알아야 한다. 스터디 그룹에서 가장 중요한 것은 구성원 각자가 자기 역할에 대해 책임을 지는 것이다(한양대 학습법가이드, 2008).

- □ **각 구성원들이 돌아가면서 역할(리더, 서기 등)을 맡는다.**
- □ **모임 때 마다 그룹 운영 규칙을 기억하고 진행한다.**

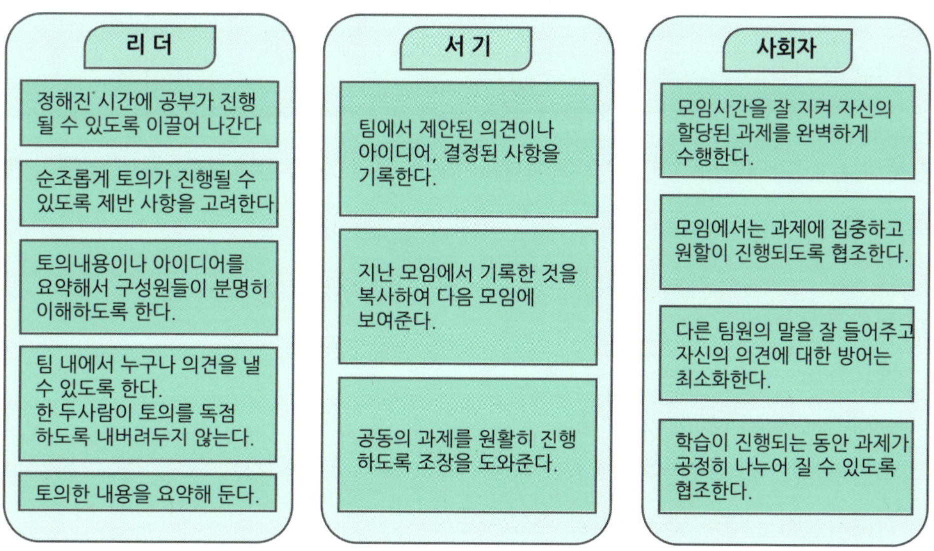

〈그림 6-6〉 각 구성원의 역할과 책임

(1) 바람직한 리더의 모습

· 외향적이고 열정적이며 직관적인 능력을 가진 사람
· 질문을 불쾌하게 생각하지 않는 사람
· 활동자체에 적극적인 참여를 하는 사람
· 다른 사람과 관계 맺음을 잘하는 사람
· 만약 그룹에서 궤도를 벗어나는 이야기를 하게 되면 강력한 입장을 고수하고 엄격하게 의제를 내어 '그것이 시험에 나올까?'라고 질문을 할 수 있는 사람
· 공부에 집중하기 위해서 언제 끝낼지를 미리 결정하고 언제 휴식을 취할지도 결정해 주는 사람
· 공부를 하고 있는 동안 수강하고 있는 과목의 교수님에 대해 오랫동안 불평을 하도록 내버려 두지 않는 사람

(2) 구성원들의 학습 수준

구성원들의 학습 수준은 비슷한 것이 좋다. 왜냐하면 한 명이 유난히 그 분야에 대해서 잘 알고 있다면 독단적으로 결정하고 진행할 것이며, 그 반대의 상황에서는 도태될 수 있기 때문이다. 학습 효과를 높이려면 자신이 가장 어려워하는 분야에 대해 발표하겠다고 지원하는 것이 좋다. 그런 뒤 그 분야에 대해서 철저하게 조사하여 전문가가 되도록 노력해야 한다. 다른 사람에게 질문할 것도 다섯 가지 정도 찾아본다.

(3) 학습 분위기

편안한 분위기에서 적극적으로 공부할 수 있도록 한다. 구성원들의 성격과 학습방법을 이해하는 것도 필요하다. 모임 안에 친한 친구가 있어 그룹 안에 또 그룹을 만들어 분위기를 주도하지 않는다.

(4) 잘하고 있는가?

· 목표를 모두 알고 달성했는가?
· 주제에서 벗어나지 않았는가?
· 역할 분담이 잘 되었는가?
· 참여자들이 골고루 발언기회를 가졌는가?
· 자신의 의견을 이야기할 때, 명확하게 전달하는가?

· 다른 사람의 의견을 잘 들었는가?
· 어떤 의견이나 생각도 자유롭게 말할 수 있었는가?
· 모임의 출석률이 높은가?
· 서로를 존중하고 시간은 지켰는가?

3) 원활한 학습 공동체 활동을 위한 의사소통

□ 다른 사람의 의견을 적극적으로 경청한다.

일반적으로 사람들은 상대와 만나서 이야기할 때에는 자신의 입장을 고수하려고 하며 자신의 입장을 이해받고 싶어 하는 경향이 강하다. 그러므로 이성적으로는 충분히 이해하면서 또한 감정적으로는 상대방의 심정기분을 공감 수용을 해줄 필요가 있다.

□ 자신의 의견을 간결하고 명확하게 전달해야 한다.

의견을 말하거나 주장을 할 때, 우리가 무의식적으로 쓰게 되는 표현은 대부분이 You-Message('너'를 주어로 하여 상대방의 행동을 표현하는 대화방식)이다. I-Message를 사용함으로서 효과적으로 의견을 전달할 수 있다.

	I-Message	You-Message
효과	· 상대가 나의 입장과 감정을 전달해 상호이해를 도움 · 상대에게 개방적이고 솔직하다는 느낌을 전달하게 됨 · 상대는 나의 느낌을 수용하고 자발적으로 자신의 문제를 해결하고자 하는 의도를 가짐	· 상대에게 문제가 있다고 표현하여 상호관계를 파괴함 · 상대에게 일방적으로 강요, 공격, 비난하는 느낌 전달 · 상대는 변명하려 하거나 반감, 저항, 공격성을 보임
사례	선배 : (일이 늦어서 초조함) 내 생각에 네가 너무 일이 많아서 늦는것 같구나. → **I-Message** 후배 : 일이 늦어서 걱정하고 있구나.	선배 : (일이 늦어서 초조함) 네가 하는 일은 왜 매번 이렇게 늦는거야. → **You-Message** 후배 : 선배가 나를 무능하다고 생각하는구나.

(1) 이해가 가지 않는 내용이 있을 때는 설명을 요청한다.

▶ Open 단계에서(유동수.김현수.한상진, 2008)

· 현재 상태를 좀 더 구체적으로 설명해 주시겠습니까?

· 그 안에서 당신의 역할을 무엇입니까?

· 지금까지는 어떻게 반응/대응하셨나요?

· 현재 당신의 의견을 표현한다면 어떻게 될까요?

· 현재 당신에게 동기를 부여하는 것은 무엇입니까?

▶ 목표 및 문제 확인하기(Bluckert P. 2007)

· 목표를 달성하기 위해 어떤 문제들이 있다고 봅니까?

· 문제가 존재하는 이유는 무엇이라고 생각합니까?

· 문제해결의 시급성과 중요성을 알고 있습니까?

· 최선의 방안은 무엇입니까?

(2) 구성원 누구나 의견을 낼 수 있도록 기회를 제공한다.

▶ 질문단계(Bluckert P. 2007)

· 이 문제를 어떻게 해결하면 좋을까요?

· 또 다른 방법들로 어떤 것들이 있을까요?

· 과거에 어떤 시도를 해보신 적이 있나요?

· 과거에 유사한 시도가 있었다면 그 당시 실패 또는 성공의 이유들은 무엇 이었습니까?

· 제시된 방안들은 현실적으로 모두 실행 가능한가요?

· 제시된 각 방안들의 장단점은 어떤 것들이 있습니까?

· 만약 가능하지 않다면 어떻게 해야 할까요?

· 이것을 달성하려면 어떤 자료들이 필요하며, 그 자료들은 확보가 가능한가요?

· 이 문제가 성공적으로 해결된다면 어떤 이익 및 효과를 얻을 수 있을까요?

▶ 해결단계(Bluckert P. 2007)

· 해결방안의 실행을 위해서 구체적으로 무엇을 해야 합니까?

· 언제까지, 무엇을, 어떻게 하시겠습니까?

· 계획하고 있는 것이 기한 내에 완료 가능한 것입니까?
· 어떻게 하면 보다 실행력을 높일 수 있을까요?
· 제가 더 지원해 드릴 사항은 없겠습니까?
· 다음 모임은 언제가 좋을까요? 어떤 주제로 이야기하고 싶으신가요?

4) 모임기록 양식 및 사례 소개

학습공동체가 효과적으로 운영되기 위해서는 모임의 내용을 기록하는 것이 필요하다. 모임의 성격에 따라서 다음의 내용을 수정하거나 보완하여 사용할 수 있다. 기록 양식의 사례로는 숙제를 위한 모임과 프로젝트 모임 두 경우를 가정하였다.

▶ 영어 읽기의 경우
모임 일시와 장소를 정한다.
· 시간: 2009년 3월 20일
· 장소: 창의인재교육원 휴게실

▶ 해야 할 일 정하기
· 당일 팀 리더, 서기 총무 결정
· 모임 운영 규칙 정하기
· 모임 진행(아래 '진행'의 흐름대로)

▶ 팀원 역할 정하기

이름	역할	책임 사항
동혁	팀 리더	모임 진행, 평가자
동진	서기	자료 정리, 진행소요 시간 확인, 평가자
민정	총무	연락, 장소 및 시간 확정, 평가자

▶ 팀 운영 규칙
· 모임에 적극 참여하고 진행과정에 잘 협조한다.
· 정해진 시간을 엄수한다.

▶ 모임 진행

시간	과정	활동 및 결과
5분	기대하는 결과물 점검하기	- 과제 2개 해결하기
15분	당일 구체적 활동 내용 및 예상 소요 시간 점검하기	- 각 멤버들이 과제 1개를 읽는다(각각5분) - 오늘의 조장인 동혁이가 내용설명을 한다(10분) - 각 멤버들이 과제 2를 읽는다(각각5분) - 오늘의 조장인 동혁이가 내용설명을 한다(10분)
15분	문제 풀이	어려운 문제를 같이 푼다(각각 15분)
5분	활동하기	Comments:내용설명에 대한 질문
5분	다음모임 상의하기	- 동진: 이해하지 못한 어려운 문제를 풀 수 있는 방법(자료나 사람)을 찾아오기 - 모두: 질문 2개씩 가져오기
3분	당일 모임에 대한 평가 실시	- 시간계획을 잘 지키자 - 어려운 문제 하나를 풀지 못했다

참고문헌

김홍겸(2005). 단국대학교 교수학습개발센터. 단국대학교 출판부.

학습전략과 진로탐색.(2010). 대구가톨릭대학교 교수학습개발센터.

송영수(2008). 'Teaching 2.0을 말하다' 심포지엄. 한양대학교.

전명남(2005). 학습전략 업그레이드. 연세대학교 출판부. P.83.

유동수.김현수.한상진(2008). 한국형 코치. 학지사.

학습법 가이드3(2015). 한양대학교 교수학습개발센터.

Bluckert, P.(2007). Psychological Dimensions of Executive Coaching. McGraw-Hill.

07 수업 잘 듣기 전략

1. 전략적인 수강 방법

2. 적극적 듣기 단계
   1) 적극적 경청자와 소극적 경청자
   2) 수업을 잘 듣기 위한 전략

3. 수업 전-중-후 해야 할 일

4. 효과적인 듣기 전략 Tip

07 수업 잘 듣기 전략

일반적으로 사람이 집중하여 기억할 수 있는 시간 단위는 90분으로 추정된다. 많은 세미나나 대학 수업시간이 90분으로 정해져 있는 것도 이 때문이다. 콘서트와 영화 같은 오락이벤트도 대부분 90분으로 구성되어 있는 것을 보면 그 원인을 알 수 있다. 그러나 대학교 수업이 2~3시간 동안 연강하는 수업이 있다. 그나마 교수님이 수업을 잘 따라오는지 확인을 하고 그날 진도를 나가면 다행이지만 확인도 하지 않고 수업진도를 나가는 경우도 있다. 수업을 잘 듣기 위해서 오늘은 '정말 수업을 잘 들어야지'라고 각오를 하고 들어가지만 매번 졸음을 쫓기가 힘들 때도 있을 것이다. 우선 시간대별 피로감을 보면, 다음과 같이 시간이 갈수록 피로감이 쌓이는 것을 알 수 있다(오정숙, 2012). 90분 수업을 듣고 10~20분 휴식을 취한 다음 수업을 듣는 것이 효과적이다. 그러면 어떻게 하면 수업을 잘 들을 수 있을까?

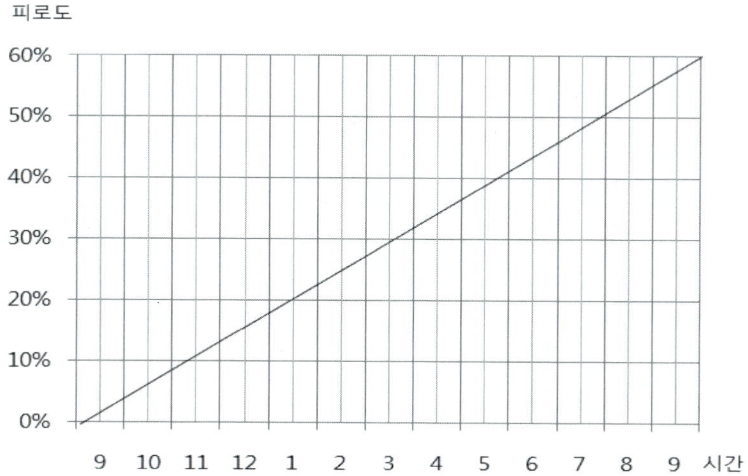

〈그림 7-1〉 시간대별 피로감

01 전략적인 수강 방법

수업을 잘 듣기 위해 무엇보다 수강 신청을 전략적으로 할 필요가 있다. 수업을 효과적으로 통제하고 관리하는데 있어 가장 기본이며 첫걸음이라 할 수 있는 것이 수강신청이다. 전략적으로 수강신청을 하는데 갖추어야 할 것이 어떤 것인지 살펴보자.

□ 졸업이수 학점을 꼼꼼히 챙긴다.

요즘은 심화전공, 부전공, 복수전공, 연계전공, 해외교류 학점제도가 보편화 되고 학과/학부의 교육과정(Curriculum) 개편 등으로 인하여 일부 학생들이 졸업에 필요한 이수 학점과 관련해 필요한 학점과 영역은 어떤 것이 있는지를 동일/유사/ 대체과목의 지정 및 변경내용 등을 스스로가 정확히 확인 이해하고 숙지해야 한다. 아울러 근시안적으로 매 학기 쫓기듯이 수강신청을 하지 말고 최종 진로선택이라는 궁극적인 목표아래 남은 학기동안 무엇을 어떻게 이수할 것인가에 대한 거시적 안목을 가지로 어떤 전공의 어떤 교과목을 언제 어떻게 이수할 것인지에 대한 큰 그림을 계획하여 수강신청을 한다.

□ 필수과목은 가능한 정해진 학년/학기에 수강한다.

교양필수, 전공필수 등의 필수적으로 이수해야할 교과목들은 되도록 지정된 학기에 듣는 것이 교과목 이수관리 및 성적 관리에 유리하다. 대부분 필수과목은 학년별로 연계성을 띠기 때문에 미리 듣거나 나중에 이수하는 방법은 가능한 피하도록 한다. 또한 학과 전공 로드맵을 참조해서 체계적으로 교과목을 수강하는 것도 좋은 방법이다. 따라서 어학연수를 가거나 교환학생 프로그램에 참여할 때도 필수 과목을 꼭 신청해야 하는 1학기를 피하여 잘 선택하도록 한다.

□ 강의 계획서를 꼭 열람한 후 수강 신청한다.

한 학기 수업의 청사진이라 할 수 있는 강의 계획서를 미리 살펴봄으로써 수업에 대한 동기를 갖게 된다. 본인이 신청하고자 하는 교과목의 목표나 담당교수, 전반적인 강의내용, 강의 진행 방식, 평가 방법(출석, 과제, 학점, 수업태도 반영 등), 그리고 강의 일정, 가장 중요한 강의시간 등을 미리 꼼꼼히 분석하여 스스로에게 꼭 필요한 교과목인가를 파악하여야 한다. 매 강의 시간이 어떻게 활용될 것인가를 가능하게 상세하게 살펴본 후 수업에 참석하면 체계적인 학습전략에도 도움이 된다. 강의계획서를 통해 개인 면담을 위한 날짜와 시간, 장소, 평가방법을 알 수 있다.

□ 한주 강의 시간을 비슷한 시간대에 나누어 수강한다.

강의 시간표를 작성할 때 어떤 학생은 월요일부터 금요일 중 하루나 이틀 쉬거나 아르바이트를 위해 시간을 비워두는 경우를 볼 수 있다. 이렇게 되면 어느 특정 요일에 무리하게 시간을 배정하게 되면 집중력이 떨어져 오후 마지막 시간에는 높은 학습효과를 기대하기 어렵게 된다. 또한 동일한 시험기간에 여러 과목의 시험을 봐야 하기 때문에 부담이 생길 수 있다. 학습에 따른 신체적 리듬을 맞추기 위해서 학교를 직장처럼 첫 시간에 배정하여 등교하고 중간에 공강 시간을 확보하여 도서관을 이용하여 마지막 시간까지 수업을 듣고 하교를 하는 학생도 있다.

□ 수강 정정기간을 적절히 활용한다.

일반적으로 듣고 싶은 과목이 많아 한 학기 수강 신청 학점을 초과할 경우, 어떤 교과목을 신청해야 할지 고민이 된다면 일단 임시적으로 수강신청을 해라. 그리고 개강 첫 주 강의 오리엔테이션에 직접 참여하여 선택대상의 교과목을 상호 비교, 분석해 본 후 최종적으로 정정기간을 활용하여 결정하는 것도 바람직하다.

□ 자신의 생체리듬과 환경을 적절히 배려하라

한 교과목이 여러 개의 분반으로 운영되거나 전공과목을 여유 있게 선택할 수 있는 조건이 된다면 자신의 생체 리듬이나 환경을 고려하여 적합한 시간대의 교과목을 수강 신청한다. 특히 자신이 하루 중 가장 집중이 잘되는 시간대를 선택하여 강의 시간을 배정한다.

□ 강의 내용이 어려운 교과목은 강의 시간 전후에 공강 시간을 확보한다.

강의 내용이 조금 난해하다고 생각되거나 과제가 많이 수행되는 교과목 또는 예습이 많이 필요한 교과목의 경우, 강의 시간 전후로 두세 시간의 여유 있는 시간을 확보하는 것이 좋다. 확보된 공강 시간에 예습이나 복습을 하거나 과제를 보완할 수 있는 시간적 여유를 가질 수 있다.

□ **자신의 전공과 연계성을 띠고 있는 인접학문의 과목을 수강한다.**

전공과 연관성이 있고 상호보완적인 인접학문의 교과목을 수강한다면 자신의 전공을 넘어서 더욱 폭넓고 다양한 지식과 정보를 습득할 수 있을 것이다. 또한 인접학문의 교과목들을 지속적으로 수강하여 누적이 되면 부전공이나 복수전공으로 활용해 보는 것도 고려해 볼 수 있다. 아울러 시간상의 여유가 있다면 사회적으로 요구되고 있는 분야나, 자신의 취미, 적성에 맞는 전문 교양교과목을 많이 수강 신청하는 것도 자신의 다양한 지적 경험을 위해 바람직하다.

02 적극적 듣기 단계

1) 적극적 경청자와 소극적 경청자

다음과 같이 두 가지의 듣기 종류가 있다. 효율적으로 학습을 이루기 위해선 적극적 경청자가 되어야 할 것이다.

〈그림 7-2〉 적극적 경청자, 소극적 경청자

적극적 경청자	소극적 경청자
· 내용을 머리속에서 요약한다.	· 상대방의 말이 느린 경우 딴 생각을 하거나 공상에 빠진다.
· 목소리 톤을 통해 강조점을 찾아낸다.	· 건조한 대화의 내용으로 관심이 딴 곳으로 간다.
· 상대방의 속뜻을 알아차린다.	· 집중력이 쉽게 떨어진다.
· 방해요소를 무시하고 집중한다.	· 많은 양의 내용을 메모하지만 단 한가지 방법밖에 모르므로 실속이 없다.
· 중요한 정보를 메모하는 방법을 두가지 이상 알고 있다.	· 과잉 자극되어 쉽게 다투게 된다.
· 완전히 이해가 되기 전에는 판단하지 않는다.	· 말투에도 꼬투리를 잡는다.
· 시선을 계속 유지한다.	· 사실만을 듣는다.
· 적극적인 신체 언어를 보여준다.	
· 상대방의 말실수에 신경쓰지 않는다.	
· 핵심적인 내용을 청취한다.	

□ 적극적 경청자가 되기 위한 단계는 다음과 같이 진행될 수 있다.

· 1단계: 상대방의 이야기를 듣지 않고 무시한다.

· 2단계: 네,네,음...하면서 상대방의 말을 듣는 척한다.

· 3단계: 대화의 특정 부분만을 선별하여 듣는다.

· 4단계: 전체적인 이야기나 어휘 혹은 문장에 초점을 맞추고 귀 기울여 듣는다.

· 5단계: 상대방의 말을 진심으로 이해하면서 감정이입하여 듣는다. 귀로만 듣는 것이 아니라 오감을 통하여 눈과 마음으로 상대방의 말의 진정한 의미를 찾아 듣는 것이다.

- ▸ 해석하기– 들은 내용을 시각화하여 의미를 형성해 나가는 과정으로 행간 듣기라고 할 수 있다.
- ▸ 평가하기– 들은 내용을 따져보고 분석/판단을 한다.
- ▸ 반응하기– 내용을 주어진 상황과 연결해보는 것이다.
- ▸ 감정이입– 내용과 말하고자 하는 사람의 의도가 무엇인지를 지적, 감정적으로 연결해보는 것이다.

일반적으로 친구들과 대화를 나누면서 하는 이야기 듣기는 1단계에서 4단계 내에서 이루어지고 있다. 수업을 듣는 단계는 5단계에 해당하므로 상위 단계의 듣기를 통해 수업내용을 이해할 필요가 있다.

이미 발표된 연구 논문에 의하면 일반인들이 경청을 할 때나 수업을 들을 때에는 25%만 효율적으로 듣고 나머지는 이해하지 못하거나 기억하지 못한다고 한다. 여러분이 적극적 듣기를 하는지 점검해 보기로 하자.

내 용	5	4	3	2	1
주의 산만하지 않다.					
듣기 능력을 향상시키려고 노력한다.					
시선을 계속 유지하고 있다.					
다른 사람의 말을 끝까지 들으려고 한다.					
말하는 사람의 메시지를 감정이입하여 의미를 도출한다.					
성급하게 평가하거나 분석하지를 않는다.					
상대방의 말실수에 개의치 않는다.					
5= 뛰어남, 4=좋은 편, 3=보통, 2=적절함, 1= 형편없음					

2) 수업을 잘 듣기 위한 원칙

<학 생 사 례>
유기화학 과목을 수강할 때 그렇게 자주 찾아뵈어도 제 이름 한번 물어보지 않으신 교수님이 계십니다. 그런데 시험보기 1주일 전 쯤 수업시간에 배운 내용은 아니지만 호기심으로 질문을 했는데, 갑자기 질문에 대한 답변보다 제 이름을 교수님께서 물으시는 것입니다. 시험을 치르고 난 후 그 이유를 알았습니다. 제가 물었던 그 내용이 시험에 3분의 1이 나온 것입니다. 여기서 말하고 싶은 것은 교수님이 수업시간에 은연중에 강조하시는 부분이 있습니다.

공부를 잘하기 위해서는 수업시간에 주의를 기울여 들을 필요가 있다. 특히 주의력은 공부를 할 때 가장 기본이 되는 요소이다. 아무리 교수자가 가르쳐 줘도 그것이 본인에게 정확히 입력이 되지 않으면 학습이 이루어질 수 없다. 수업시간에는 교수님의 말씀을 집중해서 잘 듣는 것이 기본이고, 기본에 충실해야 성적에서도 좋은 결과를 얻을 수가 있는 것이다. 강의 시간에 10분이 지나면 졸기 일쑤이지만, 인터넷을 이용할 때는 서너 시간식이라도 집중해서 앉아 있는 학생들의 경우, 집중력에 문제가 있어서가 아니라 단지 주의를 하지 않는 것뿐이라고 생각하기 쉽다.

과연 수업시간에는 집중하지 못하면서 컴퓨터 게임에 열중하는 것은 주의력이 좋은 것이 아니라 오히려 주의조절능력에 문제가 있는 경우이다. 주의력은 단기간의 초점주의력, 지속적 주의력, 선택적 주의력, 주의력의 변경 및 주의조절능력 등 여러 요소로 구성되어 있다. 청각주의력은 오감 중 특히 소리에 집중하는 능력이다. 즉 언어적으로 주어지는 지시를 잘 듣고 그 지시에 다른 행동을 알맞게 실행하는 능력을 말한다. 귀를 통해 전달되는 여러 자극들 중 중요하지 않은 다른 청각자극은 무시하고 걸러내는 필터링 기능이 잘 작동할 때 듣기 능력은 향상되는 것이다. 누구나 좋아하는 것은 오랫동안 주의를 기울여 집중할 수 있다. 컴퓨터 게임이나 TV처럼 끊임없는 시각자극에 노출되는 경우는 자극에 단순히 반응하는 것일 뿐 주의력이 좋다고 할 수 없다.

그렇다면 어떤 경우 청각주의력이 부족하다고 판단할 수 있을까? 다음의 체크리스트를 통해 확인해 보자.

내 용	√ 체크
1. 평소 산만하다는 말을 자주 듣는다	
2. 약속을 할 때 장소를 끝까지 듣지 않아서 엉뚱한 장소에서 기다리는 일이 잦다	
3. 듣기 평가 시간에 문제를 정확히 듣지 못했다	
4. 심부름을 할 때 제대로 듣지 않아 잘못 사오는 경우가 많다.	
5. 교수님의 지시에 지속적으로 주의를 기울이지 못한다.	
6. 비슷한 발음을 들으면 자주 헷갈린다.	
7. 부모님이나 친구의 말에 제대로 귀를 기울이지 않아 자꾸 되묻게 된다.	
8. 친구들과 대화 시 집중을 하지 못해 엉뚱하게 반응한 적이 있다.	
9. 강의시간에 바깥 소리에 더 귀를 기울이게 된다.	
10. 시험공부를 할 때 부스럭 거리는 소리만 나도 주의력이 분산된다.	
11. 여러 사람이 이용하는 도서관에서는 집중하기가 어려워 공부가 잘 안 된다.	
12. 강의시간에 교수님의 말씀을 따라 적기 어려워 필기를 잘 못하는 편이다.	
해당 부분에 √체크 하세요	

〈표 7-2〉 적극적 듣기 점검표(신민섭, 2008)

[평가]

해당문항이 1~3개
돌부처처럼 굳건한 주의력의 소유자 아무리 큰 소음이 방해해도 꿈쩍도 하지 않는 당신! 옆에서 전쟁이 나도 하고자 하는 일을 멈추지 않고 계속할 수 있을 정도로 주의집중력이 뛰어나다. 어떠한 상황에서도 공부에 집중할 수 있는 효율적인 학습 습관을 가지고 있는 우등생 타입
해당문항이 4~8개
공부를 하는 것 같기도 하고 노는 것 같기도 한 평범함의 소유자 집중을 할 때는 하되, 놀고 싶을 때 놀아야 하는데도 불구하고 시간을 효율적으로 사용하지 못하는 주의 집중력 소유자이다. 스스로 계획은 잘 세우지만 실천이 부족한 타입
해당문항이 9~10개
엉덩이가 들썩들썩, 산만함의 대표주자! 바스락 거리는 소리에도 즉각 반응할 정도로 산만함의 극치를 보여주는 당신! 책상에 10분도 가만히 앉아 있지 못하고, 강의시간에도 교수님의 말씀에 주의를 기울이기 힘들다. 주변의 모든 소리에 귀를 활짝 열어두고 있으니 한 가지 일에 집중이 될리 없다. 차분하게 듣는 습관부터 기르는 것이 급선무!

교수님이 강조하시는 부분을 잘 들어서 말의 진정한 의미를 찾아 들을 수 있어야 한다. 수업듣기 위한 원칙으로는 다음과 같은 것이 있다.

첫째, 수업시간에 집중하는 것이다.

평소에 잠을 충분히 자두었다가 수업시간에 집중을 해서 듣는다. 수업시간에는 꼭 필요한 것들이나 읽은 부분에 해당되지 않은 내용, 참고 자료 등을 적는다. 그리고 수업시간에는 최대한 적극적으로 참여하는 것이다.

둘째, 수업 전에 꼭 그 수업에 해당하는 분량을 미리 읽어 둔다.

학기 초에 모든 교수님들은 강의계획서를 나누어 주시는데, 언제나 수업 이전에는 이를 확인하고 그 시간에 공부할 내용이 담긴 leading을 한다. 피치 못할 사정으로 책을 읽지 못하는 경우에는 적어도 강의계획서에서 그날의 주제를 확인하고 그날 어떤 내용을 공부하게 될지를 미리 생각해 본다.

셋째, 수업 후에 한번이라도 수업내용을 정리해 본다.

그 시간에 꼭 읽어야 할 부분을 다시 정리해서 읽고 관련 자료를 찾아보거나 수업시간에 하지 못한 필기를 다시 정리한다. 그날 배운 내용을 그날 복습하게 되면 다음 시간에 어떤 것이 중요하고 교수님께서 무엇을 강조하시는지 대충 보인다.

넷째, 교수님과 호흡을 맞춘다.

대학수업에서는 교재가 원서를 사용하는 경우도 많고 교과 내용도 어렵기 때문에 강의시간에 충실히 듣고 이해하지 않으면 나중에 혼자서 따로 공부할 때 더 많은 시간과 노력이 필요하다. 강의시간에 교수님과 호흡을 맞추고 교수님의 질문에 적절히 반응하는 것이 중요하다. 내용이 어렵고 지루해서 앉아 있노라면 졸기가 일쑤이다. '수업시간에는 절대 졸지말자'라는 원칙을 세우고 노력하다 보면 많은 효과를 거둘 수 있다.

다섯째, 모르는 것은 꼭 알고 넘어 간다.

공부를 하다보면 이해를 하지 못하는 부분이나 궁금한 것이 생기기 마련이다. 이것을 그냥 넘어갔다가 시험당일 날 그와 관련된 문제가 나오면 당혹스러운 경험을 누구나 한번쯤 겪어봤을 것이다. 이때 모르는 것을 바로 교수님에게 여쭤보는 것보다 참고 서적이나 책을 찾아보거나 친구에 물어보거나 같이 공부할 것을 권해보아 스스로 문제해결을 하려고 시도하는 과정에서 잘 잊어버리지 않고 오래 기억하게 된다. 마찬가지로 친구가 나에게 질문해 왔을 때, 이해시킬 수 있을 만큼 잘 설명을 해줌으로써 자신에게 복습이 될 수 있다.

여섯째, 수업 전에 미리 강의실에 도착하고 수업이 끝난 후, 5분 늦게 나온다.

수업시간에 늦을까봐 허둥지둥 강의실로 달려가서 수업준비에 들어간다거나 교재를 어디에 두었는지 모르고 허둥지둥 찾다가 수업시간에 들어가서 집중하는데 까지 걸리는 시간은 상당히 많다. 조금 여유 있게 강의실에 도착하여 강의를 들을 준비를 해 본다. 여유 있게 도착해서 그날 배울 내용의 목차를 읽어본다. 슬쩍 훑어본다는 느낌으로 읽어본다. 그리고 중요하게 생각되는 핵심단어를 노트에 기록해둔다. 참!! 오늘 배울 곳을 읽어보기 전에 반드시 지난 시간에 했던 내용을 제목과 소제목 정도라고 읽어보면서 오늘 배운 내용과 연결해서 읽는다. 이 정도면 5–10분 정도면 충분한 시간이 된다. 예습을 하고 나면 교수님의 강의내용에 더욱 적극적으로 들리게 된다. 아는 것만큼 들린다!!라는 사실을 실감할 수 있을 것이다.

03 수업 전-중-후에 해야 할 일

1) 수업 전

(1) 걱정거리를 가지고 있거나 '다가올 휴일에 어디를 갈까'하는 등의 잡생각을 떨쳐버리고 적극적으로 강의에 임하고자 노력해야 한다.

(2) 강의가 시작되기 전에 미리 배울 내용을 전체적으로 쭉 훑어본다.

(3) 필기도구와 교재를 미리 챙긴다.

(4) 교수들은 숙련된 연기자가 아니기 때문에 앞자리에 앉은 학생을 더 잘 보게 된다. 교수님과 상호작용할 수 있는 범위에 자리 잡고 앉으면 칠판에 적힌 내용을 더 잘 볼 수 있고, 주위도 덜 산만해진다.

(5) 강의 시작 시간보다 일찍 도착하여 지난 시간에 배운 내용을 훑어보고 의문점을 표시해두어 강의 중에 교수에게 물어본다.

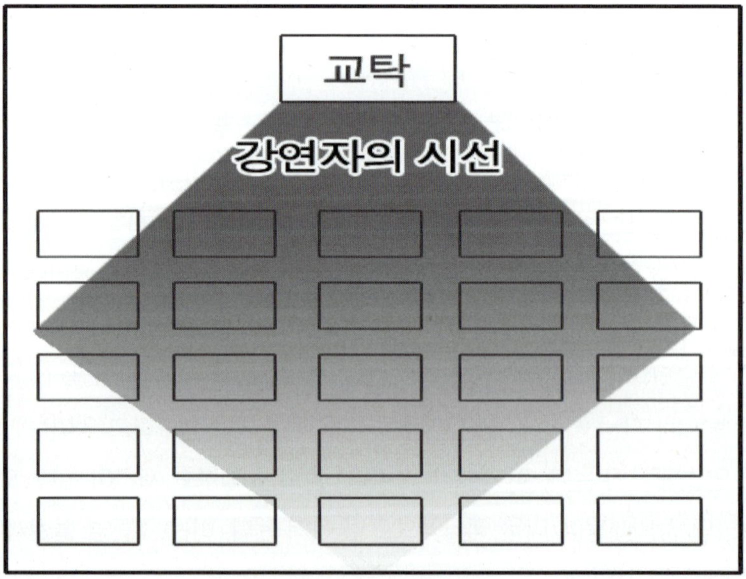

〈그림 7-3〉 강연자의 시선

2) 수업 중

□ 적극적 청취

- 수업시간에 집중 할 수 있는 환경 조성
  - 휴대전화 관리 : 수업시간에는 휴대전화 끄기 또는 보이지 않는 곳에 넣어 두기
  - 철저한 자기 관리 : "ㅇㅇ이는 수업 중에는 문자 절대 안보고, 안 보내더라"라고 알려지고, 친구들이 알게 되면 자연스럽게 수업 중에는 연락하지 않게 된다.

- 강의 중에는 끊임없이 강의 흐름 파악

  수업을 듣는 것은 수동적으로 흡수하는 것이 아니라 적극적 청취 즉 그래서 어떻다는 거야? 왜 저 말을 하지? 어쩌라고? 등등 의문과 생각을 가지고 적극적으로 수업을 듣고 필기한다.

- 교수님에게 시선 집중

  교수의 시선을 따라서 계속 집중한다. 교수와 시선이 부딪힐 때 학생이 본 강의에 집중하고 이해를 하는지를 알게 된다. 또한 교수의 몸동작이나 손동작을 보면 교수가 무엇을 강조하고 있는지 알 수 있다.

- 강의 요점 파악

  강의 중간에 교수님들이 "이 내용이 중요하다." 또는 "이런 것이 시험에 나온다."는 말씀을 하신다. 혹은 요약해서 칠판에 중요한 내용을 구체적으로 판서를 하실 때, 그 즉시 필기하면 된다. 시각자료를 이용하거나 별도 유인물을 나누어 주거나 PT 자료를 통해 무엇인가를 전달해줄 때는 노트필기를 해둔다. 관심을 집중하여 다른 사람의 생각을 자신의 것으로 전환하여 얻은 정보를 노트에 필기한다. 노트를 받아 적을 때는 강의 내용을 그대로 받아 적는 것 보다 취사선택하여 받아 적는 것이 좋겠다.

- 동료 학생들의 학습과 비교

  자기 자신의 학습과 동료 학생들의 학습을 비교해 보는 일도 필요하다. 수업 중에 교수님이 질문을 하실 때 다른 학생들은 대답을 하는데, 자신은 대답을 하지 못했다면

그 문제를 반드시 기록해 두도록 한다. 만약 다른 학생과 비교했을 때 앞서 있는 경우라 할지라도 그것으로 만족하지 말고 세계적인 경쟁자가 될 것이라고 다짐해 본다.

□ 필기 전략(서울대학습법가이드, 2015)

(1) 중요한 구체적인 내용 필기한다. 주로 수업시간에 교수님은 내용의 개괄을 보여주고 이중에서 난해하거나 복잡한 문제를 통해 집중 조명해 줌으로써 수업 내용을 이해시키려고 한다. 그러므로 대부분의 교수님들은 학생들이 이런 세부 요소들에 대하여 잘 이해하고 있는지를 판단하기 위하여 이를 토대로 시험 문제를 구성한다. 따라서 중요하면서 구체적인 세부 항목을 철저하게 필기해두도록 한다.

(2) 수업 중에는 오른쪽 빈 란에 필기를 하고 수업이 끝나면 왼쪽 칸에 핵 심적인 용어나 주제의 제목, 질문 등을 적어 넣는다.

(3) 각 장의 맨 위에는 날짜와 수업명을 기입한다.

(4) 칠판에 모든 것을 쓰는 교수님이 계시는데, 이럴 때는 학생들이 판서 내용 대부분을 받아쓰기를 한다. 만약 너무 빨리 쓰면 천천히 써달라고 하거나 유인물이 있는지 물어본다. 이때 유의할 점은 수업내용을 받아 적는데 몰두할 것이 아니라 이해하는 것이 중요하다.

(5) 사전에 준비한 PT 자료를 이용하는 수업에서는 슬라이드를 강의록에 올려 주시거나 복사를 한 유인물이 있다. PT자료에는 수업시간에 활동할 질문이나 해답, 문제풀이 등 자신만의 해법을 적을 수 있다. 준비된 슬라이드를 보는 것은 거의 모두를 필기할 필요가 없으며 주요 주장과 중요한 요점을 주의 깊게 듣고 필기하면 된다.

(6) 주로 이야기하고 논증의 과정을 들려주며 동시에 유인물을 나누어 주는 수업에서는 개념을 생각하는데 익숙해 져야 하고 그래서 어떻게 수업시간에 주어진 모든 것을 함께 조화시킬 것인지에 집중해야 한다. 그리고 소그룹의 인원으로서 어떻게 문제를 해결해야하는지 깊이 생각해 볼 필요가 있다.

(7) 강의 요지가 확실하게 무엇인지 파악하지 못했거나 모르는 것이 있다면 이 때 질문하도록 한다. 의문점이 있는 데도 불구하고 강의실을 떠나면 다음에 그 내용을 다시 질문하기 어렵다. 물론 수업시간 중에 언제든지 질문을 할 수 있지만 일단 수업 중에 갖게 되는 의문점이나 질문들을 메모해 두었다가 수업이 끝나고 다시 그 질문들을 살펴보도록 한다.

3) 수업 후

(1) 수업이 끝나고 빠른 시간 내에 강의 내용을 다시 봅니다. 수업 내용을 오래 기억하려면 다시 보고 또 보는 것이 가장 효과적이다.

(2) 수업 중에 적어 놓은 약어나 축어 등이 있다면 풀어서 적어 놓도록 한다. 시간이 지나면 잊어버린다.

(3) 배운 내용을 반복해서 보는 것 뿐 만 아니라, 좀 더 많은 것을 배우기 위해서 친구나 선배와 함께 배운 내용에 대해서 이야기 한다.

4) 수업 후 2단계 복습

□ 1단계 복습

수업 후 교수님께서 강의실을 나설 때 오늘 수업 중에 있었던 내용에 대하여 간단하게 회상한다.

핵심 내용은 무엇이었지? 중요한 내용이 뭐였지? 생각나는 단어를 노트에 기록해 둔다. 이렇게 5분정도 투자하면 한 학기동안 강의의 흐름을 계속 유지할 수 있다. 만약 지금 공부해서 잊어버렸다가 다시 공부를 하게 되면 훨씬 적은 시간을 필요로 하다. 그리고 그 내용에 대하여 더 깊은 뜻을 파악하게 되어 이해가 더욱 깊어지게 된다. 특히 일찍 시작하는 복습은 자신의 미래의 성공을 위한 투자가 된다.

□ **2단계 복습**

수업이 끝난 후 하루가 지나기 전에 수업 내용을 다시 점검하고 수업 중 놓친 부분을 보충하고 의문 나는 사항을 기록해 둔다. 보충 자료를 찾거나 다른 사람의 기록내용과 정보를 공유하도록 한다. 수업 후 바로 복습을 하기 힘들 때는 수업내용을 녹음해두면 거의 같은 효과를 거둘 수 있다.

그날 수업은 미루지 말고 그날 이해하도록 한다. 처음에는 곧잘 따라하게 되지만 한 번 밀리게 되면 4년 내내 밀릴 수 있다. 필기 정리도 꼼꼼히 하게 되면 필기하는 과정에서 의문점이 생기기도 한다. 이럴 때는 그 다음 시간에 꼭 질문을 하여 의문점을 해결해야 한다.

교양이든 전공이든 수업시간에 열심히 공부하고 필기하는 것이 중요하다. 시험기간에는 교재에 있는 내용을 외우려면 1시간이 걸린다고 가정하면, 수업시간에 필기해놓은 비슷한 내용을 외우는 데에는 15분이 걸린다. 수업시간에 필기한 내용이 많을수록 시험기간에 공부해야 할 시간이 단축되는 것이다. 원자료를 읽고 요약한다. 자료를 요약하려면 시간이 많이 걸리고 속도도 매우 느릴 수 있다. 그렇지만 일단 자료를 요약해 놓으면 다음에 복습할 자료로 활용을 하면 된다. 나중에 복습하여 시험을 칠 때에는 더 자세히 읽어야 할 내용일 있을 경우에만 원자료를 보고 참고하면 된다.

중요한 내용은 반복해서 작성한다. 수학의 공식이나 주요 정의나 개념을 암기할 때에는 중요한 내용을 반복해서 작성해 놓으면 나중에 그 결과를 눈으로 확인하는데 많은 도움이 된다(starke M.C, 1993).

04 효과적인 듣기 전략 Tip

□ 능동적인 청자로서 중요하거나 유용한 내용을 찾기 위해 귀를 기울인다.

□ 교수의 외모보다는 강의 내용을 분석하여 자신의 생각과 일치 하지 않는 경우 노트를 하였다가 질문한다.

□ 사실과 그 사실을 부연 설명하는 예시와 세부사항을 주의 깊게 듣는다.

□ 교수의 강의 방식, 주제와 스타일에 맞춘다.

□ 강의 내용 전부가 교재에 있지 않다고 여기고 수업 중 교수가 지정하여 다루는 것이 중요하다고 믿고 경청한다.

□ 외부 소음 등을 걸러내어 강의에만 집중한다.

- 새로운 것을 배운다는 자세로 강의에 임한다. 교수가 너무 빨리 강의하는 경우 난해한 개념들에 대하여 다시 생각해 본다.
- 강의의 속도에 따라 위의 습관과 유사한 전략을 쓴다.

수업에 대한 자체 평가서	등 급				
강의에 빠지지 않는다	A	B	C	D	F
강의실 앞이나 가운데에 앉는다					
강의 처음부터 끝까지 집중한다					
질문을 하거나 질문에 대답을 한다					
예습을 한다					
복습을 한다					
숙제를 제때에 한다					
강의 한 시간당 두 시간 정도 공부한다					
나와 같이 공부하는 친구가 있다					
모르는 것이 있으면 도움을 청한다					

〈표 7-3〉 수업에 대한 자체 평가서

참고문헌

김홍자(2010). 테마로 배우는 대학학습전략. 한양대출판부

오정숙(2012). 대학4년 우수인재 1%를 위한 대학공부비법. 한언.

신민섭(2008). 스펀지2.0. 김영사.

전형준(2015). 학습법가이드. 서울대학교 교수학습개발센터.

Starke, M.C(1993). Strategies for college success. Englewood Cliffs, N.J:Prentice Hall.

08 노트 필기 전략

1. 코넬 노트 필기법법

2. 통쾌한 노트 비법

08 노트 필기 전략

<학 생 사 례>

전공과목은 수업을 들은 날마다 그날 배운 내용을 그날 정리하는 습관을 들이세요. 제가 가장 자신 있게 내세울 만한 게 바로 이 습관이거든요. 우선 수업시간에 쓸 공책을 하나 사세요. 과목별로 나누지 않고 전공 수업 서너 개를 한꺼번에 필기할 노트니까 예쁘지 않아도 돼요. 당연히 글씨를 예쁘게 쓸 필요도 없겠죠? 편하게 교수님께서 말씀하시는 걸 마구 적으세요. 처음에는 뭘 어떻게 적어야할지 잘 모르겠지만 계속해서 필기 연습을 하다보면 어느새 자기만의 노하우가 생긴답니다. 많은 내용을 빠른 속도로 적기 위해서는 자신이 알아볼 수 있는 기호를 정해서 활용하는 것도 좋아요. 수업시간에 편하게 필기한 공책을 보고 집이나 도서관에서 다시 한번 정리 하는 게 제 방식이에요. 한 번 더 정리하는 공책은 과목별로 한 권씩 그리고 조금 더 정성을 들여서 보기 좋게 정리해 놓는다면 좋겠지요. 똑같은 내용을 그날 또 필기한다는 게 귀찮고 별 의미 없어 보일 수 있겠지만 이게 은근슬쩍 복습의 효과가 있습니다. 한 번 더 정리할 때는 내용을 좀 더 '구조화'하려는 사고과정을 거치게 되는 것 같아요. 수업시간에 막 쓰는 편안한 필기 공책, 그리고 그날 배운 내용을 한 번 더 깔끔하게 정리하는 노트!!! 이 습관을 들인다면 A+는 여러분의 품으로…

수업시간에 노트필기를 하지 않고 들은 것을 바로 기억한다면 얼마나 좋을까? 그러나 우리 인간의 두뇌는 불행히도 복습하지 않으면 50%는 곧 잊어버리게 된다. 공부를 잘하는 학생의 전두엽은 그렇지 못한 학생의 그것보다 더 활성화되어 있다. 뇌가 활성화되어 있다는 것은 그만큼 뇌를 많이 사용했다는 얘기다. 그렇다면 전두엽의 중요한 기능 중 하나인 워킹메모리가 좋으면 정보를 기억하는 방식이 달라진다. 워킹메모리가 부족한 사람은 보이는 정보를 무작정 외워버리지만 워킹메모리가 좋은 사람은 나름의 방식으로 기억해야 할 정보를 재배열한다. 따라서 들은 것을 노트에 나름의 방식으로 재배열한다. 교수님의 강의를 정확하게 기억하고, 나름의 요령으로 이를 순차적으로 뇌에 저장하며, 이렇게 뇌에 저장하기 위한 방법으로 나름의 노트정리를 하는 힘. 이 같은 워킹메모리를 잘 활용하면 동일하게 수업을 듣고 제한된 시간 안에 더 많은 정보를 암기하고 더 많은 문제해결을 할 수 있다. 워킹메모리는 작업 기억이라고도 하는데, 쉽게 말해 우리가 적극적으로 집중하여 사용하는 기억력을 말한다(kbs, 2008). 바꿔 말하면 머릿속에 입력된 정보를 지속적으로 기억하기 위해 필요할 때 적절히 조합하고 조작해 문제를 해결하는 능력을 말한다.

우리 인간의 정보처리 체계는 감각등록기, 단기기억, 장기기억으로 이루어져 있다.

□ 초단기기억(Sensory register)

감각등록기에서는 정보의 유지 시간이 1초도 못되며 한번에 많은 정보를 받아들이게(cording)된다. 감각등록기에 들어온 정보는 단기기억으로 이동되거나 망각에 의하여 소멸된다. 시간이 경과하여 해당정보를 재생하지 않으면 자동적으로 망각한다. 혹은 입력된 기존 정보 또는 다른 새로운 정보가 방해하거나 대체함으로써 망각이 이루어진다.

□ 단기기억(Working register)

주변 환경으로부터 새로운 정보와 장기기억에서 회상된 정보를 모두 처리하거나 변형을 하는 작동기억은 정보처리 시스템의 주요통로이다. 작동기억에서는 비교적 빠르게 저장하고 회상하지만 기억 용량이 몇 개의 정보에만 매우 제한되어 있어 성인의 단기기억 용량은 7±2개 정도로 제한된다.

□ 장기기억(long-term memory)

작동기억에서 장기기억으로 저장되기 위해서는 시간과 주의가 필요하다. 그래서 다양한 정보나 경험을 어떤 의미로 바꾸기 위한 시간이 필요하며 반복인지과정이 필요하다. 장기기억에 저장된 지식은 명제(proposition)로 표현되며 좀 더 많은 의식이 필요한 선언적 지식(declarative knowledge)에 해당한다. 즉 인지적 활동을 수행하기 위한 방법으로서, 교수자의 생각을 노트에 적는 행위를 통해 알고 있는 사실(facts)과 사물(things)에 대한 지식이 고정된다. 외부에서 정보가 주어졌을 때 우선 감각등록기를 통하여 체계로 들어오는데 이때, 체계 내에서 최초의 기억은 외부환경으로부터 시각, 청각, 촉각적인 정보를 얻게 되며 동시에 많은 정보를 기억한다. 그러나 감각 등록기(Sensory register)에서는 매우 짧은 시간동안만 정보가 유지되므로 그 짧은 유지 기간 동안 주의(attending)를 해야 소멸되지 않으며 단기기억(Working register)에 남게 된다. 단기기억에서는 실제적인 사고 즉 정보에 대하여 조작이 수행되며 그 수행 결과를 반응으로 보이게 된다. 이때 수행한 정보는 장기기억에 저장되고 단기기억에서 필요로 하는 정보를 제공한다. 장기기억(long-term memory)에는 인간이 알고 있는 모든 것이 저장되어 있다.

쉬운 예로 철수와 영희가 각각 500원 짜리 장난감을 샀다. 철수와 영희가 산 장난감의 가격은 모두 얼마인가? 라는 지시문이 있다고 치자. 이 문제를 해결하기 위해서는 철수와 영희가 산 장난감 가격을 '기억'해야 함은 물론이고, 다시 이를 더하는 '조작'이 머릿속에서 가해져야 한다. 즉 정보에 대한 조작이 수행되며 그 수행 결과를 반응으로 보이게 된다. 공부의 기본자세 중 하나인 '수업시간에 교수님 말씀 잘 듣고 노트필기하기'도 전두엽이 얼마나 활성화 되어 있느냐에 따라 능력이 다르게 나타난다. 그렇다면 나의 전두엽은 얼마나 활성화되어 있을까? 자신의 전두엽이 어느 정도인지를 알아보기 위해 자신에게 해당되는 문항은 몇 개인지 체크해 보자(kbs, 2008).

내 용	√체크
1. 같은 사람에게 했던 이야기를 또 한 적이 있다.	
2. 영화표를 끊고 나서 친구와 식사를 하고, 다시 영화를 보러 왔을 때 영화표를 어디에 두었는지 몰라 가방, 주머니를 다 뒤진 적이 있다.	
3. 물건을 사고 난 뒤, 거스름돈을 얼마 받아야 하는지 계산이 안 된다.	
4. 드라마를 보다가 진 회 줄거리가 기억이 안 나서 인터넷 다시 보기로 본다.	
5. 책을 읽고도 내용을 기억하지 못해 다시 앞장을 넘긴 적이 있다.	
6. 여러 사람과 음식점에 가서 대표로 주문할 때 저마다 다른 음식을 주문하면 정리가 안 된다.	
7. 할 얘기가 있어 친구한테 전화해 놓고는 다른 얘기를 하느라 무슨 얘기를 하 려고 전화했는지 잊어버린다.	
8. 방금 들은 전화번호를 바로 적어 놓지 않으면 기억을 하지 못한다.	
9. 교수님의 지시가 길어지면 뭐라고 하셨는지 기억이 안 나서 과제를 하다가 당 황한 적이 있다.	
해당 부분에 √체크 하세요	

〈표 8-1〉 나의 전두엽은 어느 정도인가?

[평가]

해당문항이 1~2개
우수한 전두엽의 소유자 평소 기억력이 좋다는 말을 자주 들었을 당신의 전두엽은 아주 활성화 되어 있고 우수하다. 공부하면서, 혹은 생활하면서 기억력 때문에 어려움을 겪지는 않을 듯. 한마디로 당신은 기억은 물론, 머릿속에 저장된 기억을 적절히 활용하여 노트 필기를 아주 잘 하는 우등생 타입이다
해당문항이 3~6개
보통과 부족의 경계를 넘나들고 있군요! 생활하는데 불편을 느끼는 정도는 아니지만 아마 상황에 따라선 자신도 모르게 어, 이게 뭐였지? 를 반복하는 경우가 종종 있었을 것이다. 좀 더 정보를 체계적으로 기억하고 활용하는 습관을 기르자! 머지않아 우등생 대열에 진입할 것이다.
해당문항이 7~9개
돌아서면 잊는다. 내 별명은 깜박이! 평소에도 물건을 자주 잃어버리고 방금 들은 이야기도 한 순간에 잊어버리는 당신! 지금부터라도 무엇이든 주의깊게 듣고 체계적으로 생각하고 필기하는 습관을 들이자!

수업을 들으면서 노트필기를 하여 얻는 이점은 듣기, 생각하기, 쓰기가 동시에 이루어진다는 것이다. 그래서 노트필기는 꼭 필요한 학습활동이다.

□ 노트필기의 이점

- 교수님이 제시하는 내용을 이해하게 된다.
- 수업에 집중하게 된다.
- 교수님의 수업정보를 제공해 준다.
- 시험공부에 도움이 된다.
- 교수님이 제시하는 내용을 복습하게 된다.
- 수업을 능동적이고 적극적으로 듣게 된다.

01 코넬 노트 필기법

□ 코넬대학의 study center 에 있는 Walter Pauk의 다음의 5R 필기 방법을 따라해 보자.

- Record : 교수님의 강의나 칠판에 쓰는 내용을 경청하면서 강의의 중요한 내용만을 필기한다.
- Reduce : 강의에서 전체적인 것과 세부적인 것을 구분하여 요약하면서 필기한다.
- Recite : 강의 내용이 생생하게 기억될 때 노트의 왼쪽 여백에 핵심단어나 단서를 적어놓아 복습할 때 활용한다.
- Reflect : 완전히 이해하기 위해서 필기 내용을 곰곰이 다시 생각해 본다.
- Review : 기억과 암기를 위해서는 반복적인 복습이 필요하다. 이 때 노트의 왼쪽 여백에 적어놓은 핵심 단어나 단서를 보고 오른쪽의 내용을 기억해내는 방법은 매우 효과적이다.

□ 코넬노트 필기법을 활용해 보자.

노트의 왼쪽 여백을 남겨두고 질문이나 주요 아이디어 목록이나 나중에 도움이 될 만한 단서들을 적어둔다. 코넬노트란, 왼쪽에 3~4cm 너비를 남겨두고 세로선이 그어진 일반 노트이다. 이 노트는 1950년데 미국 동부의 8대 명문 사립대학인 코넬(Cornell)대학에서 학생들의 학습효과를 높이기 위해 개발되었다고 해서 '코넬노트'라고 불리게 되었다. 코넬식 노트 필기법은 매우 효과적이면서도 시간을 절약하기 위해 고안된 것이다. 이 별스럽지 않은 노트에 A+를 부르는 비법이 숨겨져 있다.

<table>
<tr><th>축약란</th><th>기록란</th></tr>
<tr><td></td><td></td></tr>
<tr><td></td><td></td></tr>
<tr><td></td><td></td></tr>
<tr><th colspan="2">요약란</th></tr>
<tr><td colspan="2"></td></tr>
</table>

〈표 8-2〉 코넬노트의 구성

단서란	Title 영역 - 강의명, 주제, 일자
Cue영역 recite (Note Taking 영역에서의 키워드)	**Note Taking 영역** Record-수업내용을 간단히 신속하게 적는다 Reflect-강의 내용과 주제에 유의하여 빠진 부분을 보충하고 불필요한 부분을 삭제하여 재구성해 본다 Review-매주강의내용을 확인하고 복습한다
Summaries 영역 reduce-요약란(각 페이지의 노트내용을 한 두 문장으로 요약)	

〈표 8-3〉 코넬노트의 영역

	보건학 2009년 9월 1일
· 가족의 정의	1. 부부와 같이 혼인으로 맺어지거나, 부모·자식과 같이 혈연으로 이루어지는 집단, 또는 그 구성원 2. <법률> 동일한 호적 내에 있는 친족
· 가족의 기능 - 사회생활 - 가르치기 - 부양 - 가치 - 보호	가족의 기능 - 유머, 언어, 말하기 및 대인관계 - 정서적, 재정적, 사랑 - 종교, 성적 가치 - 위험으로부터 아이 보호, 음식 및 잠자리
가족은 부부와 같이 혼인과 혈연으로 맺어진 집단으로서, 사회생활 가르치기·부양·가치·보호의 기능을 가진다.	

〈표 8-4〉 코넬노트의 예시

□ 날짜와 수업의 주제를 적고 이전에 노트 한 것과 구분한다.

이전에 노트 한 것과 구분하여 정리한다. 이때 교수님이 말하는 모든 내용을 다 기록할 필요는 없다. 강의의 골자를 이루는 핵심적인 내용을 중심으로 기록한다.

□ 교수님이 수업시간에 칠판에 판서하는 내용은 되도록 다 적는다.

교수님이 칠판에 적는 표나 그림, 도표 등은 대부분 강조하는 부분이므로 노트에 필기를 하고, 만약에 중요한 부분을 빠뜨리고 적지 못했다면 수업이 끝난 후 친구나 교수님에게 물어서 적어놓자.

□ 빠른 시간 안에 노트를 재정리 한다.

강의가 끝난 후 하루 내에 노트를 재정리 하여 강의 시간에 하지 못한 필기 내용이나 부족한 내용을 교과서나 친구의 노트를 빌려 다시 정리해놓자. 강의를 듣다가 중요한 내용을 놓쳤다면, 한두 줄 정도 비워 놓고 다음 내용을 필기한다. 기억이 날 때 어떤 내용이 제대로 되지 않았는지 알 수 있으므로 빠른 시간 내에 노트를 재정리하는 것은 매우 중요하다.

□ **적을 수 없다면 녹음을 한다.**

교수님에게 녹음이 가능한지를 물어보고 가능하다면 녹음하는 것도 좋다. 녹음을 한 후 빠른 시간 안에 노트를 재정리하여 강의시간에 교수님이 제시한 비유나 실례의 사소한 것이라도 알기 쉬운 말로 정리해둔다.

□ **혼돈되기 쉬운 개념이나 비유, "다음 5단계", "결과적으로 중요한 것은 ", "그러므로"와 같은 말에 주의하여 그 다음 내용을 기록한다** (단국대 학습가이드북, 2015).

02 통쾌한 노트 비법

□ **수업 전에 교재는 START 기법으로 읽고 예습한다.**

START (Strategic Arms Reduction Talk)기법은 연역적 논리에 따라 목차, 소제목, 키워드 중심으로 전체 내용을 파악하는 것이다. 자세히 읽기 어려우면 대충읽기(SKIM)를 하고 수업에 들어가는 것이 좋다.

□ **수업에 빠짐없이 출석한다.**

강의시간에 결석을 하면 나중에 노트를 빌려 보더라도 자신이 생각하고 정리한 것이 아니기 때문에 이해가 잘 되지 않는다.

□ **강조표시를 해둔다.**

수업시간에 교수님께서 특히 강조하는 부분에 밑줄이나 붉은색 볼펜으로 별표와 같은 표시를 해둔다.

□ **자신의 생각과 아이디어, 이미지를 따로 적어둔다.**

자신의 생각과 아이디어가 생각날 때 마다 노트에 적어두고 교수님이 설명한 것과 구분한다. 복잡한 관계나 시대흐름은 연대표, 지도, 도표, 그래프, 그림을 이용하면 이해가 빠르다. 참고가 될 만한 도표를 복사하거나 그려 노트에 오려 붙이면 좋다. 지리의 지도, 국가의 연표, 생물의 그림을 예로 들 수 있다.

□ 수업이 끝나면 같은 반 친구나 교수에게 보여준다.

교수님의 말, 몸짓, 또는 교재에서 강조되고 있는 주요 개념과 핵심 내용을 찾아보고, 본인이 핵심내용을 놓치고 있다는 느낌을 받으면 주변사람들에게 도움을 받는다.

□ 필기할 때 각 여백마다 약간의 여백을 남겨둔다.

자신만이 아는 언어로 필기를 추가할 때를 대비하여 여백을 남겨두면, 나중에 더 깊은 수준으로 학습할 수 있도록 도와주고 시험공부를 할 때 쉽게 찾을 수 있다.

□ 기억날 때 용어의 개념을 정리해 둔다.

생생히 기억날 때 용어의 개념을 명확히 정의하여 노트에 적어둔다.

□ 나만의 필기기호를 만든다.

나만의 필기 기호	의미
[ ] , ( ), O, □	연관된 개념들
★, ☆, =	중요함
★★, ☆☆, =, !!!	매우 중요함
>	더 많음
<	더 적음
=	같음
→	된다
?	무엇인지 모름
??	전혀 모름
∴	결론
&	그리고, 계속하여
info	정보
ex	예를 들어

〈표8-4〉 나만의 필기기호 사례

□ 하루에 한번이라도 노트를 펼쳐 본다.

학기가 시작되면, 시간에 쫓겨 공부할 시간을 갖는 것이 어렵다. 지하철이나 버스, 친구를 기다리는 동안 단 5분이라도 노트를 펼쳐보는 습관이 생기면 중간시험이나 기말시험이 닥쳤을 때 미소를 지을 수 있을 것이다.

참고문헌

김홍자(2010). 테마로 배우는 대학학습전략. 한양대출판부

노무라 마사키(2003). 메모혁명. 서울:흥.

신민섭(2007). 스펀지2.0. 김영사.

학습업그레이드가이드북(2015). 단국대 교수학습개발센터. 단국대출판부.

kbs(2008).스펀지 2.0. 토요일 오후 6시 40분.

09 커뮤니케이션 기법과 응용

1. 커뮤니케이션의 원리

2. 커뮤니케이션의 어려움
   1) 정보 수신자
   2) 정보 발신자

3. 커뮤니케이션 스킬
   1) 관계 형성과 대화열기
   2) 감정 조절하기
   3) 상대방의 시각 이해하기
   4) 의견일치/마무리 짓기

4. 나의 대화 스타일은?

09 커뮤니케이션 기법과 응용

Successful speaking lies inthe eloquence and grace of physical movement

-Larry Welch

대학교에 들어오면서부터 시작되는 의사소통의 어려움을 여러분들은 경험했을 것이다. 인간은 의사소통을 하지 않고 살 수 없는 존재이다. 현재 많은 대학에서 일반 교양교육의 일환으로서 말하기와 글쓰기에 대한 의사소통 교육이 많이 이루어지고 있다. 학내에서 이루어지고 있는 의사소통 교육은 주로 철학이나 국어학 전공자가 주도하고 있지만 대부분의 경우 커뮤니케이션에 대한 전문적인 지식이나 연구를 바탕으로 하고 있지 못한 실정이다. 이러한 점을 감안하여 대학생활에서의 나눔과 공유를 위한 의사소통 개발을 소개하고자 한다.

이 장에서는 의사소통에 대한 기본적인 이해를 돕기 위한 의사소통의 원리를 이해하고 커뮤니케이션이란 무엇인가에 대해 살펴보고, 다른 사람들과의 관계를 통한 의사소통과 비언어적인 요소들에 의해 이루어지는 의사소통에 대해 살펴보고자 한다. 의사소통의 기법과 응용을 통하여 우리는 다른 사람과의 협동을 가능하게 하며, 회의나 토의, 토론과 논쟁을 하는데 유리하고 나아가 학습의 증진효과를 가져올 수 있다.

01 커뮤니케이션의 원리

- 인간관계의 형성은 두 명 이상의 사람이 '의사소통'을 통해 정보를 제공 하고 수신하는 것이다.
- 의사소통이란 의견(ideas)과 생각(thoughts)과 감정(feelings)을 공유하는 것이다.
- 의사소통을 하기 위해서는 구어(spoken), 문자(written), 또는 행동(acted)과 언어(신체언어)를 사용한다.
- 성공적인 의사소통은 자신의 의견, 생각, 또는 감정이 상대방에게 얼마나 잘 전달되느냐에 달려있다.

말을 하는 사람(정보제공자)은 필수적으로 정보수신자를 필요로 하며, 어떤 테마에 관하여 말을 한다. 이 세 가지를 간단히 표현하면 '나' '너' 그리고 '내용'이다. 의사소통이 이루어지려면 나와 너 그리고 내용 사이에 관계가 형성되어야 한다. 먼저 정보제공자는 적합하게 묘사하기 위하여 내용에 관한 세심한 조사를 한다. 그는 자신의 테마에 관하여 잘 알아야 하며, 그가 언급한 데이터와 사실, 논거 그리고 자신의 결론을 증명하기 위해 충분한 사전 지식을 가지고 있어야 한다(Kurtz S. et al 1998).

정보수신자 입장에서는 테마에 관한 흥미와 관심을 가져야 한다. 정보제공자는 수신자의 관심을 전제할 수 없기 때문에 수신자의 관심과 흥미를 일깨우는 것이 그의 임무이다. 테마로 이끄는 것(동기화)은 정보제공자에게는 아주 흥미로운 도전인 것이다. 그밖에 정보제공자는 수신자에게 한 개인으로서 신뢰감을 주어야 한다. 왜냐하면 제공자의 신뢰감이 수신자를 발화의 테마를 받아들이도록 하기 때문이다. 테마에 관심이 있고 논거를 믿으며, 정보제공자를 신뢰하는 사람만이 제공자의 결론과 요청을 따르기 때문이다(Kurtz S. et al 1998).

의사소통에서의 오해 또는 불화는 다음의 상황에 기인하여 발생한다.

1 정보발신자

▷ 불명확한 언어 사용

▷ 생각을 잘 정리하지 못함

▷ 말하기 또는 쓰기 기술이 부족함

▷ 감정표현이나 말하는 중간에 여러 가지 혼동되는 정보를 전달함

▷ 자기중심적으로 말함

▷ 너무 내용 중심적으로 말함

▷ 청중과 교감 부족

2 정보수신자

▷ 집중을 하지 않음

▷ 잘 경청하지 않음

▷ 전달 받는 내용에 대한 경험이 불충분함

▷ 자기 개인의 생각과 전달 받는 정보를 혼동함

▷ 성급히 결론을 내림

▷ 부정적인 감정의 방해

관계를 형성하기 위해서 우리는 효과적인 의사소통을 해야 한다. 효과적인 의사소통이란 어느 한쪽에 치우치지 않고 정보수신자 중심적 발화와 내용 중심적 발화 사이의 긴장에서 이루어진다. 다시 말해 효과적 의사소통이란 어느 한쪽에도 치우치지 않고 적절한 분배가 이루어지는 것이다. 즉 자기 중심적, 내용 중심적, 수신자 중심의 발화가 적절하게 분배가 이루어져야 한다.

자기중심적 의사소통을 할 경우에 발신자는 그 스스로 자신의 개인적 관심을 가지고 의사소통의 전면에 나서게 된다. 그는 말해진 것이 사실 측면에서 필요한 것인지 또는 수신자에게 흥미로운 것인지 중요하게 생각하지 않는다. 자기중심적 의사소통의 전형적 현상은 자기묘사와 테마에서 벗어나 수신자를 배려하지 않는 것이다.

이에 반해 내용 중심적 의사소통은 테마를 위해 존재하는 증빙자료를 따른다. 실제로는 수신자의 관심과는 상관없지만 수신자가 관심을 가질 것이라 잘못 판단한 채 의사소통을 한다. 내용 중심적 의사소통의 전형적인 예가 상세함과 기대수준, 그리고 많은 전문용어의 사용을 들 수 있다.

수신자중심의 의사소통은 모든 개개 수신자의 조건과 기대 지향적이다. 수신자가 단 한 명이든, 많은 수신자가 있든, 정보제공자는 수신자가 관심을 갖거나 이해할 수 있는 내용으로 한정되기 때문에 정보 면에서 부족한 면이 많다. 수신자 중심의 의사소통은 시선접촉, 개방된 제스처, 흥미를 유발하고 이해과정을 도울 매체의 사용, 발화시간과 수신자의 심적 · 신체적 상태에 대한 고려, 수사적 질문 등이다.

이 세 가지의 균형이 제대로 되지 않으면 '내용 없는 수다'와 '딱딱하고 건조한' 의사소통이 되기 쉽다. 그 관계 역시 악화되거나 소멸되어 존재하지 않게 된다.

제대로된 의사소통을 위해 어떤 노력이 필요할까요?

"21세기 전문가가 갖춰야 할 능력은 커뮤니케이션 능력!
전문가의 실력은 전문지식을 제대로 전달하는 능력에 있다."

- 안철수 -

"우리는 언제나 말을 감추거나 바꾸거나 속일 수 있다. 그렇기 때문에 겉으로 드러내는 말보다는 마음속에 숨어 있는 말을 듣는 것이 더 중요하다."

- 공문선 -

"인간에게 있어서 가장 중요한 능력은 자기표현이며 현대의 경영이나 관리는 커뮤니케이션에 의해 좌우된다."

- 피터 드러커 -

"앞으로 기업의 성패는 커뮤니케이션 갈등을 얼마나 줄이느냐에 달려있다."

- 빌게이츠 -

기상학자인 에드워드 로렌즈는 나비효과(Butterfly Effect)를 발표했다. 싱가포르에 있는 나비의 날개 짓은 북캐롤라이나의 허리케인에 영향을 미친다는 연구결과가 있다.
"It takes two to make a quarrel, and the one in the wrong usually is the one who does the most talking"

02 커뮤니케이션의 어려움

1) 정보수신자

□ 감정적 장애

'네가 틀렸어'가 아니라 우린 서로 다르다는 것을 알아야 한다. 사람들은 보통 타인에게서 자기 자신을 바라보는 것과 일치하는 평가를 받고 싶어 한다. 그런데 상대방이 자신에 대해 자신과 일치하지 않는 평가를 하면 상대방이 자신을 알지 못하기 때문으로 받아들이고는 한다. 이때 자신의 생각이 틀렸다는 것을 알고 있더라도 자존심을 지키기 위해 이런 저런 공격을 퍼붓거나 부정적 표현전략까지 동원하게 된다.

대 안

질문을 통해 상대방 스스로 대답하도록 한다.

우호적인 조건을 형성한다. 상대방이 나에 대해 좋은 감정을 갖게 해야만 의사소통이 원활해진다. 먼저 인정하면 인정받게 마련이다. "좋아! 최고야!"라는 말은 사람의 의욕을 북돋아준다.

□ 전달의 어려움

너무 어려운 말로 목에 힘을 주면 상대와 나의 거리를 1미터 멀어지게 한다. 굳이 어려운 전문 용어를 섞어 사용해야만 상대가 나를 그럴 듯하게 평가할 것이라는 생각은 잘못된 것이다.

대 안

너무 멋있게 말하려 하지 말라. 일상 속에서 쉽게 접할 수 있는 흔한 용어로 청중의 마음과 상대의 마음을 사로잡을 수 있다. 자존심이 높고 권위가 있는 사람은 상대를 먼저 배려할 줄 알아야 한다.

□ 신뢰의 어려움

행동에 일관성이 없는 사람은 종종 나약하고 신뢰할 수 없으며 위선적이거나 남을 속이고 심지어 정신적으로 불안전한 사람으로 보여 진다.

대 안

상대의 마음을 움직이는 것은 말이 아니라 행동이다. 입으로 먹고사는 사람들 역시 입을 통해 말을 구사하기 이전에 행동력이 뒷받침이 되어야 한다. 말과 행동의 일치와 일관성이 있어야 한다.

□ 성급한 결론

상대방이 원하는 태도로 말을 하지 않으면, 상대방은 나의 언행을 해석하는데 있어 어설픈 심리학자(naive psychologist)처럼 나름대로 정보를 분석하여 원인을 해석하려는 경향이 생긴다.

대 안

상대방이 원하는 태도로 말하거나 상황을 제대로 설명하여 현재의 놓인 상황에 대한 상대방의 해석수준을 알고 그에 맞게 대응하는 것이 보다 효과적이다.

□ 부정적인 감정의 방해

마음속에 상대에 대한 부정적인 감정이 자리 잡고 있으면, 목소리를 높여서까지 언쟁을 하게 되곤 한다. 특히 목소리를 키우는 것은 '위협'이라는 이미지를 통해 자신에게 유리한 반응을 유도하기 위해서인데, 그것은 잠재적으로 두 가지 효과를 기대하기 때문이다. 첫째, 위협을 가함으로써 혹시 생길지도 모르는 상대방의 공격을 미연에 방지하기 위해서이다. 둘째, 협상과정에서 상대방이 너무 많은 것을 요구하지 않도록 하여 유리한 상황을 선점하기 위해서이다(공문선 2014).

대 안

상대방이 더욱더 위협적일 경우에는 전혀 도움이 되지 못한다. 위협을 당한 상대방이 모욕을 당했다고 느끼면 오히려 공격적으로 앙갚음을 하는 경향이 있다. 서로 논쟁이 벌어졌을 때, 목소리를 높여 위협을 가하는 것은 기대하는 효과를 거두기보다 오히려 역효과가 나는 경우가 많다. 이럴 경우에는 우호적인 제 3자에게 자신의 상황을 설명하고 지원을 요청하는 것이 훨씬 낫다.

□ 자기 개인의 생각과 전달 받는 정보를 혼동함

섣부른 판단이나 추측중심의 표현방법은 커뮤니케이션을 차단하지만 관찰에 근거한 말과 행동은 커뮤니케이션을 촉진하는 경향이 있다. 관찰적인 표현에 장애를 일으키는 요소에는 첫째, 후광효과(halo effect)라는 것이 있다. 이것은 일부 눈에 띄는 특성이 다른 것에도 영향을 미쳐 관찰을 왜곡시키는 것을 말한다.

둘째, 대비오차(contrast effect)로 상대방의 언행을 자신의 기준이나 가치로 평가하는 경향을 말한다. 셋째, 스테레오 타입(stereo type)으로서 고정관념으로서 어떤 그룹에 속한 사람들에 대한 편견이 관찰을 왜곡시켜버리는 경우를 말한다. 넷째, 첫인상 효과(first impression effect)로 최초의 인상이 언제까지나 영향을 미치는 것을 말한다. 다섯째, 기억오차(memory error)가 있는데 이것은 기억하고 있던 것이 시간이 지나면서 추상화되기도 하고 부정확하게 되거나 망각되는 현상을 말한다(이종목외 2인, 2013).

대 안

잘못된 관찰로 인한 말실수나 말의 잘못을 줄이기 위해서는 추측이나 순간적인 감정 표현을 멈추고(stop), 자세히 이야기를 들으며 관찰한 다음(think), 어떻게 할지 선택해야(choose) 한다.

□ 집중을 하지 않음

사람들끼리 말이 통하지 않고 자구만 어긋나는 이유는 상대가 말을 못 들어서가 아니라 분명히 들었음에도 불구하고 주의를 기울이지 않기 때문이다.

대 안

대화가 통하려면 우선 상대를 알아야 하고 상대를 알려면 먼저 상대의 의견에 귀를 기울여야 한다. 상대방의 말에 주의를 집중하면 그 속에서 상대가 원하는 것을 캐낼 수 있다. 새로운 정보를 접하면 우리는 보통 집중을 하게 되는데, 이를 환기(arousal) 또는 각성이라고 한다. 이때 환기 수준이 높아지면 주의가 집중되며 이것을 초점주의(focal attention)라고 한다(이종목외 2인, 2013).

□ 잘 경청하지 않음

말하는 사람이 직설적으로 표현하거나 대놓고 말하지 못하는 애매한 경우에는 애매한 반응을 보여 오해의 여지가 남기도 한다.

대 안

상대의 말뜻을 제대로 알아들으려면 스스로 분명하게 확인을 해야 한다. 제대로 말뜻을 파악하지 못하고 잘 경청하지 못했을 때는 재확인을 하여 스스로 확실한 판단을 내리도록 하는 것이 좋다.

귀를 막고 경청을 제대로 하지 않으면 사오정이라고 한다. 말하는 사람이 기분 좋게 자신의 생각을 털어놓을 수 있도록 해주려면 말하는 사람의 이야기를 잘 경청해야 한다(공문선 2008). 다른 사람의 이야기를 제대로 듣기 위해서는 어떻게 해야 할까?

대 안

상대의 이야기에 주파수를 맞춘 다음 즐거운 이야기에는 '아!', '와!', '저런!', '어쩌나!'와 같은 감탄사를 사용하여 장단을 맞추어 준다. 적극적인 관심을 표명하는 촉진질문을 곁들인다. 경청을 하면서 확인질문을 해주면 효과적이다. '맞습니까?', '지금까지 이런 말씀을 하신 거죠?' 라고 되짚어 준다. 상대방이 이야기를 할 때, 볼펜이나 메모지를 준비해 기록한다.

2) 정보발신자

□ 감정표현이나 말하는 중간에 여러 가지 혼동되는 정보를 전달함

감정적인 말실수나 혼동되는 정보를 전달하는 경우에는 대부분 두 가지 형태로 나타난다. 첫째, 상대방을 몰아세우다가 발생하는 말실수를 말한다. 둘째, 많은 사람들 앞에서 창피를 주거나 놀리는 경우에 해당한다.

대 안

감정적인 말실수를 줄이려면 상대방의 입장에서 말해야 한다. 다른 사람을 비난하지 말아야 한다. 당장은 상황을 벗어날지 몰라도 변명을 위한 변명은 계속 늘어나기 때문이다. 잘못을 했을 때는 솔직히 말하자. 당장은 손해 볼지 몰라도 사람들은 당신을 신뢰하게 된다. 책임질 수 있는 말만 하고, 불평하고 위로받으려 하지 않는 것이 좋다.

□ 생각을 잘 정리하지 못함

입안에서 맴도는 말을 입 밖으로 쏟아내려면, 일단 머릿속을 정리하고 상대를 너무 의식해서는 안 된다. 대화를 잘하는 사람은 정리해서 할 줄 안다. 정리의 기본은 단순함이다.

대 안

정보가 많을수록 말하는 것은 물론이고 듣는 것도 어려우므로 대화를 잘하려면 '구조화'할 줄 알아야 한다. 그 방법은 서론 · 본론 · 결론으로 구조화할 수도 있고, 첫째 · 둘째 · 셋째, 아니면 문제점과 해결책으로 구조화할 수도 있다.

□ 불명확한 언어 사용

아무리 휘황찬란한 용어를 써가며 열심히 설명을 했지만 모두가 그 내용을 알아듣지 못한 경우가 있다. 다른 사람이 알아들을 수 없는 자신만의 불명확하고 어려운 언어를 사용하면 의사소통의 장애가 일어난다.

대 안

대화에서 무엇보다 중요한 것은 상대방이 알아듣기 쉬운 명확한 언어를 사용하는 것이다.

□ 말하기 또는 쓰기 기술이 부족함

만남이 잦은 시대에 첫 만남에서 상대방과의 대화를 편안하게 이끌어 좋은 이미지를 남기려면 그에 맞는 전략과 기술이 필요하다. 대화의 말하기 기술에는 어떤 것이 있을까?

대 안

먼저 선수를 친다. 선수를 칠 때에는 먼저 긴장을 풀어주어야 한다. 편안하게 말문을 열기 위해서는 상대가 나를 어떻게 생각할지 염려하지 말고 상대가 나를 좋아한다고 생각하고 대화를 한다. 그리고 대화의 주도권을 잡는다.

사람의 마음에는 안전영역(safety zone)의 법칙이 작용한다. 안전영역이란 사람들이 약 1미터 정도의 거리를 자신의 영역으로 규정하고 누군가 침입하면 불편해 하는 것을 말한다. 그 영역을 침범하면 주도권을 빼앗겨 어쩔 수 없이 상대방에게 끌려가게 되지만, 악수를 하기 위해 먼저 손을 내밀거나 손을 잡으면 상황은 달라질 수 있다. 즉 먼저 마음을 열어 스킨십을 시도하면 대화의 주도권을 빼앗아 올 수도 있는 것이다.

그리고, 자신 있게 말한다. 자신 있게 말하다 보면, 없던 자신감까지 생기게 된다. 자신 있게 말하기 위해서는, 어떤 모임에서든 대화를 즐기는 것이 필요하다(공문선, 2015).

03 커뮤니케이션 스킬 (Communication Skills Guide)

1) 관계 형성과 대화열기

□ 동료 간에 보다 깊은 이해와 존중

□ 소속감과 친밀감 형성

□ 자아성찰

□ 사랑이 오고가는 공동체와 지지그룹 형성

□ 관계 형성하기

- 사람을 처음 만났을 때 반갑게 맞이하고 관심을 보여준다.
- 대화중에 관심을 표현하는 언어를 사용하여 적절한 톤으로 말한다.
- 상대방과 눈을 맞추며 대화한다.
- 상대방의 말문을 막지 않고 대화를 시작한다.
- 상대방에게 더 이상 의견을 제시할 것이 없는지 물어본다.
- 현재의 문제 상황을 설명하고 의견 조율을 통한 문제 해결 방안 방법이나 계획을 제시한다.

두 사람이 한 쌍이 되어, 저마다 진실한 정보나 생각과 감정을_______에 넣어서 자유롭게 문장을 완성해 나가도록 한다. 준비된 사람부터 시작하거나 미리 순서를 정해 놓고 번갈아 소리 내어 읽어 가면 대화가 진행된다. 예상 소요시간은 약 50분이다. 그러나 시간활용은 자유롭게 할 수 있다.

'한 쌍의 대화'를 마친 후의 체험담을 형식 없이 자유롭게 A4 1장에 정리하여,(글자크기11, 줄 간격180) _____까지 제출하도록 한다(연문희, 2004).

1. 반갑습니다. 내 이름은 _____입니다. 내 이름을 _____라고 지어주신 분은 __________인데 그렇게 지으신 이유는 _______입니다.

2. 우리 형제, 자매를 소개하자면 ____인데, 그중에 나는______째입니다.

3. 우리 아버지와 내가 닮은 점이 있다면 그것은 _____이고, 우리 어머니를 닮은 점은 _____인 것 같습니다.

4. 고등학교 시절에 내가 가장 좋아했던 수업시간은 ______이었고, 내가 가장 싫어했던 시간은 _입니다.

5. 하루에 내가 받는 전화와 문자 메시지는 __통 정도이고, 내가 보내는 것은 __통 쯤 됩니다. 이런 것을 볼 때 나의 대인관계는___입니다.

6. 나의 전공은 _____인데, 이를 택한 이유는 ______입니다.

7. 현재 나의 생활에서 가장 즐거운 시간은 _____ 이고, 가장 힘든 시간은 _____입니다.

8. 최근에 본 영화 혹은 책 중에서 가장 인상 깊었던 것은 _____입니다. 그 영화 혹은 책이 머리에 남아 있는 이유는 _____입니다.

9. 중 · 고등학교 시절 장래 희망이 무엇이냐고 물어보면, 나는 ______라고 대답했습니다. 그 이유는 _____입니다.

10. 지금까지 내가 만나 본 사람 중에 가장 멋있게 산다고 생각되는 사람은 ______입니다. 그 이유는 _______입니다.

11. 내가 지금까지 제일 좋아하는 친구들의 특성은 ______이고, 내가 질색하는 친구의 특징은 _ 입니다.

12. 나의 남다른 취미를 소개한다면 _____입니다.

13. 나의 남다른 장점은 _____이고, 나의 가장 큰 약점이라면 ____입니다.

14. 최근에 내가 경험한 가장 가까운 사람의 죽음은 ______ 이었습니다. 사람이 언젠가 죽을 수밖에 없다는 것을 생각하면 나는 ______니다.

15. 나는 ______때 외로움을 느낍니다. 그럴 때 나는 ______니다.

16. 나는 ______때 내 자신이 자랑스럽고 뿌듯함을 느낍니다.

17. 당신의 첫인상은 ______니다.

18. 모든 것이 내 뜻대로 된다면, 내가 한평생 열정적으로 일하고 싶은 곳은 _________입니다.

19. 자신의 장기를 기증한다는 것은 _____니다.

20. 내가 이 세상을 떠날 때 주위 사람들이_____을 기억해 주었으면 좋겠습니다.

〈표 9-2〉 대화열기

2) 감정 조절하기 (Dealing with Emotions)

□ 감정 표현하기

- 긍정적인 감정을 표현하기 : "정말 잘했어."
- 부정적인 감정을 표현하기 : "네가 그렇게 해서 난 화가 났어."

□ 정보 공유하기

- 상대방이 문제 상황을 얼마나 이해했는지 판단한다.
- 상대방이 더 많은 정보를 얻고자 하는 욕구가 있을 때 이를 인지한다.
- 상대방이 이해하기 쉬운 언어로 대화한다.
- 상호 이해가 되었는지 확인한다.

자신의 감정을 잘 조절하기 위해서 먼저, 감정을 읽어낼 수 있어야 합니다.
다음의 사례들을 읽고 말하고 있는 사람의 감정을 어떻게 느끼는지 빈칸에 단어로 적어봅니다.

1. 내가 느끼기엔 넌 내말에 그다지 귀를 기울이지 않는 것 같아! 내가 무슨 말을 잘못했니?

____

2. 왜 연락이 없는지 도무지 알 수가 없네. 이렇게 오래 소식이 없었던 적은 없었는데 말이야. 연락처도 모르니 연락할 방법도 없어.

____

3. 오늘 저녁 정말 감사했습니다. 식사도 참 맛있었고요. 다음에 또 뵈어요.

____

4. 지연이가 정민이가 하는 말을 그대로 다 믿었네. 그래서 내 말은 도무지 들으려 하지도 않고 그냥 소리부터 지르는 거야!

____

3) 상대방의 시각 이해하기

상대방의 시각 이해하기란 개방형 질문을 던져주어 상대방이 의견을 자유롭게 말 할 수 있도록 유도하는 것으로 구체적인 내용은 '네/ 아니오' 로 답하는 폐쇄형 질문을 사용하여 내용을 명확히 한다.

중요한 내용을 전달할 때에는 전달내용을 요약하고 확인하며 문제와 관련된 기타, 다른 내용에 대해서 자연스럽게 연결 지어 이야기한다. 특히 선입견을 버리고 상대방의 의견을 경청하며 자신의 감정을 조절하면서 대화를 한다. 이 때 상대방이 가지고 있는 신념, 관심 영역이 무엇인지 대화중에 이끌어낼 수 있다.

□ 화난 사람 상대하는 방법

Don't	Do
· 무시하기 · 불필요한 육체적 접촉 · 같이 화내기 · 상황 회피하기 · 아는 척하기 · 떠들어대기 · 비판적 태도 · 선심 쓰는 척 하기	· 잘 들어 주기 · 침착하기 · 편안하고 긍정적인 마음을 갖기 · 흥미와 관심의 표현을 하기 · 달래는 듯한 말투를 사용하기 · 진심으로 솔직하게 대하기 · 충분히 말할 수 있는 시간을 주기 · 상대방의 도우미가 된다는 자세를 갖기 · '모든', '절대', '항상'은 조심히 사용하기

〈표 9-4〉 화난 사람 상대하는 방법

□ **명확히 하기/ 중재하기**

· 난 네가 내게 화를 내는 이유를 잘 모르겠어.
· 그러니까 너는 ____하게 느낀다는 거지?
· 네가 내게 말하고자 하는 것은 _____ 인거지?
· 네가 제대로 널 이해했다면 지금 너는 ____하다는 거지?
· 그것에 대해 좀 더 설명해 줄래?
· 그 점은 매우 중요한 것 같아.

□ **신체 언어 (Body Language)**

Don't	Do
· 땅 보기 · 몸을 좌우 또는 앞뒤로 흔들기 · 인상 찌푸리기 · 불안하게 만지작거리기 · 팔짱끼기 · 몸을 구부정하게 있기 · 지저분한 외모: 구겨진 옷, 지저분한 머리	· 친근한 눈빛으로 눈 마주치기 · 자세를 바로하기 · 턱에 손을 대기 (진지함과 긍정의 표현) · 눈썹 위로 치켜들기 (관심과 흥미의 표현) · 깔끔한 외모 : 단정한 옷차림과 머리, 깨끗한 신발

〈표 9-5〉 신체 언어 (Body Language)

□ **명확한 자기표현 (Assertiveness)**

상대방의 시각을 이해하여 좋은 의사소통이 이루어지기 위해서는 자신의 감정과 의견을 명확히 전달할 수 있어야 한다. 정확한 자기표현을 위해 도움이 되는 다음의 내용을 참조하여 연습해 보자.

· I-statement 사용하기: "내 생각엔…", "나는 ~라고 생각해"
· "왜냐하면", "그렇기 때문에", "그러나" 단어사용하기 : "나도 네가 처음 말한 의견에 동의해. 하지만…", "나는 네 의견과는 다른 생각을 가지고 있어, 왜냐하면…"
· 상대방의 모든 진술에 반드시 개인적인 의견을 제시할 필요는 없다. 상대방의 말을

재 진술 하거나, 반복하거나, 간단한 견해를 표현해도 된다.

· 대화의 내용 전환하기: "내 생각엔 지금 우리가 매우 중요한 요점을 놓치고 있는 것 같아. 그건…"

□ 대화중에 끼어드는 방법

· 상대방의 진술을 경청하면서 중간에 고개를 끄덕여 주거나 "응", "그래", "맞아" 라고 반응해 준다.

· 자연스럽게 대화가 멈추는 공백의 순간을 사용한다.

· 자신이 말하고 싶다는 것을 표현하기 위해 목소리의 톤을 조금 높인다.

· 신체 언어를 사용한다.: 말하고 있는 대상을 향해 몸을 조금 굽힌다. 손을 이용한 제스처, 말하고 싶은 상대를 손으로 살짝 접촉한다.

· "내 생각에는…" 라고 의견을 표현하거나, "~는 어때?"라고 물어본다.

· 상대방의 이름을 호명해 주며 대화한다. "민수야, 나는 ~라고도 생각해"

· "미안하지만, 나도 끼어도 될까?"

· "나는 네가 무슨 말을 하고 있는지 정확히는 모르겠어. 하지만 재미있을 것 같기는 해"

□ 명확한 거절하기

· 자신의 의사를 명확히 말하기: "예.", "아니오."

· 이유를 명확히 설명하기: "그날 다른 약속이 있어요."

· 이해한 것을 표현하기: "그러니까 지금 ~라고 생각하는 거지?"

□ 명확하게 요구하기

· 문제 진술하기: "아까 말한 내용과 지금 말한 내용은 서로 다른 걸?"

· 요청하기: "그 일 하기 전에 이것부터 먼저 끝내도 될까?"

· 명확히 하기: "네가 뭘 달라는 건지 다시 한 번 말해 줄래?"

Don't	Do
· 처음부터 끝까지 눈 마주침 (100% NO!) · 뻣뻣하게 삐뚤어진 자세로 서있기 · 상대방의 입 냄새를 맡을 수 있을 정도로 가까이 있기 · 과도한 몸짓을 사용 · 더듬거리기 · 상대방의 말이 끝나기도 전에 말하기	· 시선 마주치기 · 바른 자세 갖추기 · 적절한 거리 유지하기 · 감정을 얼굴표정으로 나타내기 · 목소리 톤과 억양 조절하기 · 유창하게 말하기 · 말하는 시간 잘 조절하기 · 상대방의 말을 잘 들어주기

〈표 9-6〉 명확하게 요구하기

4) 의견일치/ 마무리 짓기

□ **상대방에게도 선택권을 주고 의사결정을 할 수 있도록 배려한다.**

□ **결정사항에 따를 수 있는지 물어본다.**

□ **추가적인 정보, 자료들은 필요 없는지 확인한다.**

□ **다양한 의견이나 상충되는 의견에 대한 합의점을 찾는다.**

□ **더 이상 궁금한 점은 없는지 물어본다.**

□ **합의 의견에 대한 정리와 요약을 한다.**

□ **차기 모임이나 계획이 필요한 경우 이를 명확히 한다.**

04 나의 대화 스타일은?

심리학자 프로이드의 주장에 따르면 사람의 스타일은 말하고 행동하는 차이에 따라 다음의 4가지로 나뉜다고 한다.

분석형 커뮤니케이션 스타일 (Analytical Communication Style)

분석형스타일은 꼼꼼하고 신중하며 다소 비판적인 경향이 있다. 논리적으로 말하는 것을 좋아하고 말수가 적은 편이며 조용하면서도 집요하고 다소 냉정해 보이기도 한다. 또한 전체보다는 세부적인 사항을 중요시하고 다소 까다롭게 질문하는 편이다. 이런사람고 대화할 때는 천천히 논리적으로 말하되 거짓과 과장된 표현을 피해야 한다. 성실하게 수업에 참여하고 앞자리에 앉아 필기도 열심히 하며 적극적으로 질문하고 답하는 사람들을 찾아봅니다.

우호형 커뮤니케이션 스타일 (Amiable Communication Style)

우호형스타일은 심사숙고 하고 조심성이 많은 사람으로 말을 잘 안하는 경향이 있다. 의사결정이 느려 다소 우유부단하게 보이기도 하며 늘 조용조용 말하고 남이 부탁을 하면 거절하지 못해 정작 자신의 일을 못하기도 한다. 인간관계를 중요시 하여 인간적으로 친해져야 말도 잘하고 마음을 여는 스타일이다. 이런 사람과 대화할 때는 천천히 말하고 친밀한 표현을 자주해야 하며, 가능한 성실하게 임해야 한다.

주도형 커뮤니케이션 스타일 (Driver Communication Style)

주도형스타일은 유난히 다른 사람에게 이것저것 요구를 하거나 명령 또는 지시를 잘 내리는 경향이 있다. 특히 자신의 의견을 끝까지 듣지 않고 '그래서 결론이 뭐야?'라며 상대의 말을 끊어버리는 사람들이 여기에 속한다. 이런 사람에게 돌려서 말하거나 차근차근 말하다가는 상대방으로부터 '속 터져 죽겠다'라는 말을 듣게 되므로 신속하고 정확하게 결론부터 말해야 한다.

표현형 커뮤니케이션 스타일 (Expressive Communication Style)

표현형스타일은 유난히 말이 많고 목소리가 크며 제스처가 풍부하다. 또한 감성적이고 유머감각이 풍부하며 누구에게나 친절하다. 상대방이 말할 때 자기가 더 많이 말하려고 말을 가로막거나 갑자기 엉뚱한 화제를 꺼내곤 한다. 사소한 비판에도 상처를 잘 입는 특징이 있다. 이런 사람과 대화할 때는 가능한 열심히 들어주고 칭찬을 많이 해주어야 한다.

〈그림 9-2〉 프로이드의 유형별 대화 스타일

위의 스타일 가운데 자신의 스타일은 어떤 것인지 잘 모르겠다면 다음의 테스트를 통해 진단해 보자.

A유형		B유형	
말할 때 주위에 맞춰주는 편이다	( )	주도권을 쥐고 말하는 편이다	( )
말수가 적은 편이다	( )	말하기를 좋아하는 편이다	( )
다른 사람의 말을 잘 따르는 편이다	( )	다른 사람에게 지시하는 편이다	( )
질문하는 편이다	( )	단정적으로 말하는 편이다	( )
상대의 말에 호응해 주는 편이다	( )	말싸움에서 이기려고 하는 편이다	( )
하고 싶은 말을 자제하는 편이다	( )	하고 싶은 말을 하고 마는 편이다	( )
말이 느린 편이다	( )	말이 빠른 편이다	( )
자기주장을 자제하는 편이다	( )	자기주장을 내세우는 편이다	( )
비밀을 감추는 편이다	( )	비밀을 개방하는 편이다	( )

〈표 9-7〉 유형별 대화 스타일 테스트-1

만약 체크한 내용이 A와 B 중에서 만약 단 하나라도 B가 많으면 B유형에 가까운 것이다. 다음에는 감정을 표현하는 정도를 진단해 보기로 하자.

1유형		2유형	
말할 때 침착한 편이다	( )	말할 때 쉽게 흥분하는 편이다	( )
조용히 말하는 편이다	( )	활기차게 말하는 편이다	( )
업무적으로 말하는 편이다	( )	인간적으로 말하는 편이다	( )
날카롭게 지적하는 편이다	( )	상대방을 배려하며 말하는 편이다	( )
이론적으로 대화하는 편이다	( )	감성적으로 대화하는 편이다	( )
차분하게 말하는 편이다	( )	열정적으로 말하는 편이다	( )
결과를 중요하게 여기는 편이다	( )	과정을 중요하게 여기는 편이다	( )
냉정한 편이다	( )	감정에 좌우되는 편이다	( )
느낌을 나타내지 않는 편이다	( )	느낌을 표현하는 편이다	( )

〈표 9-8〉 유형별 대화 스타일 테스트-2

말투를 나타내는 A, B와 감정을 나타내는 1, 2를 조합해보면 A1, A2, B1, B2의 네 가지 조합 중에 하나가 선택될 것이다. 만약 A1의 조합이면 분석형 스타일이고 A2의 조합이면 우호형 스타일이며 B1의 조합이면 주도형 스타일, B2의 조합이면 표현형 스타일이다.

분석형

분석형은 문성근 스타일과 비슷하다. 상대방과 대화를 나누는데 더 많은 시간을 할애하고 감정을 표현하려 애써야한다. 특히 냉담하거나 예의 바르지 못한 자세를 보여 사람들과 거리를 두는 것처럼 비춰지지 않도록 주의 해야한다.

우호형

우호형은 임현식 스타일과 비슷하다. 보다 많이 표현하고 활발하게 행동하며 대화 내용의 세부사항에 대해 지나치게 꼬치꼬치 따지거나 말하는 것을 자제해야 한다. 특히 고집이 센 사람으로 생각되지 않도록 주의하며, 의사소통과정에서 보다 결과 중심적인 표현을 하는 것이 중요하다.

주도형

주도형은 최민수 스타일과 비슷하다. 적게 말하고 많이 듣는 연습을 통해 대화를 너무 주도하지 않도록 주의해야한다. 특히 직설적인 표현이나 예의바르지 못한 언행을 보여 거만한 사람으로 여겨지지 않도록 신경을 써야한다.

표현형

표현형은 강호동 스타일과 비슷하다. 적게 말하고 많이 듣도록 애쓰며 세부사항과 사실적인 내용에 초점을 맞춰 이야기 해야한다. 특히 주제에 집중하고 감정적이 되지 않도록 주의해야 한다.

〈그림 9-3〉 유형별 대화 스타일

참고문헌

공문선(2014). 전략적 대화법. 흐름출판.

연문희(2004). 참 만남을 위한 한 쌍의 대화. 학지사.

이종목 이계윤 김광운(2013). 스트레스를 넘어 건강한 삶 가꾸기. 학지사.

Kurtz S. et al(1998). Teaching and Learning Communication Skills in Medicine. UK, Radcliff Medical Press. PP316–321.

10 읽기 전략

1. 일반적인 독서 전략

2. 읽기 전략의 단계

3. 어떻게 읽을 것인가
   1) 준비하기 (preparation)
   2) 훑어보기 (breadth)
   3) 더 자세히 읽기 (depth)

독서의 진정한 기쁨은
몇번이고 그것을 되풀이하여 읽는데 있다.
—D.H.로랜스

10 읽기 전략

<학 생 사 례>
민수는 재미나 오락위주로 흥미로운 소설이나 잡지를 읽을 때는 시간가는 줄 모르고 밤을 지새우면서 책을 읽는다. 그러나 교양이나 전공수업에 참여하기 위하여, 시험공부를 위하여, 리포트를 작성하기 위하여 전공서적을 읽을 때는, 한 줄 만 읽어도 자꾸만 눈이 감기고 나른해 지고는 한다. 숙제를 해야 한다거나 과제물을 제출해야 하는 부담을 가지고 읽을 때는 왠지 읽어나가기가 쉽지 않았다

공부의 핵심은 정보를 읽어내는 힘이다. 우등생의 실력 뒤에 숨어 있는 또 하나의 능력은 정보를 빠르게 보고 핵심을 정확하게 짚어내는 것이다. 그야말로 어떤 눈으로, 어떻게 보느냐에 따라 성적이 달라질 수 있다는 것이다. 시험문제의 글자나 모양을 제대로 보지 못해 엉뚱한 답을 낸다거나, 양말을 짝작이로 신고 외출해 창피를 당한다거나 늘 물건을 잃어버리거나 두고 나온다거나, 표지판을 자주 지나친다거나 하는 일 등, 읽기 능력이 좋지 않은 사람의 경우, 자신에게 필요한 정보를 수집하는데 꽤 오랜 시간이 걸린다. 뿐 만 아니라 책을 읽을 대 시각적인 글에 집중하지 못해 내용 파악은 물론, 끝까지 읽어내는 것조차 버거운 경우가 많다(김태환 2013).

한마디로 읽기능력이란 정보수집에 있어 가장 기본적인 능력인 '눈에 보이는 정보를 읽어내는 힘'과 정보를 선택하는데 필요한 주의력을 의미한다. 읽기능력이 좋은 사람은 글자나 그림을 주의 깊게 보고 필요한 정보를 놓치지 않는다. 이렇듯 주변 자극에도 불구하고 눈에 보이는 정보들을 얼마나 정확하게 머릿속에 입력하고 활용하느냐는 읽기능력이 좋은 사람과 그렇지 않은 사람으로 구분 짓는 중요한 요소가 된다. 읽기 능력은 선택적 주의력에 속하는 것으로 주어진 자극 안에서 필요한 정보를 얻는데 필수적인 능력으로 주어진 상황을 비교. 분석하는 것은 물론, 불필요한 단서를 버리고 필요한 것만을 선택할 수 있도록 도와주는 것이 바로 읽기능력이다.

나의 읽기 능력은 어느 정도인가를 테스트 해보기로 한다(토니부잔, 1994)

내 용	√체크
1. 시험문제를 끝까지 다 읽지 못해 맞는 걸 골라야 하는데 틀린 것을 고르는 경우가 있다	
2. 수학부호를 혼동해 아는 문제도 틀리는 경우가 있다	
3. 학용품이나 물건을 자주 잃어버린다	
4. 온통 녹색 투성이인 채소 코너 앞에서 원하는 채소를 찾지 못해 한참을 머뭇거린 적이 있다	
5. 길을 가거나 운전을 할 때 표지판을 그냥 지나치는 경우가 많다	
6. 휴대폰을 어디에 뒀는지 몰라 한참을 찾다 전화를 걸어 보고서야 찾는다	
7. 틀린 그림 찾기나 숨은 그림 찾기를 잘 못한다	
8. 바닥에 놓여진 물건을 밟고 지나가는 경우가 많다	
9. 도시락이나 지갑을 책상위에 두고 나가는 경우가 많다	
10. 방금 본 책을 어디에 두었는지 몰라 한참을 찾다 바로 옆에 있는 것을 발견하곤 한다	
해당 부분에 √체크 하세요	

〈표 10-1〉 나의 읽기 능력은 어느 정도일까?

[평가]

해당문항이 1~3개

뛰어난 읽기 능력의 소유자

매사를 주의깊게 보고 행동하는 당신은 읽기 능력이 우수할 뿐 아니라 불필요한 주변자극에도 방해받지 않는 뛰어난 집중력을 지니고 있다. 모든 일을 정확하게 짚고 넘어가는 스타일로 당신 사전엔 '대충대충'이란 말은 없을 것!

해당문항이 4~7개

의지만으로는 No! 좀더 꼼꼼하게, 좀 더 확실하게!

심각한 수준은 아니지만 방심은 금물! 습관을 바꾸기란 쉬운 일이 아니다. 습관이 되기 전에 자신을 돌아보자. 언제나 발전하기 위해선 그만한 노력이 뒤따르는 법! 결과에 급급해 모든 일을 성급하게 처리하기 보다는 꼼꼼히 확인하는 습관을 들이자.

해당문항이 8~10개
얼렁뚱땅 기분파, 이제는 꼼꼼하게 자기 관리에 돌입하자! 무순일이든 대충보고 대충 넘어가는 당신, 지나고 나서 후회하는 타입이다. 약간의 방해 요인만 있어도 자신이 뭘 하려 했는지, 무엇을 해야 하는지 헷갈리고 실수하기 일쑤. 평소 자신이 봐야하는 것을 주의 깊게 보는 읽기 능력을 길러보자!

읽기란 텍스트를 이해하는 고도의 지적 행위이다. 여기서 말하는 텍스트란 넓은 의미에서 문자언어로 기록된 텍스트와 음성언어로 발화된 텍스트 모두 포괄하는 개념으로 이해할 수 있다. 상황에 따라 글이나 책이란 용어를 같은 의미로 사용하기로 한다.

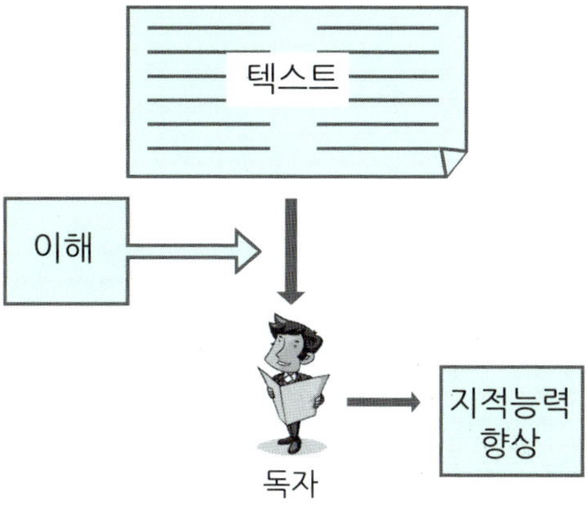

〈그림 10-1〉 읽기 원리

대체적으로 공부를 잘하는 학생은 자신이 세운 목표에 대한 집중도가 높고 자신이 보고자 하는 것, 알고자 하는 것에 대해 끊임없이 파고들기 때문이다. 읽기능력은 공부할 때 가장 기본이 되는 요소로서 책을 읽고 이해하는 능력, 수업시간에 칠판에 적힌 내용을 필기하는 능력 등 독서를 통해 이루어지는 학습대부분을 말한다.

읽기와 관련하여 비판적 읽기를 해야 할 경우에는 능동적으로 생각하며 텍스트를 읽어야 하기 때문에 왠지 부담이 간다. 책을 읽으면서 스스로 생각하는 태도가 없다면 의미 있는 책읽기라고 하기 어렵다. 실제로 많은 독자들은 책의 내용이 진리일 것이라는 암묵적인 인식에서 크게 벗어나지 못한다. 이러한 태도는 비판적 읽기의 가장 큰 장애물이므로 이러한 태도와 인식을 지양하도록 해야 한다. 책을 읽을 때에는 단순히 다른 사람이 써놓은 내용을 수동적으로 받아들이기만 해서는 안 되고, 책을 통해 저자와 소통한다는 적극적인 사고로 책의 내용을 분석하고 평가하고 재구성하고 자기 자신의 지식과 교양이 되도록 내재화하는 능력을 길러야 한다(양정호, 2008).

우리가 책을 읽어야 할 경우에 읽기에 사용되는 텍스트는 수업에 사용되는 기본 텍스트와 스스로 찾아서 읽어야 하는 자료 텍스트의 두 종류가 있다. 기본 텍스트는 장차 쓰기 활동에 사용될 것을 고려하여, 수업에 참석하기 전에 미리 읽어 가도록 한다. 자료 텍스트는 스스로 찾아서 읽어야 하는 참고 문헌이므로 수집에서부터 읽고 정리하는 데 필요한 방법을 체득할 필요가 있다. 올바른 읽기의 기본자세가 비판적 읽기라고 할 때, 비판적 읽기를 잘하기 위해서 무엇보다 중요한 것은 글의 논증구조를 분석하고 평가하는 일이라고 할 수 있다. 실제로 우리가 읽게 되는 많은 책들 속에는 전제와 결론이 분명히 구별되어 나타나 있지 않거나, 이것들이 서로 복잡하게 얽혀 있는 경우가 많다. 따라서 논증의 전제와 결론 사이의 관계를 정확하게 분석하고 분석된 논증의 타당성을 비판적으로 평가하는 작업이 필요하다.

01 일반적인 독서 전략

(1) 책을 이해한다는 것은 내가 이미 알고 있는 것에 책의 내용을 연결시키는 작업이다. 자기와 아무 관련도 지을 수 없는 책은 무의미하고 이해할 수도 없다. 내가 받아들일 준비가 되어 있지 않은 책을 억지로 읽으면 남는 것은 아무것도 없을 것이다. 한편으로 나에게 맞는 책, 내가 잘 이해할 수 있는 책을 찾아 읽고, 다른 한편으로는 나 자신의 이해 지평을 확장시키기 위한 노력을 해야 한다(김태환, 2008).

(2) 책을 읽으면서 문제의식을 키우고 마음속에 품고 있는 문제를 해결하기 위해 새로운 책을 찾아 읽는다. 좋은 책은 완전한 해답을 제공해 주는 책이 아니라, 새로운 문제의식을 자극하는 책, 또 다른 책을 읽고자 하는 욕망을 불러일으키는 책이다.

(3) 책을 읽다가 이해가 되지 않는다고 무조건 던져 버리지 말라. 어떤 책이든 처음부터 끝까지 다 읽고 이해하려는 욕심을 버리자. 읽다가 이해가 도저히 되지 않으면 건너뛰

고, 그러다가 이해가 되는 부분이 나오면 거기에 주목하여 읽어 나가는 것이 좋다. 책의 순서에 얽매이지 않고 책에서 흥미가 가는 부분부터 먼저 읽는 것도 독서의 한 방법이다.

TIP 어려운 책을 읽을땐 책의 순서에 얽매이지 않고,
흥미가 가는 부분부터 먼저 읽는 것도 독서의 한 방법이다.

(5) '필독서 리스트' 같은 것에 너무 부담감을 갖지 말고, 내게 필요하다고 여겨지는 책, 나의 관심사를 불러일으키는 책을 읽자. 친구가 읽는다고 따라 읽을 필요도 없고, 요즘 유행하는 책이라고 무조건 읽을 필요는 없다.

여러분들은 소극적 읽기와 적극적 읽기 중 어느 것을 선택하겠는가? 읽기란 아무런 생각 없이 단순히 글자로 이루어진 인쇄물을 보는 것과 의미를 지니고 있는 언어로 표상화 된 글을 이해하면서 읽어나가는 것, 두 가지로 나눌 수 있다.

Do
· 스스로 답을 찾아야할 질문을 던지면서 읽어본다 · 책의 제목과 표지를 훑어본다 · 책을 반복해서 읽어나간다 · 책을 이해하면서 읽어나간다 · 어려운 부분은 소리 내어 읽는다 · 신체활동을 함께 하면서 읽는다: 풀이과정 등은 반드시 손으로 직접 풀어보아야 한다 · 전문서적을 읽을 때에는 일반책보다 2배 정도의 시간을 할애한다 · 책 읽는 속도를 증진시킨다: 처음에 소설책으로 가볍게 15분에 알람을 맞추어 놓고 알람이 울릴 때 까지 읽고 난후 읽은 내용을 요약하거나 이야기 해본다. 이런 과정을 반복한다 · 저자와 교수의 입장에서 책을 읽는다 - 내가 저자라면 글을 어떻게 쓸 것인가? - 내가 저자라면 어떻게 독자에게 내용을 전달할 것인가? - 내가 저자라면 학생들에게 무엇을 가르칠 것인가?

〈표 10-2〉 적극적 읽기

Don't
· 단어 하나하나씩 읽는다 · 모르는 단어나 용어가 나오면 읽기를 멈춘다 · 무조건 읽는다 · 책의 내용부터 읽는다 · 저자와 분리하여 객관적 입장에서 읽는다

〈표 10-3〉 소극적 읽기

02 읽기 전략의 단계 (CSQ3Rs)

대개의 읽기 과정은 세 가지 주요 단계인 preview(pre-reading, before-reading), read(while-reading), review(post-reading, after-reading)로 이루어진다(Ellis, 1998). 교재를 읽는 단계는 읽기 단계를 어떻게 구분하느냐에 따라서 지금까지 가장 많이 활용되어온 Robinson의 SQ3R 독서법이다. 이 독서법은 읽기를 5단계로 나누어 교재 읽기를 활용해 왔다. 그러나 책을 읽을 때에 단순히 독자의 시각에서 읽는 것이 아니라 저자나 교수의 시각에서 능동적으로 적극적으로 읽을 필요가 있기 때문에 한 단계를 더 추가하여 읽을 필요가 있다. 예를 들어 '만일 내가 이 책의 저자라면 어떤 순서로 어떻게 독자들에게 내용을 전달할 것인가' 혹은 '만일 내가 저자라면 독자들에게 무엇을 가르칠 것인가' 혹은 '어떻게 설명할 것인가'의 저자의 관점과 시각에서 책을 읽는다면 분석적·비판적 사고를 할 수가 있을 것이다. 궁극적으로 독자는 능동적인 자기 주도적 학습을 할 수 있다(Gettinger & Seibert, 2002).

Tip 저자의 관점과 시각에서 책을 읽는다면 분석적/비판적 사고를 할 수가 있다.

따라서 CSQ3Rs 읽기 전략은 기존의 SQ3R(Survey, Question, Read, Recite, Review)에서 1단계 더 추가하여 CSQ3Rs(6단계)에 의해 진행된다.

□ 시각전환(change perspective)

- 과학적인 회의심(scientific skepticism)을 가지고 접근하자.
- 스스로 독립적으로 연구를 한다고 생각하고 읽어보자.
- "왜 이렇게 썼지? 나라면 이렇게 작성할 텐데…"와 같이 스스로 의문을 제기하고 읽어 본다.
- 가정이 논리적인지를 따지면서 읽어본다.

□ 훑어보기(survey)

- 책을 읽기 전에 텍스트에 관한 개략적인 정보를 얻는다.
- 도입문을 읽어본다.
- 제목과 소제목 그리고 책의 요점만을 신속히 살펴본다.
- 삽화나 사진, 통계자료, 그림을 본다.
- 부록 편에 나오는 점검표나 퀴즈 등을 읽어본다.
- 5분정도 시간 할애를 한다.

□ 질문하기(question)

- 처음 보는 내용이나 이해하기 어려운 부분을 찾아서 6하 원칙에 따라 의문 형식으로 바꾸어 본다.
    - 큰제목과 소제목을 의문 형식으로 바꾼다.
    - 적극적으로 의문을 갖는다.
    - 가능한 해답을 추론해 본다.
- 읽기 과제를 실제로 읽어 가는 단계로서 읽기, 밑줄 긋기와 답하기를 한다.
- 본격적인 읽기에 들어가기 전에 구체적인 질문을 자신에게 던짐으로써 구체적인 해답을 구하게 된다.

□ **집중하여 읽기(read)**

- 질문에 대한 답을 찾아가며 능동적으로 읽는다.
- 질문에 답을 찾아갈 학습내용을 끝까지 읽는다.
- 요점을 알 수 있는 주요단어와 구절들에 밑줄을 그어보자.
- 중요한 정의나 공식, 시험문제가 될 만한 것에 별표나 감탄부호 혹은 의문부호를 사용한다.
- 각 페이지의 여백에 자신의 말로 이해하기 쉽게 중요한 점을 요약해둔다.
- 어려운 부분은 손가락이나 연필로 지적하고 읽는다.
- 머리는 움직이지 않고 눈동자만 움직인다.

□ **암송하기(recite)**

- 읽은 내용을 자신이나 제3자에게 말해보는 것이다.
- 밑줄 친 부분이나 특별히 강조한 부분을 다시보고 난 후 크게 소리 내어 말해본다.
- 책을 보지 말고 자신의 말로 요점을 이야기 해보고 친구들과 토의해본다.
- 중심개념을 파악하여 요약한다.
- 자료를 재조직하고 의미를 부여한다.
- 전후 맥락 및 상황과 관련지어 암기한다.
- 24시간 내에 읽은 내용 전체를 다시 훑어본다.

□ **복습하기(review)**

- 익힌 내용을 구두로 혹은 글로 요약하고 정리해 본다.
- 저자와 이야기를 한다면 어떤 내용을 어떻게 비판할 수 있는지 생각해본다.
- 자신이 공부한 내용을 다른 사람에게 가르칠 수 있다고 생각해본다.
- 시험문제 출제자라면 어떤 문제를 출제할지를 생각해본다.
- 공부한 내용을 실생활에 어떻게 응용할 수 있는지 생각해본다.

03 어떻게 읽을 것인가?

<학 생 사 례>
기억에 오래 남기 위해서는 여러 번 보는 것만큼 좋은 방법은 없다. 처음에는 정독을 해서 이해하는데 중점을 두고 그 이후에는 반복적으로 그냥 책 읽듯이 여러 번 읽는 것이 좋다. 예를 들어 우리가 서울에서 부산까지 일주일이 걸려 천천히 주변광경을 꼼꼼히 살피면서 걸어서 가는 방법이 있고, 하루에 한 번 서울에서 부산까지 기차를 타고 가는 것을 10일 동안 반복하는 방법이 있다고 하자. 이 두 가지 방법 가운데 어떤 것이 길 주변에 무엇이 있었는지를 잘 기억해 낼 수 있을까? 첫째 방법은 아무리 꼼꼼하게 주변을 살피더라도 부산에 도착할 즈음에는 많은 것을 잊어버리고 처음 출발하는 서울 주변에 무엇이 있었는지를 기억하기가 쉽지 않을 것이다. 그러나 두 번째 방법은 처음에는 빠르게 스쳐 지나왔지만 반복적으로 본 것에 대해서는 훨씬 더 많은 것을 기억해 낼 수 있다.

우리는 시력이 나쁘면 안경을 사용하게 된다. 나의 시력에 알맞은 안경을 사용하면 잘 보이듯이 교재 읽기도 마찬가지이다. 전문서적을 읽기 위해서는 준비과정과 나에게 알맞은 읽기 활동이 필요하다.

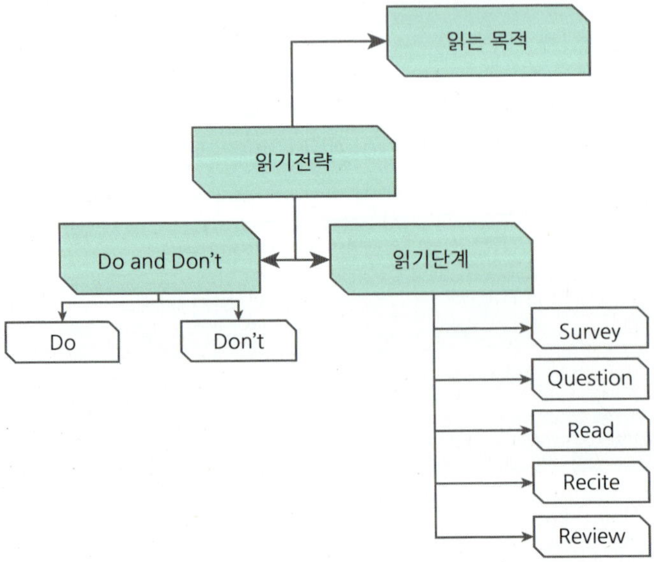

〈그림 10-2〉 START: Strategic Arms Reduction Talk

1) 준비하기 (Preparation)

교재를 각자의 기호에 따라 처음부터 읽어 나가려고 할 때, 재미있는 소설책이나 만화책을 읽으면 진도가 잘 나갔지만 전문서적은 한 페이지를 넘기면 무슨 말인지 몰라 지루해지곤 한다. 그래도 밤을 새워 읽어 보지만 무슨 말인지 몰라 나중에는 제목 한 개, 혹은 문장 몇 개만 겨우 기억할 뿐이다. 예습단계의 읽기는 훑어보기로 자세한 내용을 일일이 기억하고 적을 필요가 없다. 그러나 복습단계의 읽기는 정독으로 이해가 되지 않는 부분은 집중적으로 발췌해서 읽는다. 이럴 때에는 몇 가지 단계를 따라 읽으면 재미있게 읽을 수 있다.

□ 왜 읽는가?

책을 읽는 목적에 따라 교재 읽기가 달라진다. 우리들은 주로 숙제, 레포트, 과제 때문에 책을 읽는다. 이 교재에서 무엇을 끌어내야 하는지에 따라 읽기가 달라진다. 단순히 흥미위주로 책을 읽을 것인지 비평·분석까지 해야 하는지를 결정해야 한다.

□ 분위기를 만든다.

책을 읽을 때 친구가 옆에서 차를 마신다거나 떠들면 시선과 귀가 자꾸만 그쪽으로 가게 된다. 혹은 도서관에서 옆에 예쁜 여자 친구가 있으면 긴장을 해서 공부가 잘될 것 같지만 그렇지 않다. 심리학에서 각성수준이라는 것이 있다. 지나치게 긴장되면 수행수준이 떨어져 오히려 공부하는데 방해가 된다. 지나치게 각성수준이 낮아도 졸리거나 나른해져 수행수준이 떨어진다. 그러므로 중간정도의 각성 수준을 유지하는 것이 좋다.

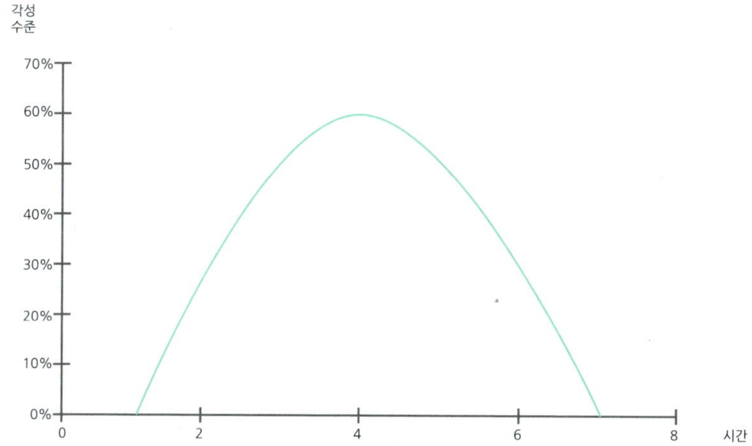

〈그림 10-3〉 수행수준 정도

▸ 지나치게 흥분되면 수행수준이 낮아진다.
▸ 졸리거나 나른해 지면 각성수준이 낮아진다.
▸ 나만의 조용한 곳을 찾는다.
▸ 주위를 빼앗는 단서나 자극이 있으면 피한다.
▸ 읽기 목표량을 정하고 1시간에 5분정도의 휴식 시간을 규칙적으로 갖는다.
▸ 글의 내용이 다른 내용에 비해 난해한 경우 30분 정도 읽고 휴식을 갖는다.

□ 준비물 갖추기

책을 열심히 읽다가 메모를 해둘 필요가 있어서 필기도구나 메모장을 찾으러 가면 주위가 흩어지게 된다. 책을 읽기 전에 필기도구나 메모장을 미리 갖추고 이 책에서 무엇을 얻고자 하는지를 생각하면서 읽어야 한다.

□ 무엇을 읽을지 결정하기

▸ 무조건 읽지 말고 생각하면서 읽자
▸ 저자는 무엇을 했는가를 생각하면서 읽자 : 책의 서두에 있는 저자의 말이나 글을 읽는다.
▸ 제목과 요약 결론 읽기: 관심 있는 부분인데 잘 모르겠다고 생각하면 결론이나 요약 부분에서 나에게 필요한 책인지 아닌지를 알 수 있다.
▸ 결정하기: 지금 당장 필요하지는 않지만 나중에 필요할 것 같다고 생각하면 파일 하나를 만들어서 저장해 놓거나 보관해 놓는다.

어떤 책이나 부분을 읽어야 할지 결정을 하지 못했을 때에는 계속하여 그 책을 읽기보다 일단 그것을 저장하여 다음에 다시 보자. 시간이 지난 후에 그 부분을 보면 훨씬 더 선명하게 선택할 수 있다. 자이가닉 효과(Zaigarnik effect)에 의하면 미처 끝내지 못하고 다 읽지 못한 일은 우리들로 하여금 긴장감을 불러일으켜 그 생각이 머리에서 떠나지 않고 반복해서 떠오르는 것이며, 그로 인해 기억의 흔적은 더욱 뚜렷해지게 된다. 이처럼 일을 다 해결했던 사람들은 중도에서 한번 방해를 받았던 사람들에 비해 더 많은 시간을 투자했음에도 불구하고 문제에 대한 회상율도 낮고 문제 해결력도 미약하다(Ellis, 1998).

자이가닉(Zaigarnik)현상이라는 말은 여성심리학자의 이름을 본뜬 것이다. 자이가닉은 32명의 성인 피험자들에게 수수께끼나 암산문제를 풀게 하는 실험을 하였다. 문제를 풀다가 해결하지 못하고 갈등을 일으키는 상황에서, 절반의 피험자들에게는 모든 문제를 계속해서 풀 수 있도록 하였고, 나머지 피험자들에게는 중도에서 그만두게 한 후 시간이 지난 뒤 그 문제를 풀게 하는 것을 반복하였다. 몇 시간이 지난 후에 각자에게 제시되었던 문제를 비교해본 결과 시간이 흐른 뒤에 문제를 풀게 했던 피험자들이 더 선명하게 기억하고 문제해결력도 높았다.

Not all papers are 'good'
Not all papers are 'interesting'
Not all papers are 'worthwhile' for you

2) 훑어보기 (breadth)

어떤 책을 읽을 것인지를 결정하고 준비단계가 끝났으면 훑어보기를 한다. 훑어보기를 통해 앞으로 어떤 내용이 전개될지 미리 예측하고 추론해 볼 수 있다. 또한 수업 전에 미리 훑어봄으로써 동기가 부여되어 수업에 적극적으로 참여하게 된다. 지금부터 어떻게 읽을 것인가를 알아보기로 하자.

□ 단락, 제목 읽기

교재를 읽다가 단어가 자꾸 막히면 사전을 찾다가 내용을 못 읽는 경우가 있다. 특히 영어 교재를 읽을 때 단어를 찾다가 내용을 읽지 못하는 경우가 종종 발생하고 금방 지치게 된다. 그럴 때는 단락이나 제목을 읽고 그런 다음 큰 줄기를 가지고 읽어 나가다가 대충 내용이 파악되면 넘어간다. 넘어가서 큰 단락을 유추해 보면 내용이 파악된다.

□ 서문과 목차 읽기

서문과 목차를 보면 어떤 문제가 책의 어느 부분에서 다루어지고 있는지를 알 수 있다. 나의 관심사에 비추어 반드시 읽어야 할 부분, 읽어두면 좋을 것 같은 부분, 읽지 않아도 될 부분을 구분해 둔다.

□ 본문 읽기

본문을 볼 때도 소제목이나 각 단락의 첫 문장이나 마지막 문장 등을 유의하면서, 주의깊게 읽을 부분과 대강 보고 넘어갈 부분을 구분해 둔다. 무조건 열심히 읽을 것이 아니라, 본문 속에서 강조 표시된 개념이나 문장을 골라 읽는 것도 짧은 시간 안에 중요한 정보를 얻을 수 있는 좋은 방법이다. 본문에서 중요하다고 여겨지는 개념과 진술에 밑줄이나 강조 표시를 하면서 읽는다. 나중에 찾아보기 쉽게 해당 페이지에 포스트잇을 붙여둔다.

□ 표, 그래프, 캡션 읽기

교재를 읽다가 보면 결과를 표로 제시하는 경우가 많다. 표나 그래프를 통해서 저자가 말하고자 하는 내용을 파악할 수 있다. 그렇게 하여 전체의 틀을 파악한다.

ㅁ 누가, 어디에, 언제 작성되었는지 읽기

어떤 저자가 어느 논문에 게재한 내용인지 혹은 최근에 작성된 것인지를 보고 읽자. 그렇게 함으로써 책의 내용과 관련된 부분을 파악할 수 있다.

□ 참고 문헌 훑어보기

교재의 뒷부분에 있는 참고문헌이나 출처를 훑어봄으로써 저자와 관련된 연구를 파악할 수 있다.

□ 시간 활용하여 읽기

책을 읽기 위해 가능한 한 많은 시간을 투자해야 하지만 그것보다 더 중요한 것은 주어진 시간을 효율적으로 활용하는 것이다. 예컨대 200페이지 분량의 자료를 읽을 시간이 있다고 할 때, 그것을 200페이지 분량의 책 한권을 읽는데 사용하는 사람보다는 여러 권의 책이나 논문 가운데서 내가 반드시 읽어야 할 부분을 추려서 200페이지를 읽는 사람이 훨씬 더 많은 정보를 얻어낼 수 있을 것이다.

3) 더 자세히 읽기 (depth)

과학적인 회의심(scientific skepticism)을 가지고 책읽기를 한다. 나도 과학자라는 생각을 가지고 독립적으로 연구를 한다고 생각하고 읽으면 된다. "저자가 왜 이렇게 썼을까? 나라면 이렇게 썼을 텐데…"라고 스스로 질문을 하면서 읽으면 되겠다.

□ 가장 자세히 보기

- 가정이 논리적인지
- 이전 연구들과 어떤 관련이 있는지

□ 방법 자세히 보기

- 저자들이 주장한 것이 제대로 측정되어 있는가? 그림이나 도표로 나타낼 수 있다.
- 저자들이 관찰한 것이 충분히 설명하고 있는가? 저자의 의도를 말이나 이야기로 나타낼 수 있다.
- 적당한 통제가 있었는가? 예를 들면 '내가 만일 이 실험을 했을 때 방법이나 절차가 타당한가? 여기 쉬는 시간이 빠져있군…'
- 표준방식으로 테스트 되었는가? 예를 들면 '공격성'에 대한 내용에서 "차라리 잔소리하느니 한대 때려주지."라는 말이 모욕이나 비방에 해당되는지 등을 생각하며 읽는다.

□ 넓고 깊게 반응하면서 읽기

좋은 책을 구분하고 시간을 현명하게 사용하는 법을 알아야 하며, 넓고(breadth), 깊게(depth), 반응하면서(react) 읽어나가는 것이 좋다.

전형적인 책의 구성은 대체로 제목, 저자의 말, 목차, 서론, 방법, 결과, 논의 및 결론과, 참고 문헌으로 이루어진다. 책의 제목을 살펴보고 그다음 저자의 말을 읽어보면, 대체로 이 책의 내용이 무엇이며 어떻게 구성되어 있는지 대략 파악된다. 그리고 목차를 읽어보고 서론을 봤는데도 잘 파악이 되지 않으면, 결과와 요약부분을 살펴본다. 대체로 그림, 수치 등으로 표현된 결과를 보면 내용의 파악이 더 쉬워진다. 마지막으로 참고문헌이나 인용부분을 통해 누구의 논문과 저서를 인용해서 작성되었는지 하나도 빠짐없이 다 밝혀져 있는지를 살펴본다. 책을 읽으면서 떠오르는 아이디어나 의문사항, 비판할 점 등을 여백에 적어놓거나 아이디어 노트에 기록해 둔다.

□ 통계 자세히 보기

만약에 외국에서 유학을 하거나 공부를 하게 되면 외국어로 수업을 듣거나 읽는 것이 쉽지 않을 것이다. 이럴 때 통계를 이용하면 많은 도움이 될 수 있다. 통계를 통한 시각 자료는 관련내용을 집약적으로 보여주는 중요한 자료이기 때문이다. 통계를 읽을 때는 다음의 과정이 필요하다.

- 적절한 통계 검증이 있는가?
- 오차분석을 적절히 하는가?
- 결과들이 통계적으로 유의미한가?

□ 결론 자세히 보기

- 관찰결과를 논리적으로 따르는가?
- 관찰된 효과를 위해 다른 설명이 있는가?
- 저자가 지적하지 않은 다른 내용이나 결론이 있는가?
- 비판적 사고로 보는가?

□ 읽기 습관화하기

무엇인가를 읽어야 한다고 생각하면 어려운 과제나 일거리가 된다. 소설을 잘 읽을 수 있는 것은 부담이 없기 때문이다. 만일 소설을 읽고서 그에 대한 숙제를 하라고 하면 소설을 읽는 것도 재미가 없을 것이다. 책을 수시로 신문 읽듯이 읽거나 커피숍에서 친구 기다리면서 교재를 읽는 것도 부담 없이 읽을 수 있는 방법이다. 일반적으로 반복해서 여러 번 보게 되면 단기간 동안 적은 정보의 양을 저장할 때나 공부하는 내용이 빈번하게 사용될 때 유용한 것으로 알려져 있다. 반복해서 읽으면 자연스럽게 암기가 된다고 보고하는 학생들이 많다.

<학 생 사 례 1>
세 번, 네 번 정도 봐요. 여러 번 보는 게 좋은 점이 한 두 번 정도 보고 나면 세부적인 내용을 이해하는데 큰 맥락은 잘 생각이 안 나거든요. 여러 번 보게 되면 큰 맥락을 잡게 돼요. (남학생 3학년)

<학 생 사 례 2>
암기는 기본이죠. 외운다고 끝나는 게 아니잖아요. 벼락치기를 하면 금방 외워져도 금방 잊어버리게 되고, 아무래도 평소에 시간을 갖고 반복해서 읽으면 자연스럽게 암기가 되고 지속적으로 기억돼요. (남학생1학년)

□ 욕심 줄이기

대학교 3.4학년 때는 순수하게 자기만의 아이디어를 가질 수 있는 시기이다. 신입생이나 저학년 때에는 책을 나누어서 읽는다. 오늘은 서론 부분 읽고 다음은 본문을 읽는다. 혹은 오늘은 주요부분 읽고 내일은 쉬었다가 다음날 다시 읽는다. 무슨 일을 할 때 아이디어가 너무 앞서 가면 보통수준의 각성이 일어날 때 보다 수행이 잘 되지 않는다. 많은 학생들이 음악을 들으며 자료를 읽는 경우가 많은데, 음악을 들으면서 책을 읽는 학생의 이해력은 조용한 곳에서 책을 읽는 학생의 이해력에 비해 낮다(Flemming, 1997).

□ 스토리 만들며 읽기

책을 읽다가 '주제가 무엇이지?' 혼자서 중얼 중얼 하면서 읽는 것도 한 가지 방법이다. '이런 것은 이렇게 하면 어떨까?' 라고 혼자서 이야기를 만들면서 읽는다. 다음과 같이 기본적 맵핑법을 이용하여 책의 내용을 이야기로 만들어 낼 수도 있다.

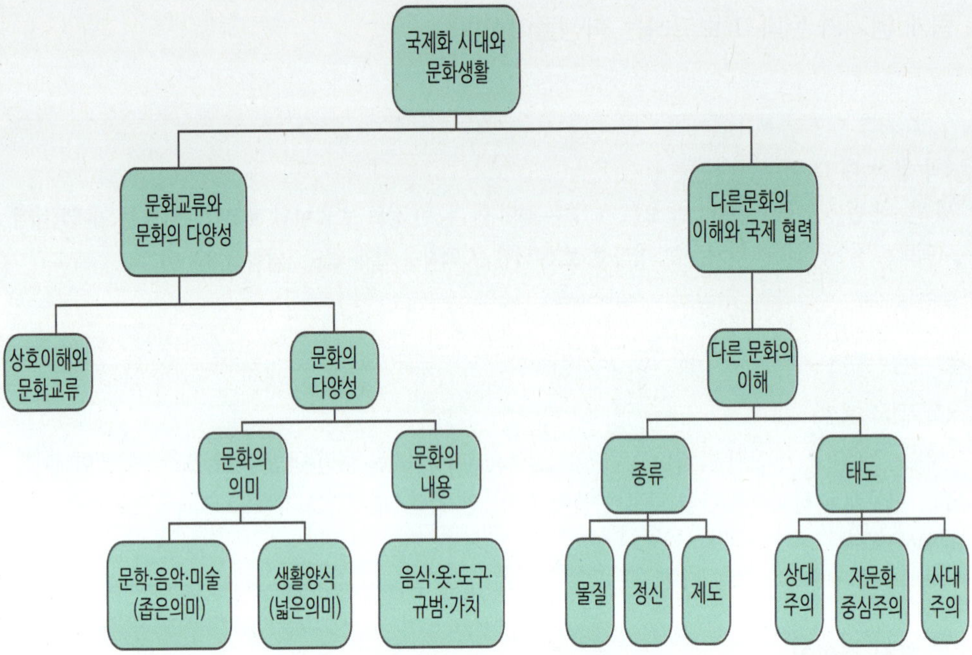

〈그림 10-4〉 기본적 맵핑법의 예

□ 심상 이용하기

책의 내용에 담긴 참가자라고 생각하고, 저자의 심상을 이야기 한다거나 심상을 이용하여 나름대로의 스토리를 꾸며보면서 책을 읽는다. 예를 들어 문화 충격에 관한 글을 읽고 있을 때, 자신이 생전 처음으로 낯선 외국 땅에 갔다고 상상해보고 여러 가지 상황에서 자신이 어떤 모습을 하고 있을 지 마음속으로 그림을 그려본다. 이것은 일종의 읽기 주제에 관한 감각을 기르는 것과 유사하다.

□ 알려주기, 토론하기

친구에게 이야기 하듯이 책을 읽고 "…이러이러했는데, 그렇게 했대…"라고 알려준다. 그러면 친구가 그 내용의 결과는 어떠했는지 질문했을 때, 대답을 못하게 되면 친구에게 알려주기 위해서 다시 그 부분을 찾아보게 된다. 친구들에게 여러 번 이야기 하듯이 알려준다.

□ **표시하며 읽기**

책을 읽을 때 밑줄을 긋거나 어떤 표시를 하는 목적중 하나는 다시 보기를 해야 하는 것을 표시함으로써 특히 시험공부를 할 때 많은 시간을 절약하기 위해서이다. 운동 감각학적으로 몸동작이나 밑줄을 그어가면서 읽는 것은 무엇인가를 기억하도록 도와준다(Ellis 1998). 그렇다고 너무 빈번하게 밑줄 긋기나 표시를 하면, 시험공부를 위해 복습을 할 때 중요한 것을 다시 본다는 의미가 없어진다. 10%이하의 표시가 이상적이다. 표시를 함으로써 좋은 점은 능동적이고 적극적으로 책을 읽게 되는 것이다. 중요한 것을 찾기 위해 집중하게 되고 눈으로만 읽는 단조로움에서 벗어날 수 있다. 동시에 표시된 중요한 문장이나 구절에 주의를 집중하여 다음에 다시보기를 할 때 시간이 절약될 뿐 아니라 적극적인 자세로 공부한 것이 기록되어 성취감을 느낄 수 있다. 표시를 할 때에는 교수님이 중요하다고 하시는 것은 특별히 테두리를 하거나 형광펜으로 표시를 해둔다. 예습을 할 때에는 먼저 연필로 자신 스스로 핵심사항이라고 판단되는 부분을 표시해 둔다. 그리고 수업에서 강조하는 부분과 비교해 보며 연필로 체크한 부분을 지워나간다. 복습을 할 때에는 특별히 이해가 어렵거나 암기가 잘 안 되는 부분은 따로 표시를 해둔다.

참고문헌

김태환(2013). 자료읽기. 서울대학교 교수학습개발센터 글쓰기 교실.

양정호(2008). 텍스트 읽기와 쓰기 교육. 텍스트 언어학 24, 101-127.

전명남(2003). The Korean Journal of Educational Psychology. 17. P. 469-489.

토니부잔(1994). 반갑다마인드맵. 사계절.

Ellis(1998). Becoming a master student. Boston. Houghton Mifflin Company.

Flemming, L.(1997). Reading for thinking. (2nd ed.). Boston: Houghton Mifflin Co.

Gettinger & Seibert(2002). Contributions of study skills to academic competence. School Psychology Review31. 335-365.

11 리포트/논문 작성법

1. 리포트의 구성 요소

2. 보고서(Report) 작성의 6단계
   1) 연구주제 결정
   2) 아이디어 만들기
   3) 자료검색과 수정
   4) 개요작성
   5) 글쓰기
   6) 검토와 수정

3. 논문의 구조와 논증의 이해
   1) 논문의 구조
   2)논증의 절차와 방법

11 리포트/논문 작성법법

<학 생 사 례 2>

대부분의 사람들은 리포트를 단지 과제로만 취급하는 경향이 있다. 보통 한과목당 리포트가 2편 있고, 한 학기에 7과목, 졸업할 때 까지 8학기라고 친다면, 우리는 대학 재학 중에 적어도 100편 이상의 글을 쓰게 된다. 1학년 때부터 자신의 리포트를 꾸준히 모아보자. 리포트는 자신의 글쓰기의 과정이 녹아들어간 학습의 결과물이다. 리포트를 모아두는 것은 자신의 4년 동안의 역사를 볼 수 있는 자료임과 동시에 대학시절 동안 무엇을 배웠는지 한 눈에 볼 수 있는 훌륭한 도구가 된다. 리포트를 소중히 여겨 학점의 도구가 아닌 자기 주도적 학습도구라고 생각하고 적극적으로 작성하도록 하자.

대학학업의 가장 근본적인 목표는 다른 사람의 견해에 맹목적으로 의존하지 않고 독자적으로 생각하는 능력을 기르는데 있다(김준성 2012). 학생들도 대학교육을 통해 기존의 지식을 나름대로 소화하고 이로부터 새로운 지식을 창조하는 방법을 터득하여야 한다.

이러한 방법의 핵심에 놓여 있는 것이 바로 글쓰기다. 단순히 머릿속에 저장된 생각들을 논리적으로 정교화하는 작업 전체를 우리는 글쓰기라고 한다(김준성 2012). 그렇다면 지금부터 학문적 글쓰기인 리포트 작성의 능력을 증진 시키는 방법과 여러 층위의 요소들을 생각해 보기로 하자.

01 리포트의 구성 요소

□ 리포트를 쓰는 목적은 무엇인가? (purpose)

글을 쓰는 목적이 무엇인지를 생각하면서 글을 쓴다. 주로 첫 번째 줄에 쓰는 것이 좋다.

□ 글을 쓰기 전에 의문점은 무엇인가? (question at issue)

글을 쓰는 주제의 문제점이나 질문사항이 무엇인지를 파악한다.

□ 글을 작성함으로써 어떠한 정보를 제공하는가? (information)

글을 작성함으로써 독자들에게 제공하는 정보는 무엇인가를 파악한다.

□ 어떠한 개념이나 소주제가 있는가? (concepts)

소주제나 이를 뒷받침할 내용을 파악한다. 주제에서 벗어난 길고 산만한 문장이나 단어를 피하고, 나의 생각을 구체적이고 적절하게 나타낼 수 있는 단어 하나하나를 신경 써서 표현한다.

□ 어떠한 해석/추론을 할 수 있는가? (inference)

주제 문장을 뒷받침하기 위해 사실이나 경험, 구체적 설명, 실례 등을 이용하여 독자로 하여금 나의 글이 충분히 납득이 가도록 근거를 제시하고 유추해 나가는 과정이 필요하다.

□ 관점은 무엇인가? (point of view)

주로 나만의 관점으로 하나의 뚜렷한 생각을 제시해야 한다.

□ 결론은 무엇인가? (conclusion)

본론에서 전개한 주요 내용을 요약하여 주제의 내용에 적합한 말로 표현한다. 문제의 해결점이나 질문의 해답을 제공하여 글 전개 과정에서 내린 나만의 결론이나 제안으로 구성한다. 이때 주의할 점은 서론에서 제시한 목적과 필요성에 합당한 결론을 내리도록 하고, 새로운 내용을 추가하지 않는다.

□ 논리적 함의(implications)와 실질적인 귀결(conseguences)은 무엇인가?

글을 쓸 때 우리는 사고의 함의와 귀결을 제대로 이해하고 있는지에 대해 주목해야 한다.

예1) 지금 창문이 열려 있다(사적인 비밀 이야기를 하면서).

⇒ 함의: 작은 목소리로 말한다.

예2) 낮말은 새가 듣고 밤 말은 쥐가 듣는다.

⇒ 함의: 아무도 안 듣는 데서라도 말조심해야 한다.

대학 생활 동안 리포트를 작성해야 하는 경우가 빈번하다. 교수님께서 리포트를 제출하게 하는 이유는 관심분야에 대한 탐색과 연구의 과정으로 구조적인 지식체계를 수립하는 데 많은 도움이 되기 때문이다. 리포트를 작성하게 되면 글쓰기를 연습하게 될 뿐 만 아니라 자기 공부를 할 수 있는 절호의 찬스가 된다. 지금까지 자료를 찾을 줄 몰라서 혹은 시간이 없어서 어쩔 수 없었다는 핑계를 그만 두고 어떻게 하면 리포트를 잘 작성할지를 보기로 하자.

최근 인터넷에서 성의없이
베껴오는 리포트는
F학점 리포트의 대표주자이다.

A학점 리포트	F학점 리포트
· 내용이 생동감 있고 적당한 속도가 있으며 때때로 호기심을 유발하기도 한다. · 일관된 문체를 가지고 있으며 내용들이 모두 정확하게 하나의 주제를 향한다. · 리포트를 읽으면서 학생의 노력과 정성을 느낄 수 있다. · 교수는 학생이 교수의 의견을 주의 깊게 살피고 그 의견들을 전달해 준 언어에 대해 고민했다는 것을 확신한다.	· 누구나 다 아는 내용을 써놓아 지루하여 눈에 거슬린다. · 글의 구조가 없거나 모호하고 지루하여 재미가 없다. · 같은 내용을 조금 다른 언어 아니면 같은 말로 반복한다. · 나타내고자 하는 내용에 모순점이 보이고, 틀린 문법, 오자로 가득하다. · 이것저것 내용을 짜깁기 한 내용이다.

〈표11-1〉 A학점 리포트와 F학점 리포트

학술적 글의 종류

• article

신문이나 잡지 또는 논문집에 게재되는 비교적 간단한 논문을 일컫는다.

• monograph

본래는 박물학의 논문으로서 잡지에 게재되거나 책자로 단독으로 간행되는 것을 의미했다. 그러나 지금은 학문의 분야에 관계없이 이 용어가 쓰이며, 논문이 다루는 주제의 전문성이 강조된 용어라고 볼 수 있다.

• essay

일반적이고 포괄적인 의미의 '논문'이다.

• dissertation, thesis

주로 학위 논문을 일컫는 말인데, 보통 전자는 박사학위 논문을 후자는 석사학위 논문을 칭한다.

• paper

일반화된 용어로서, class paper, course paper, term paper를 통틀어 college paper라고 부른다. 논문과 리포트를 엄격히 구별한 용어는 아니다. 리포트의 원래의 의미에 '논문'

이란 뜻은 없고, 학생들 사이에서 이것으로 얻어진 사실이나 결과를 정리하여 보고하는 것을 말한다. 그러나 리포트에 저자의 의견이나 주장이 들어가면 논문다운 성격을 지니게 된다.

• **lecture protocol :**
강의 노트를 작성하여 강의내용을 모두 필기한다. 학기말에는 자기 생각을 재정리하여 교수님의 강의를 듣고 책을 한권 쓰는 것이다. 이글의 목적은 강의를 잘 이해했는가를 측정하고 스스로 명제화해서 작성을 하는 것이다.

02 보고서(Report) 작성의 6단계

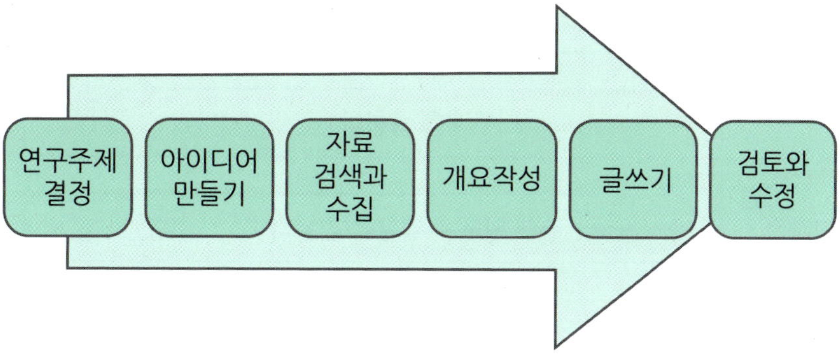

〈그림 11-1〉 리포트 작성의 6단계(김준성 2012)

1) 연구 주제 결정

자유 주제의 경우 해당과목의 연관성을 살려서, 잘 알고 있는 범위 또는 자신에게 흥미롭고 관심 있는 분야의 주제로 결정한다. 교수님이 주제를 결정해 주신 경우 주제를 잘 이해하고 있는지를 확인해 본다. 대학의 여러 교과과정 및 학문 연구에서 이루어지는 글쓰기를 학술적 글쓰기(academic writing)라고 부르며 학술적 글쓰기는 사실, 사건, 문헌에 대한 기술, 설명, 분석, 해석을 목적으로 한다. 정해진 주제를 대주제로 삼고 논지를 펼칠만한 소주제를 결정한다. 즉 포괄적인 주제를 먼저 정한 후 그다음 구체적인 주제로 한정해간다. 구체화된 문장은 글을 쓰면서 계속해서 수정할 수 있다.

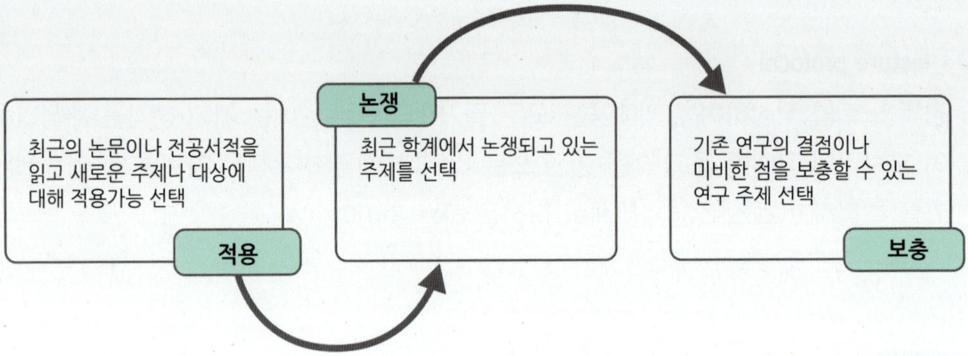

〈그림 11-2〉 연구주제 결정 단계

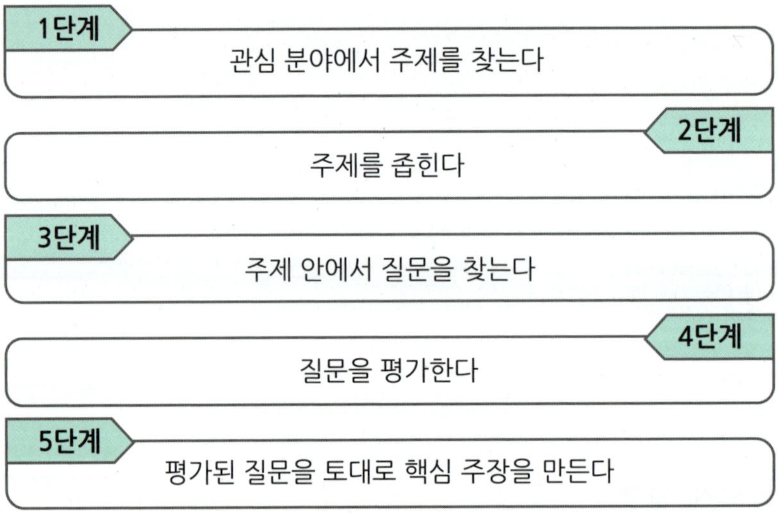

〈그림 11-3〉 핵심주장 결정 단계(김준성 2008)

2) 아이디어 만들기

□ 아이디어 모으기

특정한 글쓰기 과제가 주어졌을 때 이에 관해 단기간에 아이디어를 발견하는 방법으로서, 그 핵심은 두뇌의 활동을 활성화시켜 내면에 잠겨 있는 생각들을 의식표면으로 끌어올리는데 있다. 글을 쓰기 전에 마음을 열고 자유롭고 연상적인 방식으로 작업을 하면 훨씬 더 큰 가능성을 발견할 수 있을 것이다. 머릿속에 떠오른 착상들을 잊어버리지 않게 아이디어 노트를 만들어 주제를 분류하여 ㄱ · ㄴ · ㄷ 란을 미리 구분해 놓고 떠오른 아이디어를 해당란에 기입한다.

□ 브레인스토밍 (Brainstorming)

먼저 10여분 동안 리포트의 주제에 관해 생각하면서 머릿속에 떠오르는 모든 생각을 가리지 않고 써내려 간다. 별 관련이 없고 의미 없는 것처럼 보이더라도 생각나는 것이면 모두 적어 놓자.

예를 들어 낙태에 관한 브레인스토밍 : 산아제한, 미혼모, 남아선호, 결혼제도, 여성차별, 피임, 성의 자유화, 생명 존중, 종교, 가톨릭, 페미니즘, 여성의 결정권, 생명의 가치, 살인, 영아살해, 육아, 보수적 가치관, 유교, 청소년 성 문제, 성교육, 성해방, 임신, 여성의 건강, 가문과 자손, 쾌락과 생식, 억압적 가치관, 기술의 발전, 피임도구와 피임약, 성 문화의 개방성, 인터넷….

브레인스토밍을 마친 뒤에 생성된 목록을 보면서 다음과 같은 작업을 한다.

- 중복되는 항목을 뺀다.
- 개별 항목에 관하여 떠오르는 아이디어들을 적어본다.
- 관련성 있는 항목들을 그룹지어 보고, 그 가운데 흥미롭고 중요해 보이는 아이디어들을 골라본다.

낙태에 관한 브레인스토밍을 정리한 경우
산아제한 미혼모 **남아선호 ; 유교사상과 관련 산아 제한** 결혼제도 여성차별 피임 성의 자유화 생명 존중 **종교 ; 유교, 가톨릭, 낙태에 대한 태도가 다르다.** 어디서 그 차이가 올까? 가톨릭 페미니즘 여성의 결정권 생명의 가치 살인 영아살해 육아 **보수적 가치관 ; 유교와 기독교** 유교 청소년 성 문제 성교육 성해방x 임신 여성의 건강 **가문** **자손** **쾌락과 번식 ; 가톨릭은 임신을 위한 성행위만 인정.** **유교는 성행위를 오직 가문 유지의 수단으로만 본다. 유사성? 차이점은 무엇인가?** 억압적 가치관 ; 유교와 기독교 기술의 발전 ; 기술의 발전이 낙태를 둘러싼 논란을 가져옴 피임도구와 피임약 성 문화의 개방성 x 인터넷 등등

□ 클러스터링 (Clustering)

클러스터링은 백지 한가운데 원을 그리고 그 안에 핵심어를 쓴 다음, 최초의 원으로부터 선을 긋고 새로운 원을 그려 그 안에 핵심어에서 연상되는 단어를 적어 넣는 방식이다. 이어서 연상되는 단어들을 같은 방식으로 연결해 나간다. 하나의 핵심어로부터 여러 갈래로 가지를 쳐가면서 관련되는 단어들을 모을 수 있기 때문에 브레인스토밍보다 좀 더 체계적인 형태의 결과물을 얻게 된다.

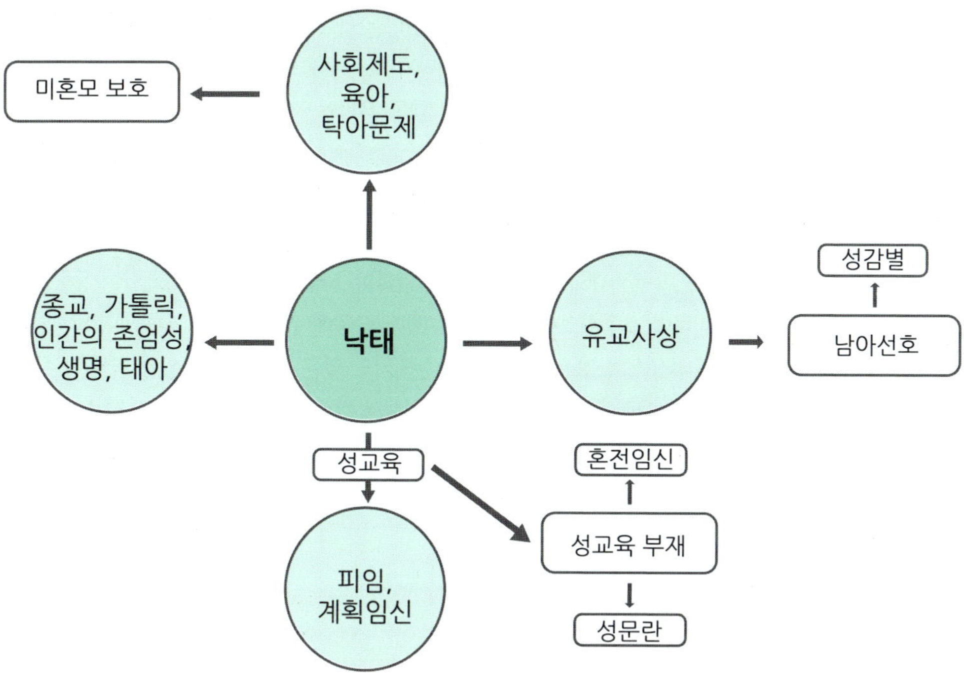

〈그림 11-4〉 클러스트링의 예시

□ 프리라이팅 (Freewriting)

프리라이팅이란 글의 주제에 관해 자기가 하고 싶거나 할 수 있는 말을 멈추지 않고 자유롭게 써보는 것이다. 10분에서 15분 정도 시간을 정한 후 형식, 논리, 문법에 상관없이 쉬지 않고 써내려 간다. 아무 생각이 나지 않으면 생각이 나지 않는다고 쓰면서 글을 계속 이어나간다. 이렇게 자유롭게 써내려 가는 과정에서 자연스럽게 연관성이 생겨나며 뜻하지 않게 좋은 아이디어를 건져 낼 수 있다.

다음은 아무렇게나 생각나는 대로 말을 중단 없이 말이 되건 안 되건 5분 동안 적어본 사례에 해당한다.

<사 례>

낙태에서 가장 쟁점이 되는 것은 언제부터 태아를 인간으로 인정하느냐는 것이다. 그런데 그것은 사회의 관습과 제도에 의해서 결정된다고 보여 진다. 특히 우리나라는 유교사상에서 비롯되는 남아선호사상으로 인하여, 태아의 뱃속에서부터 성별을 감별하여 태어날 권리와 생명을 빼앗는다는데 문제가 있다. 여기에는 기술의 발전도 중요한 역할을 한다. 왜냐하면 이미 뱃속에 있는 태아를 상세하게 초음파로 촬영을 하게 되면서 부터 태아를 한 생명으로 인식하는 사람들이 늘어났기 때문이다. 단순하게 기술의 문제로만 치부할 수도 없는 문제이다. 왜냐하면 태아의 성감별은 인간에 대한 윤리와 존엄성 내지 종교와 결부된 것이기 때문이다. 어머니의 뱃속을 볼 수 있다는 것과 볼 수 없는 것과의 차이점은 기술의 문제와 감정의 문제도 함께 공존한다. 기술에 의해서 변하는 생각과 제도들이 인간적인 태도와 관련하여 비인간화를 초래한다는 통념과 비례하는가? 동물에 대한 태도도 문화마다 다르다. 우리나라에서 개고기를 먹는 것이 한 때 사회적 issue로 부각했던 적이 있다. 동물학대의 기준도 문화와 나라마다 다르다. 우리나라에서는 동물문제에 대하여 유럽이나 미국에 비하여 둔감한 편이다. 동물문제나 낙태에 관한 문제는 다른 나라가 엄격한 편이다. 동물문제와 생명의 존엄성이 같은 영향권에서 논의되고 있는 것을 알 수 있다. 인권의 문제나 동물보호, 생명의 존엄성은 그 사회의 관습이나 의식에 의해서 결정된다고 할 수 있다. 각 나라마다의 사회제도나 사상, 교육과 종교는 문화의식이나 관습과 함께 정의를 실현시키는 요인으로 작용한다. 따라서 원리나 규정 기준을 만들 때도 우리나라의 수평적 사고와 수사적 생활이 많은 영향을 끼친다는 것을 알 수 있다.

3) 자료검색과 수집

- □ 도서관, 인터넷, 학술정보 사이트 등을 이용하여 해당주제에 따른 자료를 검색한다.
- □ 주제 키워드를 통해 검색된 자료들을 광범위하게 수집한다. 단행본, 학술지 논문, 학위논문, 신문 기사 등의 자료를 모두 수집하여 본다.
- □ 적절한 자료를 선별하여 세부 분류하여 정리한다.
- □ 인터넷에서 자료를 찾을 때 전문가인 저자나 집필자가 표시되어 있는 내용은 신뢰할 만하다.
- □ 자료를 읽고 정리하면 리포트 마지막에 참고문헌을 정리할 때 효율적으로 활용할 수 있다.

□ 자료의 제목, 저자, 출처(출판지, 출판사, 출판년도)를 기록한다.

□ 고할 자료의 일부분을 그대로 적거나 요약하여 기록한다. 이때 해당페이지에 자신의 생각이나 의견을 함께 적어두는 것도 하나의 요령이다.

4) 개요 작성

□ 개요는 글의 뼈대이다. 주제의 세부사항을 논리적으로 전개하여 글의 흐름이 자연스럽게 흘러 반복되거나 뒤바뀌지 않도록 하여 글이 마지막으로 비약하지 않도록 한다.

□ 개요 작성을 할 때에는 마인드맵을 통해 자신의 생각을 자유롭게 펼쳐본다.

1차자료 - 직접적 분석의 대상이 되는 자료
각종 건축물, 동상 및 기념품들 ("한국조형물에 나타난 관료적 권위주의"에 관한 연구일 때)

2차자료 - 연구의 도구가 되는 자료
조형물에 관한 해석 및 감상문과 비평들 (조형물들을 직접 견학할 시간과 해석능력이 없다면 "한국조형물에 나타난 권위주의 해석에 관한 변화경향" 정도의 연구일 때)

〈그림 11-5〉 1차 자료와 2차 자료

□ 짜임새 있게 구조화 시켜보면 도움이 될 것이다. 논리적인 글쓰기를 위해서는 무턱대고 시작할 것이 아니라 글의 뼈대를 먼저 세우는 것이 중요하다. 아이디어의 중요도에 따라서 순위를 정한 후에 아이디어를 연결할 방법과 정보가 제시될 순서를 결정하는 과정이다.

〈그림 11-6〉 목차작성 과정

5) 글쓰기

좋은 리포트를 작성하기 위해서 다음과 같은 요건을 갖출 필요가 있다(김영정외 2007).

□ 독창성(originality)

글쓰기를 할 때에는 무조건 베끼는 것이 아니라 자신의 생각을 글로 짜임새 있게 표현하는 것에 중점을 두어야 한다. 학술적 글쓰기의 가장 핵심적인 요건은 자료나 연구방법, 주장의 새로움이라는 가장 높은 차원의 창의성을 요구한다.

□ 객관성(objectivity)

인문 사회과학적 현상은 보는 이와 관점에 따라 달리 해석될 여지가 있으므로 주관을 객관화할 수 있어야 한다. 즉 자신이 아닌 다른 주체의 관점에서 보더라도 인정될 수 있게 하는 것이다. 가능하면 1인칭 대명사인 '나'를 드러내지 않아야 한다. 주관을 명제화 할 때는 참과 거짓으로 구별할 수 있다. 증명이 안 된 가설단계를 사실단계로 증명하여 설득을 할 수 있어야 한다.

□ 정확성(exactitude)

- 가급적 짧고 간결하게 쓴다.
- 읽으며 쓰고, 쓰면서 읽어나간다.
- 다 쓴 후 한 번 이상 읽어본다.
- 문장의 적절성은 글의 흐름, 맥락 속에서 검토하도록 한다.
- 좋은 우리 문장을 많이 읽어보자.
- 국어사전을 애용한다.

□ 평이성(easiness)

쉬운 표현을 사용한다. 전문용어는 설명을 해주어야 하며, 전문용어가 아니더라도 어려운 고사성어나 사자성어는 피하는 것이 좋다.

- 간결한 문장을 사용한다. 글을 작성할 때, 대상은 공부를 제대로 하고 대학 2학년을 마친 정도의 교양수준을 갖춘 사람이 이해할 수 있을 정도로 하면 된다.
- 자신의 글을 지도교수가 아닌 동료 학생도 읽는다고 생각해 본다. 자신의 글에 관한 강한 인상을 주기 위해서 글을 쓰기 보다는 평상시대로 이야기 하듯이 써내려가도록 한다. 일반적으로 '진실이 담긴 글', '개성이 담긴 글', '주제가 분명한 글'을 좋은 글이라고 한다.

□ 검증성(verification)

- 논문의 내용을 이루는 문제제기와 주장은 진위를 측정할 수 있어야 한다.
- 분석에 사용된 자료의 출처를 분명히 밝혀야 한다.
- 결론 도달 과정을 검토하는 가장 좋은 방법은 간단한 목차 정리를 통해 논문 전체의 구성을 다시 한 번 살펴보는 것이다.

□ 완성된 리포트를 간단히 요약해서 포트폴리오에 정리하기

- 리포트에 적힌 목차를 중심으로 간단하게 리포트 내용을 요약한다.
- 나중에 리포트 전체를 다시 읽지 않더라도 리포트 내용을 알 수 있다.
- 형식이나 분량은 자유이며, 본인이 알아 볼 수 있고 가장 보기 편하면 된다.

□ 각주와 참고문헌 작성하기

참고문헌에서는 글쓴이가 참고한 자료를 열거한다. 참고문헌은 국문, 중문, 일문 그리고 영문 순으로 배열한다. 각 언어의 자모순으로 배열함을 원칙으로 한다. 단행본은 저자명, 출간년도, 책명, 출간장소, 출판사 순으로 표기한다. (※현대 문법연구에서 제시한 논문작성 양식을 따름. 김홍자 2005)

(저서)

김홍자. 2005.「불변화사 그리고 담화분석」. 서울: 탑출판사.

Chomsky, Noam. 1995. The Minimalist Program. Cambridge, Mass.: MIT Press.

(공동저서)

이숭녕.최현배. 1940.「우리말본」. 서울: 정음사.

Lasnik, Howard and Mamoru Saito. 1992. Move-a. Cambridge, Mass.:MIT Press.

(편저)

김학연.임채경(편). 2000.「영작문」. 서울: 형설출판사.

Epstein, S. D. and N. Hornstein(eds). 1999. Working Minimalism. Dordrecht: Foris.

(단독 논문 연구)

김홍자. 2005. 말중단시키기와 담화유형.「언어과학연구」

(학위논문)

김연일. 1992.「소리에 관한 아동들의 개념 변화에 미치는 구성주의적 수업전략의 학습 효과」. 석사학위 논문. 한국교원대학교.

6) 검토와 수정

일반적으로 시간에 쫓겨 리포트를 다 작성하고는 급하게 제출하기 마련이다. 마지막 출력하기 전에 한 번 더 오타는 없는지 문장구조가 이상하지 않은지 꼭 마무리 점검을 할 수 있는 여유시간을 꼭 마련해둔다.

리포트는 가능하면 논문형식으로 쓰는 것이 좋다. 서론, 본론, 결론을 구분해 주고 목차는 반드시 작성하고 참고문헌 까지 써주면 완성된다.

□ 하나. 깔끔하게 편집하라!! 읽기 쉬운 리포트가 A이다.

편집 상태에 세심한 주의를 기울여라. 특히 맞춤법 주의!!

□ 둘. 리포트의 주제를 제대로 파악해서 작성!!

교수님이 원하시는 내용을 적자.

□ 셋. 창의적인 리포트를 작성하라!!!

자기 생각을 한 줄 이라도 적어라. 그 생각이 참신하고 '창의적인' 아이디어라면 교수님도 감동한다.

□ 넷. 독자에 따라 글을 쓰는 목적과 상황이 달라짐을 인식하고 독자중심의 글이 되어야 한다.

03 논문의 구조와 논증의 이해

논문(論文)은 어떠한 주제에 대해 저자가 자신의 학문적 연구결과나 의견, 주장을 논리에 맞게 풀어 써서 일관성 있고 일정한 형식에 맞추어 체계적으로 쓴 글이다. 논문에는 석사, 박사 등 학위를 취득하기 위한 학위논문과 각종 학술지(저널) 또는 학술대회에 발표하는 학술논문, 그리고 출판을 위한 논문 등이 있다. 논문은 보통 제목, 요약(Abstract), 목차, 서론, 본론, 결론, 참고 문헌 목록으로 구성된다. 여기에 부록이 붙기도 한다. 학위논문의 논문 길이는 자유로운 편이나, 심도있는 연구를 요구하는 박사학위 논문은 학 · 석사학위 논문에 비해 긴 편이다(김영정외 2007). 한편 학술논문은 보통 학술지나 학술대회에서 게재 안내시 그 길이를 제한하고 있으며, 이때 쪽 수나 단어 · 글자 수를 명시하여 제한하기도 한다.

1) 논문의 구조

□ 논리적 논문 작성의 요건

- 이 글에서 주로 말하고자 하는 바가 무엇인가?
- 이 글에서 말하고자 하는 근거가 무엇인가?
- 이 글에서 어떻게 그 근거를 정당화할 수 있는가?

□ 논문이 갖추어야 할 요소

- 저자의 핵심 주장 또는 가설 설득력 있는 나만의 아이디어를 만들어 주장을 해야 한다. 또한 평가하는 사람에게 설득력 있는 주장을 해야 한다. 핵심주장을 할 때 큰 핵심주제에서 작은 단위의 핵심주제로 옮겨와야 한다.

- 증거 제시
  - 문제 또는 쟁점의 확인 : 각 분야의 쟁점이나 문제가 항상 있기 마련인데, 내가 문제를 만들기 보다는 문제가 있는 곳에 뛰어 들어 쟁점을 확인한다.
  - 주제에 관한 문헌들의 리뷰
  - 쟁점들에 대한 분석
  - 발견한 내용에 대한 해석과 논의

□ 논리적 논문 구조의 중요성

- 글을 쓰는 과정에서 필자가 처음에 의도한 방향으로 글을 진행시킬 수 있도록 안내하는 역할을 한다.
- 필자가 처음 의도한 방향의 문제점을 진단하여 더 나은 구조를 가진 글이 되도록 이끌어 준다.
- 글의 구조는 필자 뿐 아니라 독자에게 글을 이해할 수 있는 방향을 제공한다.

```
                 ╓ 증거/주장 ╖ – 증거
글의 구조: 주장 – ╫ 증거/주장 ╢ – 증거
                 ╟ 증거/주장 ╢ – 증거
                 ╙ 증거/주장 ╜ – 증거
```

□ 논리적 구조

- 논증(Argument): 주장 : 그 자동차를 운전해서는 안된다.

⇳

이유(정보) : 왜냐하면 고장이 났기 때문이다

전제와 결론의 관계로서 주장을 하면 그 이유가 요구된다.

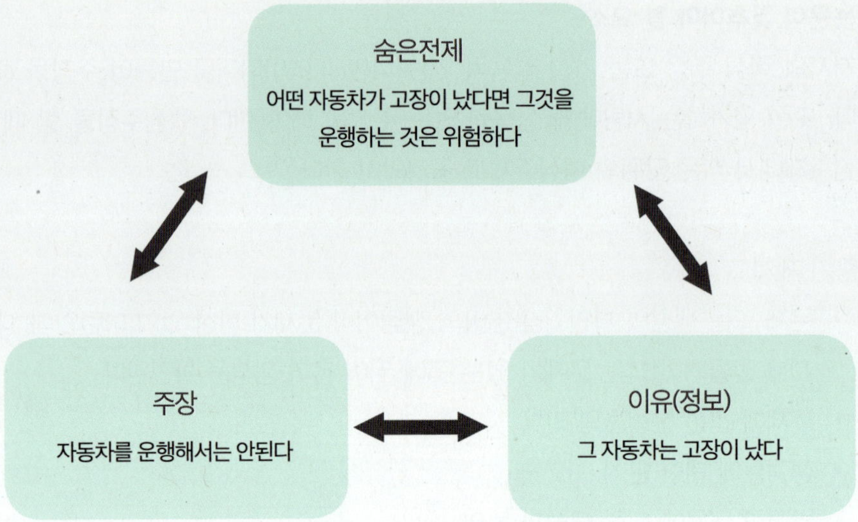

〈그림 11-7〉 논리적 구조의 사례

- 이때 추리(Reasoning)의 역할은?
  - 어떤 이유 또는 전제(warrant)가 추가되느냐에 따라서 이유와 주장간의 관계는 다양하게 이해될 수 있다. 즉 동일한 전제라도 이유가 다르거나 다양하면 다르게 전개 될 수 있다.
  - 주장, 이유, 전제(warrant)가 제시되는 순서에 따라서 다양한 증명이 가능하다. 즉, 기존의 아이디어가 있다 하더라도 독창성이 있으면 된다.

□ 논리적인 글의 조건

- 구조를 위한 조건 : 의존성

의존성은 증거에 의한 진술이 참이라고 할 때, 그것에 의지한 필자의 주장이 거짓은 아닌가를 점검한다. 첫 단락에서 제시된 주장이 또 다른 단락에서 제시된 주장과 일치해야 한다. 예를 들어 첫 단락에서는 A라고 해놓고 나중에 가서 A를 부정하면 안 된다. 글에서의 첫 번째 문장과 마지막 문장(단락)이 적절하게 연결이 되어야 한다.

- 이 진술이 제시된 문제와 연결이 되는가?
- 이 진술이 제시된 질문과 관련이 있는가?
- 이 진술이 제시된 쟁점과 관련이 있는가?
- 이 진술이 제시된 주장과 증거가 수용될 수 있는가?

- 의미를 위한 조건 : 명료성
  - 독자를 위한 배려로써 그 내용을 더 구체화 시킬 수 있는가?
  - 그 주장에 대한 사례를 제시할 수 있는가?
    추상적 설명이 많을 때에는 예를 잘 들어주는 것이 좋다.
  - 의미하는 바를 제시할 수 있는가? 글을 다 썼는데 그게 무슨 의미가 있는지를 반문해 볼 필요가 있다.

- 가치를 위한 조건: 엄밀성

가치를 위한 조건은 읽는 사람이 글에 담긴 주장을 믿어야 하는 이유에 해당한다. 저자와 독자가 대화를 한다는 상상으로 글을 써야하며 이 대화는 잡담이 아니라 새로운 지식을 창출한다는 생각으로 진행되어야 한다.

- 어떻게 그 진술의 내용을 확인할 수 있는가?
- 그 진술이 참이라면 어떻게 파악할 수 있는가?
- 나의 개인적인 바램 때문에 나의 주장이 공정성을 잃게 되지 않는가?

- 가치를 위한 조건 : 공정성
  - 다른 사람의 관점을 수용하면서 나의 주장을 제시하는가?
  - 내가 반대하는 관점을 극단적인 방식으로 제시하고 있지는 않은가?

- 가치를 위한 조건 : 심층성, 포괄성
  - 이 질문이 가진 복잡성은 무엇인가?
  - 논의가 필요한 문제들은 무엇인가?
  - 우리가 이것을 또 다른 관점에서 볼 필요가 있는가?

2) 논증의 절차와 방법

논문을 작성하기 전에 어떠한 자료를 찾아야 하고 왜 그것이 필요한지를 미리 파악해야 한다. 주제를 마음대로 정할 수 있다면, 내가 좋아하고 평소에 관심 있어 하고 잘 아는 분야를 정한다. 교수님이 주제를 정해 주셨다면 핵심주장, 아이디어를 중심으로 자료를 찾아보면 흥미가 생긴다(이화여대학습자가이드북). 주제가 선정되었다면 논문 작성의 대상이 되는 핵심어나 아이디어 쟁점을 이용하여 구체화 시키면 논문 쓰기가 쉬워진다.

□ 목차 만들기

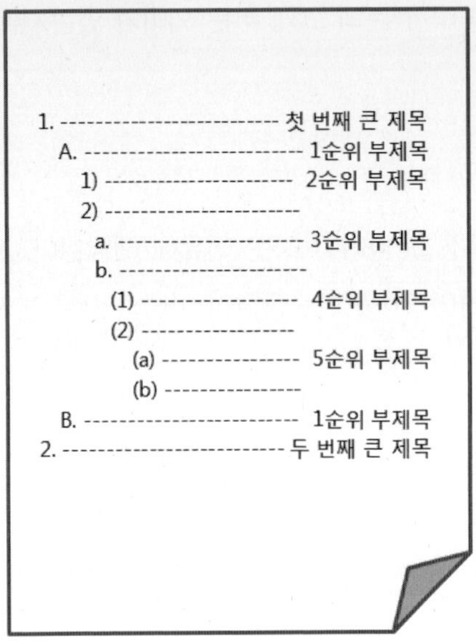

〈그림 11-8〉 목차유형 1

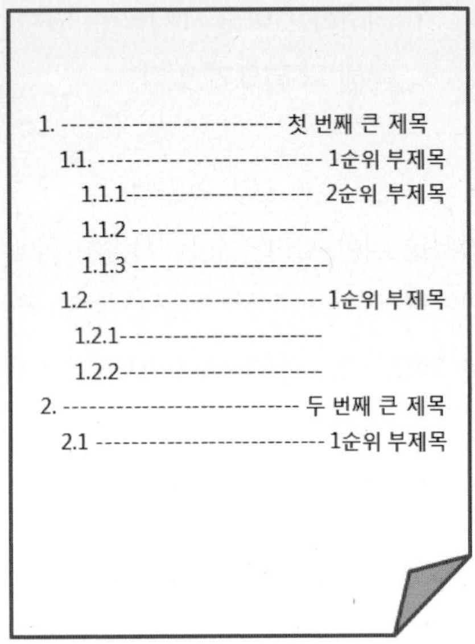

〈그림 11-9〉 목차유형 2

□ 서론

훌륭한 서론은 독자의 관심을 끌고, 독자로 하여금 논문의 나머지 부분을 읽는데, 즉 준비를 하는데 도움을 준다. 서론은 보통 다음과 같은 요소들을 포함하고 있다.

▸ 아이디어를 체계적으로 조직하고 목표를 설정한다.

목적 (purpose/goal) : 우리는 책을 읽거나 글을 쓸 때, 반드시 글쓴이가 적절한 지적 기준들에 맞게 목적 차원을 잘 다루고 있는지 주목해야 한다. 그 목표가 글의 큰 틀의 진행 과정 속에 녹아 있는지, 그 목표가 계속적으로 일관적으로 유지되는지, 모순적인 목적을 갖고 있지 않는지에 주안점을 두고 글을 작성하는 것이 좋다.

▸ 논문 주제의 핵심이 되는 핵심어나 아이디어, 쟁점들을 열거한다.

예를 들어 '환자와 의사의 의사소통'에 대해 글을 쓴다면 '의사의 말 끼어들기(Interruption)', '의사의 권위', '의사와 환자의 위계질서' 등을 열거한다.

▸ 아웃라인(outline)을 이용한다.
예를 들어 기원전 시대의 전쟁에 대해 글을 쓴다면 증거는 무기, 유골, 성곽이며 전쟁의 이유는 자원과 노예, 전쟁을 이끄는 인간충동 원인 등을 이용한다.

▸ 문제 또는 질문을 확정하여 의미를 논의한다.
독자가 혼란스럽거나 궁금하여 보다 명확히 알고자 할 것이라고 예상되는 사항을, 저자는 독자의 입장에서 질문(question)의 형태로 물음을 제기하고 그것에 대한 답을 제공한다. 더 나아가, 저자는 자신이 중요하다고 믿는 사항에 대해 독자의 주목을 끌기 위해 이 전략을 사용할 수 있다. 질문을 제기하고 난 후, 필자는 자신이 올바른 답이라고 믿는 것을 제시한다. 우리가 어떤 주제에 대해 글을 쓸 때, 거기에는 적어도 하나의 현안 문제가 존재한다. 따라서 글을 쓰는 일과 관련하여 현안문제를 정식화하는 것이다.

▸ 필요한 배경정보(background)를 공급한다.
배경지식과 관련하여 고려할 사항들도 상황에 따라 매우 다양하다. 예를 들어, "지금 창문이 열려있다"는 말은 배경에 따라 "우리가 하는 말은 남들이 들을 수 있으니 작은 목소리로 말하라"는 말일수도 있고, "날씨가 서늘하니 창문을 닫자"는 것 일수도 있다. 글쓰기에서는 청중 및 독자와 같은 요소들이 배경의 중요한 요인으로 고려된다.

▸ 가능하다면 새로운 관점에서 문제를 보여주는 핵심주장 진술을 제시한다.
자신의 주장을 펴나가기 위해서는, 주장의 핵심적인 골격을 이루는 단어(key word)에 대한 분명한 정의를 제시할 필요가 있다. 다시 말해서, 글을 쓸 때에는 그 글에서 다루게 될 대상을 정확하게 규정하고, 중요한 비중을 차지하는 용어나 개념을 정의해야 글이 한결 선명해진다. 용어나 개념정의를 하면서 글쓴이의 주장을 분명히 해주게 되면 글의 설득력이 높아진다.

이런 항목 전부가 서론에 나타날 필요는 없다. 여러분이 쓰려는 글의 주제에 따라 이 항목들 중 몇 가지를 선택할 수 있다. 예를 들어, 서론에서는 자신이 다루는 주제를 소개하고 그것의 목적과 필요성을 제공한다. 그리고 자신의 입장과 반대자의 입장을 소개한다. 또 자신의 글이 어떻게 전개될 것인지에 대해 간단히 언급할 수 있다.

서 론
• 글의 구조 안내 • 독자의 관심 유도 • 핵심 용어 정의 • 배경지식 제시 • 특수용어 정의

□ 본론

학문적인 글의 본론은 자신이 다루려는 문제에 대한 상세한 진술과 그 문제에 대한 해결 과정을 담고 있다. 문제에 대한 여러 가능한 해결책을 제시하고, 그것들의 장단점을 평가한 후, 자신이 선택한 해결책을 옹호하는 부분이 본론의 주요내용을 이룬다(김준성, 2012).

▸ 가능한 모든 질문들을 열거한다.

핵심주장을 찾기 어려울 때 관련 Text를 읽으면서 질문을 찾아본다. 질문들을 찾아보는 과정에서 의미 있는 질문은 남겨두고 의미 없는 것은 지우면서 가능한 모든 질문들을 열거해본다.

예를 들어 기능성 식품에 관해 글을 쓴다면 기능성 식품은 도대체 무엇인가? 그것이 신체의 질병과 싸우는 과정에서 도움을 주는가? 건강한 식사가 정말로 수명을 연장시키는가? 건강한 식사가 실제로 의료 보험비를 낮출 수 있는가? 등으로 열거해 본다.

▸ 핵심 아이디어를 통해 관련 쟁점들을 확인한다.

여기에는 두 가지 방법이 있다. 핵심 아이디어를 구체화 시키고 자료를 찾는 방법과, 먼저 자료를 찾아보고 핵심 아이디어를 찾아내는 방법이다.

핵심진술이 '장기기증에 관한 오해가 현실을 왜곡하여 장기를 필요로 하는 사람들에게 심각한 제약을 준다.'라고 했을 때,

쟁점1. 근거 없는 소문이 사람들에게 장기 기증을 비윤리적인 행위로 오해하도록 만들었다.
쟁점2. 일부사람들은 자신들의 신체 조직이 환자인 상태에서 초기에 절단될 수 있다는 두려움을 느낀다.

▸ 전개 과정을 진행한다.

- 정의(definition)를 내린다.

  예) 장기 기증이란?

- 비교(comparison)를 한다.

  근거 없는 소문, 종교적 관점, 윤리적 관점, 사회적 관점 등으로 비교해 볼 수 있다. 예를 들면, '미국과 한국의 장기기증사례 비교'가 있다.

- 예시(illustration), 분류, 분석, 기술을 한다.

  장기 기증의 사례들을 열거한다. 이때 통계나 과학적 데이트를 제시하여 사람들이 장기 기증을 주저하는 원인을 찾는다. 어린아이의 생명을 구제하는데 초점을 맞추어 장기 기증의 귀결을 결정한다든가 어린아이의 죽음과 장기 기증의 사례를 읽고 이용한다든가 장기 기증의 과정을 단계별로 탐색한다. 또는 목숨을 구한 사람들의 인터뷰 사례를 제시한다.

- 원인과 결과를 기술한다.

  왜 그것이 발생하는가? 그 결과는 무엇인가? 왜 다른 것은 발생하지 않았는가? 무엇이 다른 것의 발생을 막았는가? 만약 다른 것이 발생했다면 그 결과는 무엇이었을까? 이러한 질문들이 '원인과 결과'에 관한 질문들이다.

  예를 들어, 장기기증을 필요로 한다면 왜 장기기증이 필요한지 그 원인에 대해 궁금해 할 것이다. 교통사고나 병으로 인한 것인지, 혹은 선천적 질환을 가진 어린아이인지 등 여러 가지 이유와 원인이 있을 수 있고, 하나의 원인으로부터 복수의 결과들이 산출될 수 있다.

- 해석과 평가를 한다.

  문제해결에 필요한 정보를 파악하고 적극적으로 그 정보를 구한다. 그런 다음 그 정보를 조심스럽게 해석하고 분석· 평가한다. 예를 들어, 장기기증에 관한 문제에 대해서는 그 문제가 포함하는 생물학적, 사회적, 종교적, 윤리적 정보가 필요하다. 정보를 가지고 문제를 해결하기 위해서는 그 정보를 해석하고, 그것을 이해하고, 의미를 주어야 한다. 그리고 다시 그 정보는 분석되고 평가되어야 한다. 이때, 가능한 모든 해결책들을 제시한다.

  예) ① 미국 학생들은 한국 학생들보다 장기기증을 긍정적으로 평가하였다.
  ② 장기기증은 생물학적, 사회적, 종교적, 윤리적 요인과 관계가 있다.

– 문제에 동반된 쟁점을 평가한다.

– 과거로부터 현재까지의 검토를 발전시킨다.

– 자세하고 작은 쟁점들을 비교 분석한다.

– 동일한 문제를 진술했던 전문가를 인용한다.

본 론
• 목적, 문제, 개념 진술 • 글의 구조에 대한 진술 • 가능한 해결책에 대한 진술 • 제안된 해결책을 옹호하는 논증 • 반론에 대한 답변 논증 • 요약, 해결 또는 결어

□ 결론

결론에서는 내용을 간략히 요약하고 이후의 과제에 대해 언급할 수 있다.

- 핵심진술을 재확인한다.
- 하나의 결정이나 판단에 도달한다.
- 논문을 작성하는 사람이 발견한 내용이 가지는 함의(implication)를 논의한다.
- 글 쓰는 사람의 이론이 본문의 증거에서 나온 것일 때 그것을 방어하고 발전시킨다.
- 방향 또는 계획을 제시한다.
- 필요한 추가 연구를 제안한다.

결 론
• 서론 내용 재 진술 • 간략한 요약 • 현안문제의 광범위한 고려 제시

참고문헌

김영정외(2007). 비판적 사고와 학술적 글쓰기. 서울대학교 교수학습센터 글쓰기 교실.

김준성(2012). 서울대학교 교수학습센터 글쓰기 교실.

김홍자(2005). 불변화사 그리고 담화분석. 도서출판 영한.

김홍자(2016). Power, Learning Strategy. 화수목

이익섭(2004). 좋은 글의 요건. 서울대학교 교수학습센터 글쓰기 교실.

학습자 가이드북. 이화여대 ECTL.

12 집중력과 창의적 사고

1. 집중력이란 무엇인가?
2. 나의 집중력 환경 만들기
3. 집중력 훈련
   1) 집중력 훈련에 의한 성공적인 학습
   2) 공부를 행복하게 만드는 방법은 무엇일까?
   3) 시각 단련 훈련
   4) 긍정적인 공부정보 암시법
   5) 집중력의 효과
4. 집중력 훈련의 효과
   1) 창의적 힘의 비결
   2) 창조적 사고력의 네 가지 열쇠

12 집중력과 창의적 사고

01 집중력이란 무엇인가?

집중력이란, 어떤 욕구를 실현하기 위한 수단과 방법을 계획하고 성공적으로 수행될 수 있도록 정신을 한곳으로 모으는 행위를 말한다. 학생들이 문제를 처음 대했을 때 도무지 어떻게 접근해야 할지 모르고 난감하게 느껴지는 경우가 많을 것이다. 이럴 때 포기하지 말고 계속 그 문제를 생각하면 고도의 창의적인 두뇌가 활동을 하기 시작한다. 그리고 자신의 두뇌 능력의 한계를 계속 사용하게 된다. 자신이 풀 수 없을 것 같은 문제를 풀려고 매달릴 때 창의적 사고력이 생겨나며 최대의 능력이 발휘된다(황농문 2007). 문제가 쉽게 풀릴 것 같지 않으면 우선 편안하게 마음을 가지고 평생 풀릴 때 까지 생각하겠다는 여유를 가지고 노력해야 한다. 생각의 속도를 느리게 하는 것이 문제를 해결하거나 아이디어를 얻는데 유리하고 지치지 않는다.

<사 례 1>

화학상, 평화상, 노벨상을 2회 수상을 한 라이너스 폴링의 60회 생일 축하파티에서 한 학생이 그에게 물었다. "폴링 박사님, 어떻게 하면 좋은 아이디어를 생각해 낼 수 있습니까?" 그가 대답하길 "많은 생각을 하고 그 중에서 나쁜 걸 버리게"

처음에 문제를 대하고 막막하게 느껴질 때는 스트레스가 생기다가 조금 더 생각을 하면 실마리가 드러나게 된다. 이렇게 공부를 하다보면 마치 게임에 도전하는 것처럼 재미가 샘

솟을 것이다. 도중에 포기하고 해답을 보면 게임에서 진다고 생각하고 계속해서 포기하지 않고 계속 생각을 해보자. 어려운 문제와 마주치면 10-20분씩 생각을 하다보면 나중에 습관적으로 문제를 풀기 위한 생각을 지속하게 된다.

<학 생 사 례 2>

중학교 3학년 때 평소 사고의 중요성을 강조했던 형에게 들은 이야기 하나가 나의 공부 방법을 완전히 바꿔 놓았다. '아이템플'이라는 문제은행이 있는데, 여기에서 수학문제를 만들어 입시를 준비하는 학교 등에 판매한다는 것이다. 이런 방식은 일본에서 크게 발달하여 우리가 사용하는 문제집이나 참고서에 있는 많은 문제들이 이 문제은행에서 만들어졌다고 했다. 당시 나에게는 실로 놀라운 얘기였다. 수학 문제 하나하나가 전문가들이 노력을 기울여서 만든 것이고, 매우 비싼 값에 판매된다니 생각할수록 신기하고 새로웠다. 이 이야기에 감흥을 받은 나는 약간 엉뚱한 생각을 하게 되었다. 평소 아무 생각 없이 접하던 문제들이 누군가가 많은 노력을 기울여 만든 것이라니 그만큼 가치가 있다는 생각을 하게 된 것이다. 그런데 이 문제를 해답과 함께 판매하는 바람에 가치가 떨어졌으니, 내가 해답을 안보고 풀어내면 마치 그 문제의 가치에 해당하는 이득을 보게 된다는 생각이 들었다. 반대로 문제가 어렵다고 해서 중도에 포기를 하고 해답을 보면 그 문제의 효용가치가 사라지므로 그만큼 손해를 보게 된다는 생각이 나를 강하게 사로잡았다. 그 일을 계기로 나는 문제가 풀리지 않더라도 가능하면 해답을 보지 않고 해결하는 습관을 기르게 되었다. 전혀 모르는 문제가 나오더라도 적어도 5-10분 정도는 스스로 풀어보려 노력했다. 물론 문제는 이 신간 안에 풀리는 경우도 있고, 풀리지 않는 경우도 있었지만 이런 경험은 나에게 색다른 즐거움을 가져다주었다. 문제를 풀려고 온갖 생각을 동원하는 과정에서 수학실력이 빠른 속도로 향상되었다. 그 뿐만 아니라 수많은 문제와 씨름하면서 미지의 문제에 대하여 체계적으로 접근하는 방법이 습득되고, 그런 경험이 쌓이면서 점점 더 미지의 문제에 대하여 능숙하게 대처할 수 있게 되었다.

02 나의 집중력 환경 만들기

□ 집중할 시간을 만든다.

어려운 상황에서도 훌륭한 문학작품을 쓸 수 있었던 위대한 작가 토마스 만은 집중할 수 있는 시간 관리와 관련하여 다음과 같은 말을 남겼다.

"오전시간은 나에게 신성합니다. 나는 아침 일찍 책상 앞에 앉습니다. 전화도 신문도 편지도 사양합니다. 그렇게 해서 점심시간 까지 바깥세상과 단절되어 작품에만 열중합니다."

이와 같은 신성한 시간을 정기적인 일정으로 습관화 한다면 매번 집중해서 공부할 결심을 따로 할 필요가 없을 것이다.

□ 좋아하지 않는 것보다 좋아하는 것에 더 많이 초점을 맞춘다.

집중을 하기 위해서는 마음을 좋아하는 쪽과 선한 쪽으로 준비할 필요가 있다. 예를 들어 수학공부를 할 때는 수학을 하면 좋은 이유를 머리에 떠올리고 긍정적인 측면에 주의를 기울여보자. 그러면 집중력을 높이는 결과를 가져온다. 공부도 습관이어서 가능한 한 일정한 시간대에 공부하면 집중력도 함께 향상된다. 공부하기로 결심했을 때 '지금부터 2시간동안은 이 과제만 생각할 거야' 등과 같은 긍정적 생각과 마음가짐을 가지게 되면 무엇보다 집중할 수 있다.

□ 공부할 수 있는 규칙적인 시간을 정한다.

일정 시간이 되면 신체나 마음이 공부할 준비가 되도록 만들고, 공부시간은 한주 강의 시간대와 동일하게 정하여 신체 리듬도 공부할 때와 휴식 시간을 취할 때를 느낄 수 있도록 한다.

□ 학습을 놀이처럼 만든다.

놀이란 원래 심리적 부담을 갖지 않으면서 즐기게 되기 때문에 자연스럽게 집중하게 된다. 학습을 놀이처럼 만들 수 있다면 집중하게 될 뿐 아니라 효과도 배가된다. 기억술을 재미삼아 활용하거나 마인드맵을 만들거나 자료에 색칠을 할 수도 있다.

□ 모차르트의 음악을 듣는다.

Vol.3의 피아노 콘체르토가 포함된 C장조 No.21의 피가로의 결혼과 돈 지오바니 플룻 콘체르토 2번 및 다른 콘체르토와 소나타가 집중력 향상에 도움이 된다는 연구결과가 있다.

□ 공부한 것을 이야기한다.

공부한 내용을 친구나 가족 등 다른 사람에게 적극적으로 이야기 해보자. 이야기를 듣는 상대에게도 도움이 되겠지만 공부한 내용을 이야기하는 과정에서 상당한 집중이 이루어지고 기억력도 향상되는 효과를 얻을 수 있다.

□ 꾸준한 운동으로 체력을 단련한다.

대학생들은 캠퍼스를 걷는 일 외에는 따로 운동을 하지 않는 한 움직임이 많지 않을 것이다. 운동부족은 두뇌활동을 저하시켜 집중력을 떨어뜨린다. 건강관리에 신경을 써 간단한 스트레칭이나 산보 등의 신체활동을 하는 것이 좋다. 공부 도중 세 번 이상 잡념이 생긴다면 과감히 휴식을 취하여 잠시라도 뇌를 쉬게 하는 것이 좋다.

□ 집중력 방해 요인 제거하기

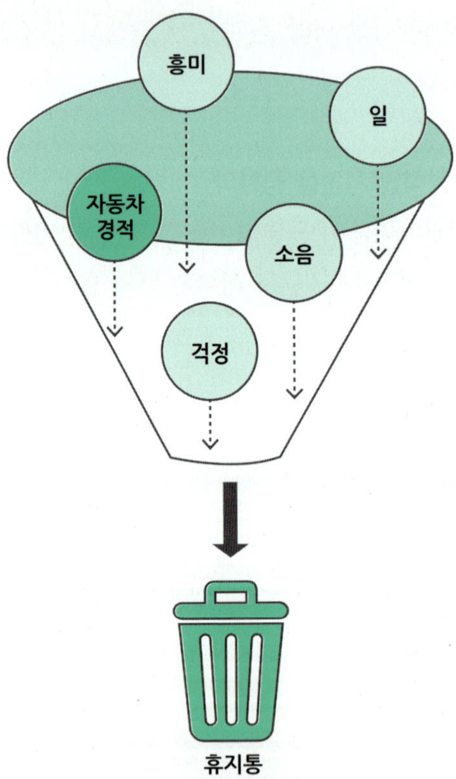

〈그림 12-1〉 집중력 방해 요인 제거

□ 휴지통 훈련

- 우선, 조용한 장소에 앉아서 눈을 감는다.
- 숨을 크게 들이쉬고 천천히 내뱉는다.

- 이것을 3회 반복한다.
- 눈을 감고 책상 앞에서 뭔가를 쓰는 자신의 모습을 상상해 본다.
- 걱정거리가 있는지 생각해 본다.
- 만약 있다면 그것을 종이에 차례대로 쓰는 자신의 모습을 상상해 본다.
- 그 외에 집중에 방해가 되는 것을 모두 쓴다.

(연필소리가 들릴 만큼 자세하게 상상한다.)

- 여기까지 했다면 그 종이를 모두 휴지통에 버린다. 이것도 물론 상상이다. 그리고는 탁탁 소리 내어 손을 턴다. 그러면 자신의 주위를 흐트러뜨리는 물건이나 걱정 등을 모두 휴지통 속에 버릴 수 있다.
- 강의실에 앉아 공부를 하다보면 날씨가 더워 강의실이 후덥지근하다거나 주변에 자동차 경적소리가 난다거나 한다면 수업에 집중하는데 방해가 될 것이다.
- 이처럼 지속적으로 집중하기 위해서는 주변에 방해요인이 무엇인지를 알아서 제거해 나갈 필요가 있다.

- 주변 환경의 방해 요인은 무엇인가?

____

____

____

- 내적 심리적 요인들은 무엇인가?

____

____

____

03 집중력 훈련과 효력

미분을 배우지 않은 중학생 10명을 대상으로 2박 3일 동안 미분 문제를 생각만으로 풀게 한 결과, 2명이 풀고 7명이 힌트를 받아서 풀게 되었으며 1명만이 문제를 풀지 못했다. 이러한 사례는 생각을 하게 되면 누구나 문제 해결을 할 수 있다는 것을 입증한다. (SBS 2015)

1) 집중력 훈련에 의한 성공적인 학습

집중력 훈련에 의해 두뇌활동을 극대화 시켜 경쟁력 있는 사람이 될 수 있다.

집중력은 수동적인 것과 능동적인 것으로 구분할 수 있다. 수동적 집중이란, 학생들이 시험공부를 하면서 경험하는 집중력이 대표적인 것이다. 능동적 집중이란, 어떤 일을 하는 것이 좋아서 미친 듯이 돌진하는 상태를 말한다.

집중을 한다는 것은 산만한 상태를 벗어나 고도의 집중상태에 접어드는 것으로써, 허용된 시간이 충분히 주어지면 집중상태로 가기가 쉬워져 능동적이 될 수 있다. 그렇다면 수동적 집중에서 능동적인 집중력 훈련을 하기 위해 어떻게 하는 것이 좋을까? 먼저, 매일 1시간씩 운동을 하여 땀을 흘린다. 운동을 하는 이유는 며칠이고 생각할 수 있는 최상의 컨디션을 유지할 수 있기 때문이다. 그다음, 오후 11시에 잠자리에 듦으로써, 경험한 것을 장기기억에 저장하기 좋은 여건을 제공해준다. 수면 중에는 낮에 경험한 것을 해마에서 재정리하고 통합한다고 알려져 있다.

즉 기존의 다른 기억과 관련성을 검토하고 중요한 경험을 장기기억으로 보낸다. 여기서 중요한 경험이란, 강한 감정을 가진 정보를 말한다. 정보가 반복해서 입력되면 강한 감정으로 처리되어 장기 기억에 저장된다. 집중을 할 때는 오로지 주어진 문제만을 반복 생각함으로, 해마는 그 문제를 푸는 것이 매우 중요한 것으로 판단하여 장기기억에 저장을 하는 것이다. 뇌에게 명확한 목표의식을 주어 고도로 활성화된 두뇌를 만들어 수면 중에도 문제해결에 대한 생각을 계속하게 만든다. 그렇게 활성화된 두뇌는 놀라운 문제 해결 능력과 수많은 아이디어를 제공한다.

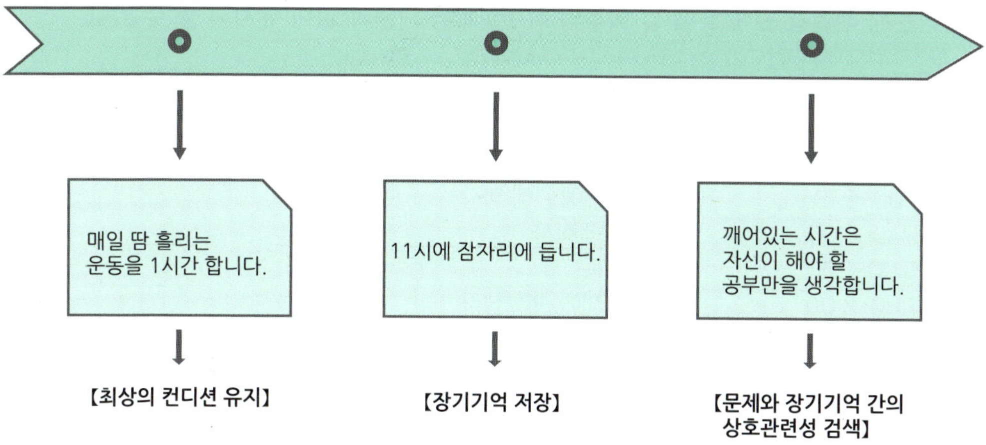

〈그림 12-2〉 공부를 행복하게 만들기 위한 과정

모든 사람이 렘수면(REM, rapid eye movement)중에는 통상 꿈을 꾸는데, 아침에 일어나면 기억을 못해낸다고 한다. 수면 중에 문제해결에 도움이 되는 많은 아이디어가 떠오르지만, 잠에서 깨고 나면 잊어버리는 이유가, 선잠상태에서는 기억에 필요한 신경전달물질의 양이 적기 때문이다.

그러나 아이디어를 얻는다는 것은 수면상태에서 저장된 많은 장기기억 중에서 주어진 문제 해결에 유용한 것을 검색하여 필요한 것을 찾아내는 활동을 말한다. 이때의 검색은 문제와 관련한 장기기억을 통합하여 상호관련성을 찾아내는 고차원적 검색이다.

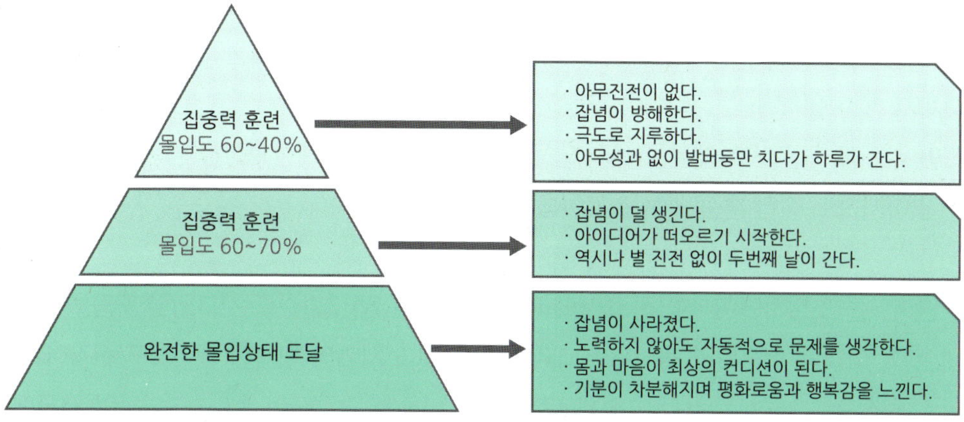

〈그림 12-3〉

□ **문제 해결을 위해 셋째 날 이후의 하루일과를 다음과 같이 유지해 볼 수 있다.**

시 간	할 일
아침 6:00~12:00	문제에 관해 생각
12:00~12:30	점심식사
12:30~1:00	산책하면서 문제에 관해 생각
1:00~5:30	문제에 관해 생각
5:30~6:00	저녁 식사
6:00~7:00	운동
7:00~8:00	문제에 관해 생각
8:00~새벽1:00	잠자기
새벽1:00~새벽 3:00	문제에 관해 생각, 자연스럽게 눈이 뜨임
새벽3:00~아침6:00	잠자기

2) 공부를 행복하게 만드는 방법은 무엇일까?

레오나르도 다빈치에 의하면 의욕이 동반되지 않은 공부는 기억을 해친다고 했다. 의욕이 동반된 학습활동을 하기 위해서는 어떻게 해야 할까? 먼저, 두뇌활동을 최대로 가동시키고 최대의 능력을 발휘하도록 천천히 그 문제에 관해서 생각할 준비를 한다. 여기서 준비란 먼저 온몸에 힘을 빼고 의자에 편하게 앉는다. 그리고 10분정도 아무것도 하지 말고 눈을 감은 채 자신이 공부하려는 내용을 천천히 생각해 본다. 10분정도 천천히 생각하기가 끝났으면 비교적 난이도가 낮은 내용부터 시작한다.

난이도가 낮은 문제는 문제를 충분히 읽어서 완전히 이해한 후 문제를 덮고 연필도 책상 위에 놓아둔다. 그리고 가만히 앉아서 생각만 한다. 문제를 푸는 전략이나 구상이 떠오를 때까지 계속 생각한다. 전략이나 구상이 떠오르면 다시 책을 펼쳐놓고 문제를 보면서 구체적인 수치를 적용하고 계산을 해서 답을 얻어낸다. 이 단문계산과정을 생략하면 계산실수가 많아지므로 직접 훈련해 보는 것이 좋다.

난이도를 조절하면서 주어진 과제에 대해서 생각을 많이 할수록 사고의 즐거움을 경험하게 된다. 따라서 집중도가 올라가면 쾌감이 증가한다. 사기와 의욕이 샘솟고 자신감이 생기며 낙천적으로 변한다. 감각이 섬세해지며 하루하루가 감격적이 된다. 그리하여 결국에는 가치관이 바뀌게 된다.

천천히 진도를 나가서 내용을 충분히 소화해야 집중도가 조금씩 증가한다. 온 몸에 힘을 빼고 의자에 편안히 앉아서 알파파(alpha波)를 유지한 채 천천히 생각하듯이 공부를 하면 의외로 쉽게 몰입하여 오랜 시간 지치지 않고 흥미를 가지고 학습할 수 있다. 그러나 어느 정도 집중해서 공부를 하다가도 인터넷을 하거나 TV등을 보면 집중도가 현저히 떨어진다. 고도의 집중상태에서 책이나 논문을 읽으면 그 내용에 대하여 파악하고 이해하는 정도와 속도가 평소보다 비교 할 수 없을 정도로 깊고 빨라진다.

문제를 풀 경우에도 이렇게 난이도를 조절하면서 집중도를 활용해보자.

먼저, 용어의 정의 등을 모른 채 아주 쉬운 보기 문제 같은 것을 한두 개 풀면서 용어의 정의 등을 파악한다. 그리고는 바로 그 단원의 어려운 문제로 들어간다. 이런 방식으로 미리 공부하지 않은 단원의 문제를 풀다보면, 그 단원에 소개되는 학습내용을 처음 만든 사람의 입장에서 그 문제에 접근하는 효과를 누릴 수 있다. 이런 경험이 있으면 아무도 해결하지 못한 문제를 풀 수 있다는 자신감을 가져다주고 앞으로 배울 내용과 개념을 완전히 파악하여 강의를 통해 설명을 듣는 것보다 스스로 생각해볼 기회를 갖는 것이 훨씬 더 효과적일 때가 많다.

□ **잠자는 시간 이외의 시간은 문제를 풀기 위한 생각만 한다.**

□ **이동 중에도 문제를 생각한다.**

□ **밥 먹을 때도 문제를 생각한다.**

□ **다른 사람과 되도록 이야기를 나누지 않는다.**

3) 시각 단련 훈련

시각을 단련하면 집중력과 기억력이 좋아진다. 학교 등하교길 시간에 주변 풍경이나 사람들을 쳐다보자(Jagdish Mehra 1996. 스치야 도시아키, 구마노 아유무, 2015).

□ 멈춰선 전철 밖의 풍경을 20초간 보고 그 상황을 기억한다.

- 다음에 눈을 감고 그 풍경을 떠올린다.
- 처음에는 사람들의 모습만 떠올린다.
- 걷고 있던 사람은 몇 명인가?
- 남자는 몇 명 여자는 몇 명이며 차림새는 어떠했는지 상상해 보라.

□ 다음 역에 멈춰 서면 처음과 마찬가지로 20초 동안 풍경을 바라본다.

- 그 다음에 눈을 감고 풍경을 떠올려 보는데 이번에는 자동차만 떠올린다.
- 무슨 색의 자동차가 몇 대 있었고 어떤 차종이 달리고 있었는지 등

□ 세 번째 역에서는 건물에 중심을 두고 풍경을 기억한다.

- 전과 마찬가지로 20초 동안만 기억하고 어디까지 기억했는지 확인하라.
- 어떤 건물이 있었는가?
- 빌딩이 몇 채 있었는가?
- 가장 높은 건물은 몇 층 이었는지 등을 짧은 시간에 떠올려야 한다.

□ 네 번째 역에서는 전신주나 가로수 등을 기억한다.

- 이처럼 보는 풍경에 따라 기억할 대상을 한 가지 정한다.
- 이것이 가능해 지면 처음과 두 번째를 묶어 두 개를 합쳐서 연습하면 보다 효과적이다.

집중의 기본은 주의력을 한곳에 모으는 것이다. 한 번 본 것만으로 얼마만큼 기억할 수 있는지 연습하면 집중력을 높일 수 있다.

4) 긍정적인 공부정보 암시법

일의 결과에 대한 확신을 가지고 그것을 머릿속에 그려본다. 만약 병이 있는 사람이라면 건강해지는 것이 가장 절실한 소망일 것이다. 처음에는 병에 대해 잊는 것이 어렵겠지만 소망을 찾아 열심히 움직이게 된다. 이와 같이 목적의식을 갖고 그에 따른 결과를 확신함에 따라, 우리의 뇌는 이리저리 정보를 찾아 움직이게 된다. 그래서 공부정보를 찾아 공부하게 되면 공부 용량이 커지게 된다.

5) 집중력의 효과

집중을 하는 것은 산을 오르는 것과도 같다. 절대 포기하지 말자. 집중을 하게 되면 다른 모든 일에 대한 관심이 사라지고 문제가 자신의 모든 관심사가 된다.

□ 하고 싶은 공부를 하면 밤을 새워도 피곤하지 않다.
□ 공부를 만든 사람은 아무튼 대단한 사람이다.
□ 노는 것도 좋지만 공부를 안 하면 심심하다.
□ 일단 공부를 시작하면 집중해서 할 수 있다.
□ 이 문제를 어떻게 푸는 건지 수업이 기대된다.
□ 책상 앞에서 역사가 이루어진다.
□ 공부하라는 잔소리는 듣기 싫지만 보약이다.
□ 아는 것이 약이다.
□ 어떠한 상황에서도 긍정적 태도를 유지한다.

자신감과 칭찬, 긍정적인 태도를 통해 우뇌에서 밝고 좋은 이미지가 그려진다. 그렇게 되면 좌뇌에서 공부에 대한 더욱 긍정적이고 확신에 찬 생각이 일어난다. 밝고 긍정적인 정보권 안에 있으면 공부에 대해 긍정적이 되면서 공부도 잘될 것이고, 어둡고 부정적인 정보권 안에 있으면 알게 모르게 나도 그 정보를 따라가게 되는 것이 정보의 원리이다. 그래서 공부에 좋은 친구나 환경은 공부에 긍정적인 영향을 끼치게 된다.

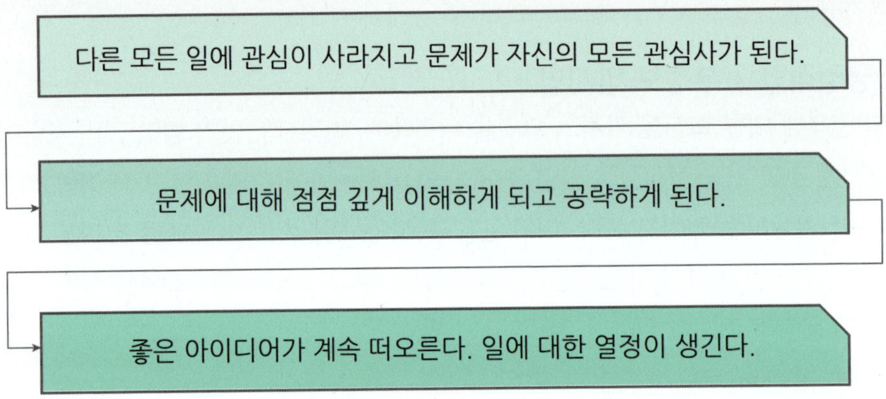

〈그림12-4〉 집중력 훈련의 효과

04 창의적인 힘과 사고력

1) 창의적 힘의 비결

문제를 해결하고 새로운 것을 만들어 내는 과정에서 우리의 머릿속에는 '창의적인 힘'이라는 사고과정이 끊임없이 일어난다. 창의적 사고라는 말이 21세기를 움직이는 키워드라면 지금 이 시대를 살아가고 있는 우리에게 창조적 사고란 어떤 의미일까? 소수의 성공한 기업가들이나 과학자, 예술가 등 위대한 업적을 이룬 사람만이 창조적인 사고를 한 것은 아니다. 창조적인 힘은 누구에게나 있는 능력이며 창조적인 사고를 하면 할수록 즐겁고 활기찬 삶을 누릴 수 있다. 누구나 소망하지만 쉽게 발현되지 않는 창조적인 힘, 하지만 자신의 뇌를 믿고 뇌를 활용하는 감각을 키우면 누구라도 창조적인 능력을 이끌어 낼 수 있다.

뇌과학전문지(이승헌 2015)에서 성인 342명을 대상으로 실시한 설문결과를 살펴보면, 창조적인 사고에 대한 통념을 볼 수 있다.

① 왼손잡이가 오른손잡이보다 더 창조적이라고 생각하는가?

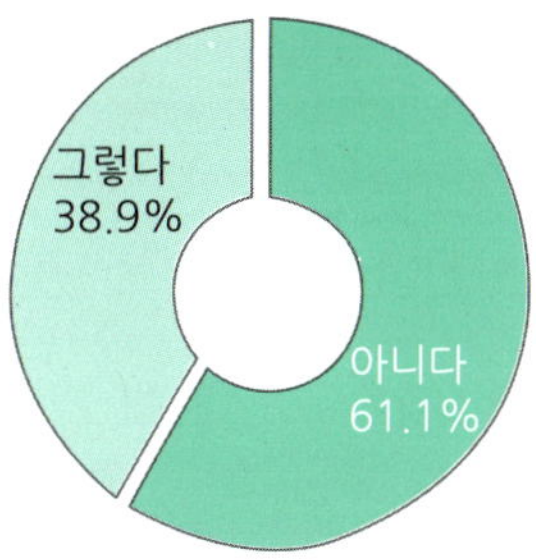

왼손잡이가 오른손잡이에 비해 창조적 사고가 뛰어나고 머리가 좋다는 주장이 있지만 IQ가 148을 넘는 사람들의 모임인 멘사 코리아 회원 중 왼손잡이는 4% 정도다. 창조적인 힘은 좌뇌나 우뇌 어느 한쪽에서 관장하는 기능이 아니다(뇌과학전문지 브레인p4~22)

② 창조적 사고는 나이가 들수록 떨어진다고 생각하는가?

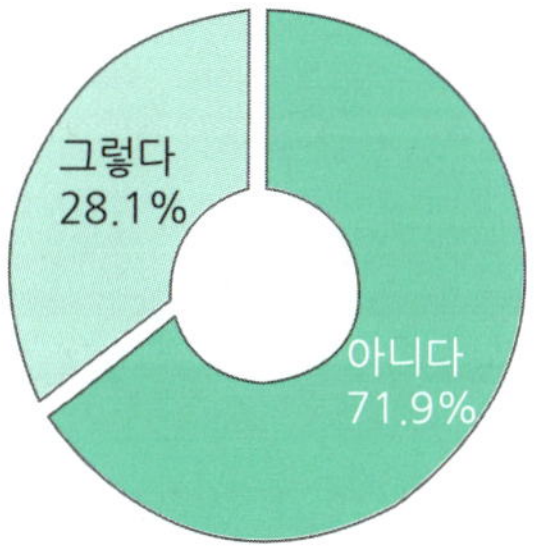

아이처럼 상상의 나래를 마음껏 펼 수 있는 뇌의 유연성은 나이가 들수록 줄어들지만, 하나의 문제를 해결하기 위해서 서로 관련이 없어 보이는 사물 사이의 연관성을 찾아내는 능력은 나이가 들수록 더 커진다. 이는 뇌에서 이곳저곳을 연결하는 회로역할을 하는 백질이 40대 후반이 될 때까지 계속해서 발달하기 때문이다. 중년층은 기억력이나 정보처리 속도는 떨어지지만 중요한 정보를 활용하는 능력은 뛰어나다(뇌과학전문지 브레인 p5~14).

③창조성은 타고난 것이라고 생각하는가?

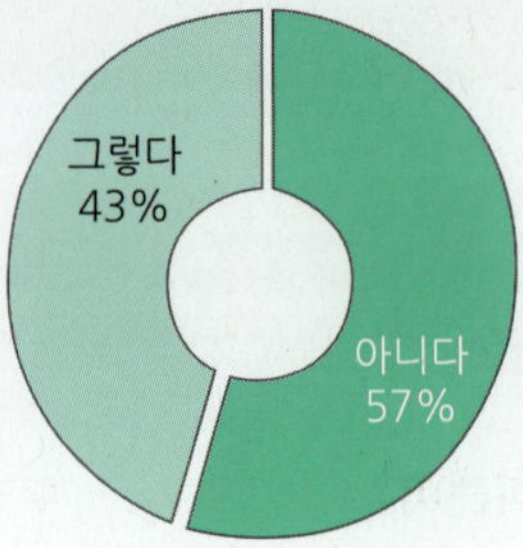

현대무용의 거장 트와일라 타프는 67세의 나이에도 안무를 짜며 왕성한 작품 활동을 한다. 그는 말하길 "창조성은 규칙과 습관의 산물"이다. 끊임없이 노력하는 이들의 모습에서 창조적인 힘이란 단지 타고난 재능이 아니라 노력의 결과라고 할 수 있다(뇌과학전문지 브레인 p3~25)

④ 자신에게 창조적인 영감을 주는 장소를 하나 꼽는다면?

집, 화장실, 버스 안, 나무 밑, 장소와 무관, 침대, 숲 등… 자신이 대체적으로 편안하게 쉬면서 생각할 수 있는 장소를 꼽았다.

⑤ 창조적인 힘을 개발하는데 가장 필요한 것 하나를 꼽는다면?

몰입, 집중, 독서, 산책 등 사람의 생김새만큼이나 창조적 힘은 사람에 따라 다르게 나타나지만, 대체적으로 집중을 하면 창조적인 힘을 발휘하는데 매우 필수적인 요건임을 알 수 있다. 문제에 대한 집중력을 놓치지 않고 몰입해 있을 때 어느 순간 원하는 답을 얻을 수 있기 때문이다.

⑥ 가장 창조적인 외국기업은?

애플, 구글, 닌텐도

애플, 구글, 맥캔토시, 아이팟, 아이폰 등 새로운 문화를 창출하는 스티브 잡스의 이미지도 매우 신선하고 창조적인 느낌을 주고 있음을 알 수 있었다.

⑦ 가장 창조적인 대한민국 기업은?

싸이월드, 안철수연구소, 레인콤, 엔씨소프트, 판도라 TV

설문 등답자들이 꼽은 대한민국의 창조적 기업 톱(top)안에 대기업이 들어가 있지 않은 것이 놀랍다. 대기업보다는 중소 IT 기업에서 창조적 특성이 잘 드러난다.

⑧ 외국인 중 가장 창조적인 인물은?

스티브 잡스, 스티븐 스필버그, 빌 게이츠, 버락 오바마, 워런 버핏

설문에 참여한 응답자의 70%가 애플의 CEO 스티브 잡스를 가장 창조적인 외국인으로 꼽았다. 스티브 잡스는 애플 경영을 통해 기업의 성공이 기술 확보 보다는 창조적 혁신에 달려있음을 보여주었다.

⑨ 가장 창조적인 한국인을 꼽는다면?

봉준호, 박진영, 비, 서태지, 김영세, 안철수, 김연아

봉준호 감독이 가장 많은 창조적 힘을 가진 사람으로 꼽혔다.

창의적, 논리적 생각의 힘을 키우는 문제풀이 방법(미국의 교육학자 John ewey의 제안 방법)에 의하면, 어떤 사람이 아무도 해결책이나 아이디어를 구하지 못한 문제를 해결했다면 그 사람은 창의적인 생각을 했다고 할 수 있다. 결과보다는 처음에 해결책을 모르는 상태에서 출발하여 해결책을 찾으려고 노력하는 활동과정이 창의적인 생각의 힘이라고 할 수 있다. 자신의 한계를 뛰어 넘는 문제를 풀려고 노력하는 활동은 비록 가시적인 결과를 도출하지 못하더라도 의미가 있다는 것이다.

영향력 > 관심

〈그림 12-5〉 보통사람의 창의적 사고

영향력 = 관심

〈그림 12-5〉 성공한 사람의 창의적 사고

2) 창조적 사고력의 5가지 열쇠

첫 번째 열쇠⇒ **목표**

□ 의지의 불을 밝히면 창조적 힘이 깨어난다.

목표지향성은 뇌를 작동시키는 기본 메커니즘이다. 우리가 목표를 만들고 그 의미를 강화시켜 나갈 때 뇌에서는 시냅스 연결이 활성화되며 창조적 힘은 목표를 향해 그 능력을 최대한 발휘한다. 우리의 뇌는 원하는 만큼만 그 능력을 발휘하고 성취한다. 목표가 없이 편하고 자유로운 상태에서 더 창조적일 것 같지만 그렇지 않다. 진정으로 원하는 것이 없고 하고자 하는 의지가 없을 때, 뇌는 무기력해지고 우울해져 창조의 힘을 내야할 이유를 찾지 못한다. 의지와 목표 속에서 뇌 속 네트워크는 새로운 연결을 시도하고 강화해 창조의 불꽃을 터뜨린다. 또한 목표를 이루는 과정에서 생기는 만족감은 즐거움을 넘어서고, 자신에 대한 신뢰는 뇌간의 생명의 힘을 증폭시켜 직관력과 통찰력을 키워준다. 창조적 힘은 학습의 태도라 할 수 있는 목표와 의지 속에서 시작되고 성장한다.

두 번째 열쇠⇒ **집중**

□ 창조적 힘은 집중의 결과이다.

뉴턴은 '문제를 항상 내 앞에 두고 첫 새벽빛이 짙어져 날이 밝아올 때 까지 기다렸다'고 말했다. 창조의 대가들은 자신의 뛰어난 재능만으로 경지에 오른 것이 아니다. 문제에 집중해 끊임없이 시도하고 인내하는 과정을 거치고 나서야 창조적인 성과를 얻는다. 우연한 행운을 뜻하는 '세렌디피티(serendipity)'도 결국 위대한 발견을 이끄는 핵심적인 아이디어는 통상 우연히 떠오른다는 개념을 정의하기 위해 생겨난 단어다. 많은 위대한 발견이 운 좋게도 한순간의 생각이나 영감으로 얻어졌다는 얘기다. 그러나 애초에 아무것도 없는 상태에서 새로운 것이 생겨날 수는 없다. 학습과 경험을 통한 정보의 축적이 풍부할수록 그것을 재료로 창조적 힘이 발휘될 가능성이 높아진다. 우리는 주어진 문제를 머릿속에 품고 한동안 집중을 하다보면 연애하는 것 같은 감정 상태에 이르게 된다. 물론 진전이 없으면 지루함을 느낄 때도 있지만 새로운 돌파구나 아이디어가 떠오르면 강렬한 흥분을 느끼게 된다.

세 번째 열쇠⇒ **연결**

□ 연결의 메커니즘

창조적 힘이라고 하면 흔히 예술이나 문화를 떠올린다. 예술만이 아니라 우리 생활에 필요한 살림살이에서부터 조화롭게 살아가는 모든 삶의 방식이 창조적 사고의 결과이다. 창조적 힘을 빼면 세계는 어쩌면 신기루처럼 흩어질지도 모른다. 세계는 창조적 힘 덕분에 서로 연결되어 함께 숨 쉬고 영향을 주고받는다. 우리 뇌 또한 거대한 네트워크를 이루며 작동한다. 사람은 뇌의 모든 부분을 사용하여 행동하고 사고한다. 뇌 속 시냅스의 연결 패턴은 무한에 가깝다. 새로운 경험이나 학습, 문제해결을 통해 그 연결이 풍성해질수록 우리 뇌는 더 많은 창조적 힘을 이끌어 낸다. 넓은 시야를 가지고 전체의 연결 흐름을 보고 새로운 연결을 시도하자. 창조적 힘은 우리가 알지 못하는 연결 속에서 튀어나온다.

창조적 사고는
무심코 지나칠 수 있는 사물, 주제에 관한
관찰에서부터 시작한다.

네 번째 열쇠⇒ **관찰**

□ 지극히 관찰하라

모든 지식은 관찰에서부터 시작된다. 관찰을 통해 사물의 패턴을 구분해내고 유사성과 독창성을 이끌어내면 창조에 도달하게 된다. 관찰의 비결은 끈기와 참을성에 있다. 무심코 지나쳤던 세계는 그런 관찰자에게 놀라운 모습을 보여준다. 레오나르도 다빈치는 무엇이든 관찰했다. 그 관찰을 토대로 한 상상이 새로운 작품을 탄생시켰다. 가로수, 하늘 등 계절의 변화를 관찰하고 다양한 패턴과 독창성을 지닌 자연 속에서 뛰어난 창조적 힘을 발견할 수 있다.

다섯 번째 열쇠⇒ **독서**

□ 책속으로 빠져보자

글을 읽을 때는 소리 내어 읽지 않아도 귀로 들어온 소리가 어떤 소리인지 판단하는 뇌의 부위가 활성화된다고 한다. 또한 사물을 생각하거나 기억하는 부위도 함께 활성화된다고 한다. 책속에는 일정한 틀 속에서 보여주는 영상미디어와는 비교할 수 없는 상상의 세계가 들어있다. 뇌의 다양한 부위를 자극하고 여러 분야를 연결하고 응용하며 재창조하는 가능성을 증폭시키는 것이 독서이다. 조금은 심오한 인문분야 책으로 빠져드는 것도 좋은 듯하다.

[쉬어가기]

집중할 수 있는 소질이 있는지를 다음의 질문에 예, 아니오로 체크를 해보자. 제한시간은 없으나 솔직하게 대답하자(스치야 도시아키, 구마노 야유무, 1988, PP. 51.).

질 문	대 답
1. 나는 덜렁대며 실수가 잦다	(예 / 아니오)
2. 나는 화가 나면 그 즉시 화를 낸다	(예 / 아니오)
3. 나는 마음 내키는 대로 일을 처리한다	(예 / 아니오)
4. 나는 융통성이 없다는 소리를 자주 듣는다	(예 / 아니오)
5. 나는 침착하게 이치를 따지기 보다는 행동을 먼저 취한다	(예 / 아니오)
6. 나는 일을 너무 어렵게 생각해서 제대로 처리하지 못할 때가 많다	(예 / 아니오)
7. 나는 뭔가 우두커니 생각하다가 시간을 보내는 일이 자주 있다	(예 / 아니오)
8. 나는 한 가지 일에 집중하면 그것이 끝날 때까지 다른 일을 못한다	(예 / 아니오)
9. 나는 관심 없는 일을 모르는 체 한다	(예 / 아니오)
10. 나는 책상 위가 지저분한 것을 참지 못한다	(예 / 아니오)
11. 나는 가벼운 농담을 하거나 수다를 자주 떤다	(예 / 아니오)
12. 나는 단순한 일이라도 끈기 있게 한다	(예 / 아니오)
13. 나는 사람 좋다는 이야기를 자주 듣는다	(예 / 아니오)
14. 나는 뭔가를 시작하면 도중에 그만두지 못하는 편이다	(예 / 아니오)
15. 나는 여럿이 어울리는 것보다 혼자 있기를 좋아한다	(예 / 아니오)
16. 나는 완벽하게 청소하지 않으면 꺼림칙하다	(예 / 아니오)
17. 나는 긴장하거나 불안한 때가 많다	(예 / 아니오)
18. 나는 스스로 억제하지 못할 정도로 흥분하는 일이 자주 있다	(예 / 아니오)
19. 나는 끈기가 없고 작은 시련에도 주저앉고 마는 편이다	(예 / 아니오)
20. 나는 모든 일을 끝가지 추구하고 끈질기게 해내는 편이다	(예 / 아니오)
21. 나는 자신의 결점을 극복하려고 여러 가지 노력을 하지만 결국은 오래 지속하지 못하는 편이다	(예 / 아니오)
22. 나는 어떤 일이 내 자신의 뜻대로 풀리지 않을 때 포기하는 편이다	(예 / 아니오)
23. 나는 일이 제대로 되지 않을 때 언제까지나 푸념만 한다	(예 / 아니오)
24. 나는 모든 면에서 언제나 나쁜 면만 생각한다	(예 / 아니오)
25. 나는 소설을 읽으면 자신이 주인공이 된 것 같은 생각이 든다	(예 / 아니오)
26. 나는 지는 것을 싫어해서 스포츠나 놀이에서 지면 억울하다	(예 / 아니오)
27. 나는 남보다 뒤떨어 졌다고 생각하는 일이 종종 있다	(예 / 아니오)
28. 나는 걱정이 많아서 몸 상태에 남보다 민감하게 반응한다	(예 / 아니오)
29. 나는 뭔가 하고 싶은 일이 있어도 끝내 꺼내지 못한 일이 있다	(예 / 아니오)
30. 나는 제멋대로 행동하는 편이다	(예 / 아니오)

[평가]

2,4,6,8,10,12,14,15,16,18,20,25,26의 질문에 '예'라고 답한 경우는 한 문제에 1점으로 한다.

1,3,5,7,9,11,13,17,19,21,22,23,24,27,28,29,30의 질문에 '아니오'라고 답한 경우는 한 문제에 1점으로 한다. 모두 더해보자.

- 10점 이하 : 나는 어떤 일에 집중해서 목표를 이룰 수 있는 소질이 없습니다. 많은 노력이 필요합니다.
- 11 ~ 20점 : 평균입니다. 방법만 제대로 안다면 충분히 집중할 수 있습니다.
- 21점 이상 : 집중할 수 있는 소질이 뛰어납니다. 나는 강한 의지를 가지고 어떤 일에 집중하면 멋지게 성공할 수 있을 것입니다.

참고문헌 및 참고사이트

이승헌(2015). 브레인. 한국뇌과학연구원.

스치야 도시아키. 구마노 야유무(2015). 강진희역. 일의능률을 올리는 집중기술. 영진닷컴.

황농문(2007). 몰입 인생을 바꾸는 자기혁명. 랜덤하우스코리아(주).

Jagdish Mehra(1996). The Beat of a Different Drum. Oxford University Press.

http://www.iloveulove.com/psychology/maslowhon.htm.

http://en.wikipedia.org/wiki/Maslow%27_hierarchy

SBS 스페셜 몰입, 최고의 나를 만나다(2015)

13 학업스트레스 관리

1. 스트레스 원인과 측정
2. 스트레스 관리법
   1) 충분히 잠을 자자
   2) 많이 웃자
   3) 충분히 몸을 움직이자
   4) 충분히 먹자
   5) 피할 수 없다면 즐기자
   6) 피할 수 있다면 피하자
3. 학습 환경 관리
   1) 공부방 책상배치
   2) 학습효율을 높이는 학습 환경 만들기

13 학업스트레스 관리

여러분들이 스트레스를 받고 있다면 그것을 느낄 수 있다. 스트레스를 받으면 심장의 박동 수가 빨라지고 혈압이 높아져 근육이 긴장되고 동공이 확장된다. 이러한 육체적 변화가 나타나면 수행지수 즉 공부나 기타 일을 수행하는 데 미치는 일반적 영향은 다음과 같다(이종목외 3인, 2013).

- □ 수행수준이 평균이하로 떨어진다.
- □ 정신이 멍해진다.
- □ 극도의 피로를 느낀다.
- □ 우울증에 빠진다.
- □ 공격적이 된다.
- □ 쉽게 동요한다.
- □ 혼란스럽다.
- □ 어떤 일을 할 때에 신속히 하지 못하고 꾸물거린다.
- □ 건망증이 심해진다.
- □ 항상 늦는다.
- □ 변명을 늘어놓는다.
- □ 강의시간을 잃어버리거나 보고서의 마감시간을 놓친다.
- □ 지나치게 말이 많아진다.

스트레스가 없는 삶은 마냥 좋기만 할까? 적당한 스트레스는 삶의 활력소가 될 수 있다. 스트레스가 전혀 없다면 무료함과 권태에 빠질 수 있으며 어느 정도의 스트레스는 오히려 건강이나 일을 수행하는데 긍정적으로 작용한다. 따라서 스트레스를 무조건

없애려고 할 것이 아니라 스트레스를 올바르게 해석하고 긍정적인 사고로 받아들이고 해소하며 극복해야 한다. 도대체 어떻게 받아들이고 극복해야 할까? 지금부터 그 방법을 파헤쳐 보자.

01 스트레스 원인과 측정

과도한 스트레스는 성인병 원인 가운데 약 70%를 차지한다는 의학보고서가 나와 있을 만큼 현대인에게 적이다. 우리나라 사람들은 예부터 어떤 일을 당해도 참아내는 게 미덕이라고 배워 스트레스를 해소 못하고 속병, 화병으로 악화시키는 사례가 많다.

이러한 스트레스를 일으키는 원인은 헤아릴 수 없이 많다. 한국인의 스트레스에 관한 원인을 조사한 결과 1위는 가족 · 친구(26%), 2위는 대인관계(22%), 3위는 직장(18%)으로 나타났다. 그리고 2008년 2학기 설문조사 결과 한양대 학생들의 현재 대학생활에서 당면한 가장 큰 걱정 및 문제는 진로와 취업(45.45%) 및 학점관리(24.52%)로 나타났다(한양대 실태조사보고서11호). 직장인들의 경우 치열한 경쟁과 알아야 할 엄청난 정보량, 급변하는 사회구조와 가치관, 수면부족, 상사와 부하직원 간의 갈등, 과다한 업무량, 노후불안 등으로 나타났다. 이에 비해 일반적으로 대학생들의 스트레스 원인은 학업, 장래 및 진로, 대인관계, 이성문제, 경제 문제 등이 꼽히고 있다. 스트레스의 수많은 요인 가운데 어느 하나라도 잘못되거나 대응처리를 잘못하면 각종 병의 원인이 될 수 있으므로 우리는 이를 긍정적으로 받아들이고 극복할 수 있어야 한다.

□ 나의 스트레스 지수는?

흔히 보이는 스트레스성 신체 증상으로는 불안증, 불면증, 긴장성 두통, 신경성 고혈압, 신경성 소화기 장애, 성 불능증이 있고, 이를 다스리지 못하면 고집불통이나 공격적 성격, 성격 장애 등으로 발전하여 각종 질병에 노출된다.

나의 스트레스 지수는 어느 정도일까? 한번 Check 해보자(한양대 학습법 가이드, 2015)

항 목	전혀 그렇지 않다 (0점)	약간 그렇다 (1점)	대체로 그렇다 (2점)	매우 그렇다 (3점)
1. 쉽게 짜증이 나고 기분의 변동이 심하다				
2. 피부가 거칠고 각종 피부질환이 심해졌다				
3. 온몸의 근육이 긴장되고 여기저기 쑤신다				
4. 잠을 잘 못 들거나 깊은 잠을 못자고 자주 잠에서 깬다				
5. 별다른 이유 없이 불안하고 초조해 한다				
6. 쉽게 피로감을 느낀다				
7. 매사에 집중이 잘 안되고 일의 능률이 떨어진다				
8. 식욕이 없어 잘 안 먹거나 갑자기 폭식을 하게 된다				
9. 기억력이 나빠져 잘 잊어 버린다				

[평가]

총점 30점 기준으로

0–5점 : 거의 스트레스를 받고 있지 않음

6–10점 : 약간 스트레스를 받고 있음

11–15점 : 심한스트레스를 받고 있으므로 신체 상태에 대한 정기적인 건강검진과 더불어 스트레스를 줄이기 위한 적극적인 대책이 필요함

21점 이상 : 매우 심한 스트레스를 받고 있으므로 당장 전문가의 상담이 필요함

번호	항 목	나의 해당사항 √체크		점수
		O	X	
1	가까운 사람이나 친구의 죽음이 있었다			73
2	자기 자신이나 가족의 질병 혹은 부상이 있었다			50
3	임신한 경험이 있다			44
4	현재 성적(sexual) 문제로 고민한 적이 있다			39
5	현재 많은 액수의 빚을 지고 있다			31
6	두드러진 개인적 성취감을 맛보았다			28
7	몇 달 내에 졸업을 앞두고 있다			26
8	최근에 주거조건의 변화를 겪었다			25
9	최근에 개인적습관의 변화가 있다 (운동량의 증가 혹은 감소)			24
10	최근에 일하는 시간 혹은 조건의 변화가 있다			20
11	최근에 이사를 했다			20
12	최근에 학업성취의 변화를 겪었다			20
13	최근에 놀이 혹은 오락의 변화가 있었다			19
14	사회적 활동의 변화를 겪고 있다			18
15	잠자는 습관의 변화를 겪고 있다			16
16	휴가를 다녀왔다			13
17	최근에 크리스마스를 지냈다			12
18	최근에 사소한 규범이나 규칙위반를 했다			11

[평가]

삶의 변화가 많을수록 스트레스를 받을 가능성도 높아진다. 학생들이 받는 스트레스는 대체의 삶의 변화의 정도를 기준으로 0~100의 척도로 나타내었다. 점수를 합계하여100~199의 스트레스 점수는 약한 정도로 약간의 삶의 위기를 겪는 것으로 나타나고, 200~299의 점수는 보통정도의 위기를 경험하고 있음을 나타낸다. 300이상의 점수는 삶의 중대한 문제점이 발생할 수 있음을 시사한다.

02 스트레스 관리법

□ 수면, 학습에 어떤 영향을 미치는가?

〈사 례 1〉
4년 전 서울대 법대에 수석 입학한 A씨 고3때도 하루 7시간을 잤다. 적게 자는 것에 잘난 체 하며 냉소를 보이는 이들에게 A씨는 이렇게 말했다. "나는 7시간을 안자면 낮에 제대로 집중을 할 수 없었다. 내가 최상의 컨디션으로 공부할 수 있는 조건이 7시간 잠을 자는 것이었고 난 그것을 지켰을 뿐이다."

〈사 례 2〉
과학고를 나와 올해 서울대 공대에 입학한 B씨, 과학고를 준비하던 중학교 시절부터 하루 4시간 이상 자본일이 없다. 대학에 입학한 지금도 마찬가지다. 중3때부터 한의원에서 각종 한약을 지어 먹었고 올해만 벌써 네 번째다. 그를 진료한 한의사는 말하기를 "만성수면부족은 만성피로를 낳고 알레르기 비염이나 감기 등 자질구레한 병이 끊이지 않게 한다. 약기운으로 버티어 나갈 수밖에 없다."

황앤리 한의원 황치혁 원장이 쓴 (대한민국 0.1%)에 든 성적 상위 100명중 80명 정도가 6시간 이상 잤다고 대답했다. 잠자는 시간을 쪼개어 공부하면서 온갖 '지병'을 다 얻었는데도 똑같은 결과를 얻은 학생들에게는 억울한 일이다.

1) 충분히 잠을 자자

수면은 피로한 마음의 최상의 약이다.

수면이 부족하면 기억, 집중, 계산력이 떨어져 깨어 있을 땐 배운 내용을 이해하더라도 그것을 저장하지 못한다. 밤12시에서 새벽5시 사이가 최적의 수면시간이다.

잠을 줄인 학생들이 고백한 학습의 효율을 보기로 하자. 2005년 서울 서초구 예송수면센터에서 대학생 312명을 조사한 결과 82.3%의 학생이 수면시간을 1시간에서 3시간정도 줄였다. 이들 중 학습능률이나 성적이 올랐다고 답한 학생은 18.4%에 그쳤다. 예송수면센터 박동선 원장은 '잠자는 시간이 줄면 인지능력이 떨어지면서 기억력과 집중력, 수학계산능력도 같이 떨어진다. 이로 인해 낮에 수시로 졸면서 주의력이 흐트러지고 머리가 아프거나 짜증이 쉽게 나는 등 정신적으로 힘들어 지는 게 문제'라고 말했다.

□ 잠을 줄이면 학습능력이 떨어지는 이유는 뭘까?

충분히 잠을 자지 않으면 기억력과 관련된 뇌 활동을 방해하기 때문이다. 수학공식이나 영어단어를 보고 배우는 순간 '이해'되는 것일 뿐 '기억'은 되지 않는다. 이해된 내용을 기억으로 저장하는 뇌의 작업이 일어나는 건 바로 잠을 자고있는 동안이다. 서울 강남구 서울수면센터 한진규 원장은 '조금 공부하고 많이 기억하는 학생과 많이 공부해도 조금 기억한 학생의 학습능률은 엄청난 차이를 보인다'며 '이러한 차이를 만드는 게 잠이다'라고 했다.

□ 공부를 열심히 하는데 성적이 오르지 않는다면 잠을 충분히 자도록 하자!

10시간을 앉아 공부해도 4시간밖에 못 잔다면, 뇌는 10시간 동안 공부한 양을 전부 처리할 수 없다. 음식물이 영양소로 분해되기 위해서는 위와 장의 소화가 필요하듯, 학습한 내용이 기억으로 저장되기 위해 뇌의 소화가 필요하다. 학습을 위해 수면시간을 줄이는 것은 앞뒤가 맞지 않는다는 게 수면의학 전문가들의 견해다. 예송수면센터 박원장은 "낮에 너무 졸면서 수면클리닉을 찾는 학생들은 한결같이 수면시간을 늘리지 않고 낮잠을 쫓는 방법을 알고 싶어 한다. 성적이 오르지 않는 이유가 낮잠 때문이라고 생각하는데 사실상 밤에 적게 자는 게 모든 문제의 원인이다."라고 했다.

□ 밤에 못잔 학생들은 낮에 자게 된다.

청년기에 생리적으로 필요한 수면시간은 8시간이다. 밤에 4시간을 잤다면 뇌는 부족한 4시간의 잠을 언제고 반드시 되돌려 받는다. 예송수면센터 박원장은 '수면클리닉을 찾는 학생들에게 수면주기 측정시계를 채워 검사해 보면 낮에 조는 시간까지 합쳐 최대 8시간은 자게 된다'고 했다. 낮에 조는 것도 뇌 활동이 느려지기 때문에 수면시간으로 측정된다는 것이다. 예송수면센터의 조사결과를 보면 대학생들의 78.8%가 강의시간에 졸립다고 한다.

□ 그렇다면 매일 8~9시간을 자야할까?

충분한 숙면을 취할 수 있는 있는 시간을 정하여 잔다면 6~7시간을 자도 충분하다. 최적의 수면시간은 밤12시부터 새벽5시를 반드시 포함해야 한다. 앞뒤로 한두 시간을 더 자는 것이 좋다. 사람들마다 수면양도 다르고 자신에게 맞는 수면의 패턴도 다르기 때문에 직접 자신의 몸으로 본인의 생체시계를 찾을 수도 있다. 6시간미만으로 잤는데도 낮에 졸리지 않으면 괜찮다. 단 같은 수면패턴을 3주 이상 지속하면서 몸 상태를 관찰해야 한다.

□ 잠을 30분만 줄여도 기억력에 영향을 끼친다.

학습의 양보다 질이 중요하다. 수면의학자들은 수면이 학습의 '질'을 결정한다고 말한다. '뇌가 가장 활발하게 움직이는 때'가 사람이 잘 때이다. 뇌는 글루코즈라는 포도당을 먹고 사는데 뇌가 글루코즈를 가장 많이 사용하는 때가 잠을 자는 동안이다. 수면 중인 사람의 뇌를 촬영해 보면 글루코즈를 사용하는 부분이 밝게 빛난다. 수면 중에서도 뇌가 활동하는 때가 따로 있다. 수면은 렘수면(Rem : Rapid Eye Movement)과 비렘수면(Non-Rem)으로 나뉜다. 렘수면 동안 뇌가 활동한다. 렘수면 동안 사람의 눈이 빠르게 운동한다고 해서 붙여진 이름이다. 렘수면은 기억을 강화하는 구실을 한다. 낮에 수집한 정보를 오랫동안, 정확히 기억하게 하는 것이다.

□ 수면리듬은 어떠할까?

화학 1문제를 풀고 이해하는 데 걸리는 시간은 10분 안팎, 이렇게 짧은 시간 접수한 정보는 단기기억으로 분류되어 대뇌 피질까지만 전달된다. 이것이 기억능력을 담당하는 '해마'까지 운반되어 중장기 기억으로 바뀌는 시기가 바로 렘수면이다. 오늘 학습한 내용을 중간고사나 기말고사 당일에도 기억해낼 수 있도록 돕는 뇌의 작용이 바로 렘수면 동안 일어나는 것이다.

비렘수면 역시 중요하다. 뇌가 비로소 쉴 수 있는 시간이 이 때 이다. 비렘수면은 4단계로 구분된다. 1.2단계의 얕은 잠과 3.4단계의 깊은 잠으로 이루어지는데, 3.4단계의 과정을 거치면서 사람의 뇌도 쉬게 된다. 깊은 잠을 통해 뇌와 몸이 충분히 쉬지 못하면 잠이 깬 뒤에도 잠을 명령하는 뇌파가 발생해 낮에 졸음이 오고 맑은 정신 상태를 유지할 수 없다.

□ 주의력과 집중력은 어떻게 생겨날까?

3.4단계의 비렘수면은 학습태도와 관련하여 주의력과 집중력에 상당히 많은 영향을 미친다. 3.4단계의 잠을 거치지 않으면 렘수면에 도달할 수 없다는 것도 비렘수면이 중요한 또 다른 이유이다. 수면이 비렘수면과 렘수면이 주기적으로 반복되는 활동이라는 점도 놓칠 수 없다. 비렘수면과 렘수면은 1시간 30분–2시간 정도의 주기로 반복된다. 1시간 30분의 수면주기를 가지고 6시간 동안 잠을 자는 사람은 4번의 비렘수면과 렘수면을 갖는다. 이렇게 해야만 집중력과 주의력이 생겨난다. 게다가 청년기에 수면주기가 길어지면 렘수면이 길어지므로 4번 정도 반복이 가능한 수면시간을 확보해야 뇌가 충분히 기억능력을 발휘할 수 있다. 기말고사 성적을 올리려면 잠을 충분히 자야한다.

□ 수면은 게으름이 아니라 필수적 본능이다.

잠은 의지의 영역이 아니라 본능의 영역이다. 4시간만 자도 거뜬한 나폴레옹형 인간이 있는가 하면 10시간을 자야만 하는 아인슈타인형 인간도 있다. 대학교에 들어오면 시간관리나 시간표를 제대로 작성하지 않아 시간을 허비하는 경우가 많다. 이럴 때 잠을 많이 잤기 때문에 공부를 하지 못했다는 죄책감을 가지기 쉽다. 흔히 우리들은 잠을 의지대로 극복할 수 있다고 믿는다. 그러나 잠은 의지의 영역이 아니라, 식욕 · 성욕과 더불어 3대 본능으로 인정받고 있다. 인간에게 필요한 학습과 일을 하기 위해 필요한 수면의 양은 정해져 있고 이것을 채우기 위해 사람은 끊임없이 자야만 한다. 아침에 스스로 일어나지 못한다면 수면이 부족한 신호이므로 수면 양을 늘리도록 해야 한다.

□ 맑은 아침에 공부하자.

밤늦게 까지 공부하는 것보다 새벽에 일찍 일어나 공부하는 게 효율적이다. 12시부터 5시가 최상의 수면을 이룰 수 있는 시간이라고 할 때 6시전에 일어나 공부하는 것이 1시나 2시까지 공부하는 것보다 낫다. '올빼미형 학습' 보다 '새벽공부'의 효과가 더 높다는 말이다. 그러나 새벽4시에 일어나 공부하는 것은 2시에 잠드는 것과 동일한 이치로 수면

주기를 위협하므로 좋지 않다. 밤과 새벽은 잠을 위한 시간으로 정하고 낮과 저녁시간을 최대한 이용하는 것이 최선이다.

□ 잠자기 전에 밀가루 등 전분을 많이 섭취하는 것은 숙면을 방해한다.

밤늦게 집에 돌아와 간식을 먹는 것은 좋지 않다. 잠자기 전에 당분이 많이 포함된 음식을 먹으면 숙면을 취하기 어렵다. 옥수수, 스파게티, 쌀, 감자, 밀가루 등에 포함된 전분은 소화가 되면서 당분으로 바뀌기 때문에 숙면에 방해가 된다. 기름에 튀긴 음식도 좋지 않다. 배가 고프면 스트레스 호르몬이 분비되어 오히려 숙면을 방해할 수 있으므로 간식을 완전히 배제하지는 말되 식단에 신경을 쓸 필요가 있다.

□ 충분히 자도 피곤할 땐 '수면장애'를 의심해보아야 한다.

수면부족증후군, 수면위상지연증후군, 수면무호흡증 등 우리나라 사람들이 많이 앓고 있는 수면관련 '병'이다. 의학적으로 포장된 용어의 특성 탓에 나의 일이 아니겠거니 한다면 오산이다. 수면부족증후군은 잠을 충분히 못자서 생기는 병이다. 수면위상지연증후군은 잠드는 시간이 너무 늦은 탓에 생기는 병이다. 우리가 아무렇지 않게 생각하는 수면 습관도 수면의학이 발달한 외국에서는 치료를 해야 하는 병으로 분류되고 있다. 수면무호흡증은 잠을 자는 동안 코골이 때문에 기도가 좁아져 숨이 잠시 끊기는 현상을 말한다. 숨이 끊기면 뇌가 살기 위하여 활발히 활동하므로 숙면을 취할 수 없고 충분히 자더라도 피로를 떨칠 수 없다. 수면의 양보다 질과 관련된 병이다. 시험기간에 밤에 숙면을 취하지 못했다면 낮에 틈틈이 시간 날 때마다 잠을 자둘 필요가 있다.

□ 우리가 아무렇지 않게 생각하는 수면습관도 점검해 볼 필요가 있다.

만일 충분히 자도 아침에 일어나기 어렵고 낮에 졸립다면 수면의 질이 좋지 않다는 신호로, 수면무호흡증이나 기타 수면장애 여부를 확인해봐야 한다. 대한 수면연구회(www.sleepnet.or.kr)를 방문하면 수면장애와 관련하여 여러 정보를 얻을 수 있고 수면 클리닉도 찾을 수 있다.

숙면을 취하려면…
1. 스트레스가 심하거나 흥분 상태에선 잠자리에 들지 않는다. 독서·명상·음악 감상 등으로 마음을 먼저 다스리자
2. 잠자리에 누워 그날 즐거웠던 장면, 사람, 대화 등을 떠올린다
3. 오후 4~6시 이후엔 카페인이 들어있는 음료를 피한다. 깊은 수면을 방해할 수 있다
4. 쾌적한 수면 환경을 만든다. 소음, 밝은 조명, 불쾌한 냄새, 불편한 잠옷 등은 숙면을 방해한다
5. 수면 리듬을 일정하게 유지한다. 불규칙한 수면 습관은 생체시계에 혼란을 일으켜, 수면의 질을 떨어뜨린다
6. 꿈자리가 사나운 현상이 반복되면 수면전문의 상담을 받아 보자
7. 코골이, 수면무호흡증, 사지불안증, 수면마비, 렘수면 행동장애 등 수면을 망치는 질환을 먼저 치료해야 한다
8. 술을 삼간다. 술은 얕은 잠만 자게 해 수면의 질을 나쁘게 한다
9. 취침 전 6시간 전에는 카페인이 든 커피나 음료를 마시지 않는다
(도움말 : 예송수면센터 박동선 원장/ 서울 수면센터 한진규 원장)

2) 많이 웃자

<사 례 1>

펜실베니아 대학의 Martin Seligman 은 그의 '학습된 낙천자'라는 저서에서 1980년에 심장마비를 앓았던 96명을 조사한 결과 8년내에 두 번째 심장마비가 왔을 때 가장 비판적으로 분류된 16명중 15명이 사망했으나, 가장 낙천적으로 분류된 16명 가운데 5명만 죽었다. 웃음이 많은 낙천적인 학생들은 학업성적이 더 높고 주위사람들과 친하게 지내며 그들에게 학습의 도움을 이끌어 내는 경우가 많다.

<사 례 2>

대학생을 피험자로 하여 특정한 운동을 시키고 운동전후의 우울의 정도를 비교 조사하였다. 이들은 주당3일 하루에 30분씩 조깅, 테니스, 또는 레슬링을 하였다. 10주 후 우울증의 수준을 검사해본 결과 10주 전에 비해 우울증의 수준이 현저하게 떨어졌음을 발견하였다. 달리기는 우울증 치료에 특히 효과가 큰 것으로 나타났다.

□ 유머와 웃음만큼 효과 있는 스트레스 해소책은 없다.

아기들은 생후 2~3개월부터 웃기 시작하여 급속하게 웃음의 횟수가 많아진다. 6세 아이는 하루에 보통 300회 웃는다. 하지만 성인이 되면 15~100회 정도로 점차 줄어든다. 우리가 크게 웃을 때 신체에서 혈액순환을 증가시키고 상체의 근육을 단련시키며 심장박동수를 높여주어 허파에서 노폐된 공기를 바깥으로 내보내 준다고 말한다. 캘리포니아 로마린다 의대의 버크 교수의 실험에 의하면 웃음이 면역계와 신경 내분비계에 큰 영향을 미친다고 했다. 웃음은 체내에서 스트레스 호르몬인 코티졸과 에피네프린의 양을 줄여주고, 동시에 몸의 항체인 T세포와 NK세포등 각종 항체를 분비시켜 더욱 튼튼한 면역체를 갖게 한다. 몸을 움직이면서 박장대소를 하거나 깔깔대며 오랫동안 웃는 것은 보약이나 다름없다(김홍자 재인용, 2016).

**웃음은 마음의 치료제일뿐만 아니라 몸의 미용제이다.
당신은 웃을때 가장 아름답다**

- 웃음은 스트레스 수준을 넘어 무력증을 예방해 준다.
- 사기를 높여주어 15%의 학습능률을 40%까지 높여준다.
- 변화에 대한 적응력을 향상시킨다.
- 의사소통력을 계발시켜 친구들 간의 대화에 효과적이다.
- 싫증을 없애주고 창의력을 증가시킨다. 웃음은 두뇌를 자극하여 창의력을 발휘할 수 있는 화학물질을 생성한다.
- 자신감을 가져다주어 추진력과 성취도를 높여준다

문 항	점 수
1. 내가 배꼽을 잡고 웃는 것을 종종 본다	1 2 3 4 5
2. 나는 다른 사람과 어울리기 좋아하는 재미있는 사람이다	1 2 3 4 5
3. 내 유머감각 때문에 나의 사교성이 한층 더 넓어진다	1 2 3 4 5
4. 나는 자연스럽게 활동한다	1 2 3 4 5
5. 적당한 상황에서 우스꽝스러운 행동을 해도 괜찮다고 느낀다	1 2 3 4 5
6. 나는 시간을 정해놓고 정규적으로 웃고 논다	1 2 3 4 5
7. 나는 내 자신의 실수를 보고 웃을 수 있다	1 2 3 4 5
8. 나는 어려운 상황에서 웃음으로 국면을 전환한다	1 2 3 4 5
9. 나는 다른 사람이 즐겁도록 유머를 사용한다	1 2 3 4 5
10. 나는 다른 사람의 기분을 상하게 하는 유머는 피한다	1 2 3 4 5
11. 나는 비꼬는 말투나 부정적인 유머를 피한다	1 2 3 4 5
12. 대부분의 상황에서 긍정적인 면을 볼 수 있다	1 2 3 4 5
13. 나는 공휴일이나 휴일에는 쉰다	1 2 3 4 5
14. 나의 가족과 친구들은 나의 유머감각을 도와준다	1 2 3 4 5
15. 스트레스를 느낄 때도 유머감각을 잃지 않는다	1 2 3 4 5
16. 나는 학교나 가정에서 웃으며 일하는 것에 익숙하다	1 2 3 4 5
17. 나는 휴식을 먼저하고 공부는 다음에 한다	1 2 3 4 5
18. 내 유머감각은 나의 가장 좋은 성격 중의 하나이다	1 2 3 4 5
19. 나는 웃음이 내 건강에 도움을 준다고 생각한다	1 2 3 4 5
20. 많이 웃으면 웃을수록 기분이 더 좋아진다	1 2 3 4 5

〈표 13-2〉 캐트린 펜익이 개발한 20개 항목으로 구성된 웃음지수 검사

[평가]

그렇다면 여러분들은 얼마나 웃는가? 1955년에 캐트린 펜익이 개발한 20개 항목으로 구성된 웃음지수 검사를 해보기로 한다. 각 항목을 읽고 전혀 아니라고 생각하면 1점, 아주 드문 경우는 2점 가끔은 3점 그리고 종종은 4점, 항상은 가장 높은 점수인 5점이다. 총점이 75–100점이면 웃음지수가 대단히 높은 것이다. 50–75점은 평균이며 25–50점은 낙제점이다.

3) 충분히 몸을 움직이자

몸을 충분히 움직이면 머리가 좋아지고 학업에 대한 스트레스와 불안이 감소하며, 자아 존중감과 과제에 대한 집중력이 향상된다.

몸동작에 따라 뇌기능과 학습력 향상을 목적으로 뇌의 우반구와 좌반구 및 신체를 통합하기 위해 동작을 적용하려는 이론으로서 몸동작을 통해 두뇌를 활성화시킴으로써 학습의 효과를 증진시킨다.

□ 운동은 주3-4회, 50-80%의 목표량을 지켜야 한다.

운동할 때는 조금 힘들 정도로 몸에 땀이 날 때 까지 하는 것이 이상적이다. 운동은 최소한 하루에 20분 이상은 해야 하며 30-60분이 가장 바람직하다. 성인병 예방의 측면에서는 운동 강도는 낮게 하고 운동시간은 다소 길게 잡는 것이 바람직하며, 비만일 경우에는 시간을 좀 더 길게 잡아 60분 이상 하는 것이 신체의 지방을 효과적으로 더 많이 빼낼 수 있다.

	몸 동 작			
독해력 높이기	장딴지 근육 늘이기	발목 구부렸다 펴기	엉덩이 근육이완 하기	
수학적 기능 기르기	코끼리의 동작을 흉내 내어 무한대 모양그리기	장딴지 근육 늘이기	목 돌리기	상체를 쭉 늘어뜨리기
창의적인 작문을 위해서	장딴지 근육 늘이기	발목 구부렸다 펴기	하품하면서 턱관절 누르기	
긍정적 자아개념 육성	앞이마 양쪽 누르기	양손 깍지 끼우고 가슴 앞에 모으기	귀 뒤쪽 목덜미 누르기	
긴장하지 않고 시험 잘 치르기 위해	물마시기	천천히 무한대 모양 그리기	양손 깍지 끼우고 가슴 앞에 모으기	반대쪽의 팔과 다리를 함께 움직이기
컴퓨터 작업을 위해서	물마시기	양손 깍지 끼우고 가슴 앞에 모으기	목 돌리기	
주의 집중력을 기르기 위해서	장딴지 근육 늘리기	발목 구부렸다 펴기	상체를 쭉 늘어뜨리기	어깨 잡고 머리 돌리기
기억력을 높이기 위해	무한대 모양 그리기	어깨 잡고 머리 돌리기	귀의 말린 부분 펴기	
창의성을 키우기 위해	좌우동형의 그림그리기	발목 구부렸다 펴기	장딴지 근육 늘이기	하품하면서 턱관절 누르기
원만한 대인관계를 유지하기 위해	장딴지 근육 늘이기	발목 구부렸다 펴기	하품하면서 턱관절 누르기	척추를 구부렸다 펴기

□ 스트레칭도 훌륭한 스트레스 해소법이다.

쉬는 시간 학교 캠퍼스를 이동하면서 가벼운 스트레칭을 하는 것도 효과적이다. 숨을 들이마시면서 자신의 얼굴, 목, 어깨 그리고 팔에 힘을 준다. 각 부분에서 느껴지는 근육의 긴장감에 주의를 집중한다. 그리고 각 부분의 긴장감이 몸 밖으로 빠져나가는 것을 느끼면서 숨을 천천히 내쉰다. 근육의 힘이 완전히 빠질 때 까지 천천히 힘을 뺀다. 이러한 절차를 가슴 그리고 복부에 반복한다. 엉덩이, 다리, 팔에도 마찬가지로 실시한다. 주의할 점은 온 정신을 집중해서 실시해야 한다는 것이다.

- 손을 깍지 낀 채로 손바닥이 위로 향하게끔 두 팔을 곧게 쭉 뻗는다. 그런 후에 두 팔을 내리고 편히 쉰다. 이 두 가지 동작을 반복한다.
- 머리를 시계 방향과 반시계 방향으로 천천히 돌린다. 각각 3회씩 반복한다.

- 머리를 앞으로 숙이고 왼쪽 오른쪽으로 가능한 한 크게 돌린다. 10번을 반복한다.
- 머리를 어깨 쪽으로 가능한 한 평행이 되게 구부리고 왼쪽, 오른쪽으로 번갈아 구부리되 10번은 천천히, 10번은 빨리 한다.
- 양어깨를 으쓱 올렸다 내린다. 올릴 때는 가능한 높이 올리고 내릴 때는 힘주어 밑으로 끌어 내리는 기분으로 한다.
- 흔들리지 않는 의자에 앉아 손을 등받이 뒤로 돌려서 양손을 서로 깍지 낀다. 양 어깨뼈를 뒤로 힘껏 젖히고 천천히 앞으로 굽힌다.

□ 복식호흡

코로 숨을 들이마시면서 천천히 넷까지 센다. 아랫배 근육에 힘을 주면서 폐에 공기가 가득 차도록 윗배를 부풀린다. 숨을 멈추고 넷까지 센다. 그 다음에는 숨을 천천히 내쉬면서 넷까지 센다.

□ 리듬에 따라 움직이자.

노래나 음악처럼, 춤추기는 개인의 기분을 변화시킬 수 있고 하루 혹은 일주일 또는 그보다 더 긴 기간에 걸쳐 긍정적 경험을 느끼게 한다. 리듬에 맞춰 몸을 움직일 수 있는 기회를 찾아보자.

4) 충분히 먹자

□ 물 마시기

깨끗하고 시원한 물을 마시면 에너지가 강화되고 집중력이 증진되며 정신적, 신체적 협응이 잘되며 학업기능이 향상된다. 따라서 신선하고 깨끗한 물을 하루에 8잔~10잔을 마시는 것을 습관화하고 생활화하자.

□ 아침식사를 거르지 말아야 한다.

아침식사가 밤새 굶주린 뇌에 공급하는 포도당의 양을 증가시키기 때문에 뇌기능과 학습능력 및 일반적인 정서적 심리적 건강을 향상시킬 수 있다. 좋은 아침식사는 곡물과 요구르트, 과일, 씨앗과 땅콩 등을 곁들여 먹는 것이다.

□ **빵은 버터와 잼을 바르지 않고 먹는다.**

빵과 곡물류에는 단백질, 비타민, 철분이 포함되어 있다. 쌀과 파스타를 섭취할 때도 지방과 설탕이 많은 소스는 피하자.

□ **좋아하는 과일을 많이 먹자.**

과일과 야채류에는 지방이 적고 섬유질이 많으며 비타민A와 C, 칼슘, 마그네슘, 철분이 함유되어 있다. 그러므로 자기가 좋아하는 과일을 먹으면 된다. 열대지역에서 생산되는 애보타나 올리브는 지방분이 많기 때문에 피해야 한다.

□ **튀긴 음식이나 전분이 많은 음식은 피하자.**

피를 탁하게 하여 두뇌세포의 성장을 방해하는 지방, 기름에 튀긴 음식, 가공식품은 되도록 먹지 않는다. 이러한 음식은 칼로리를 생성하며 체중을 증가시키는 기능을 한다. 지방과 당분이 적은 음식을 섭취한다. 버터와 쇼트닝은 피하고 튀긴 음식과 크림소스는 삼간다.

□ **무지방 우유를 마시는 것이 좋다.**

우유나 요구르트에는 단백질, 칼슘, 그리고 여러 종류의 비타민이 포함되어 있다. 그 대신 저지방 우유나 저지방 치즈나 요구르트 등을 많이 마신다.

ㅁ 고기, 생선, 마른 콩 및 달걀을 충분히 섭취하자.

고기와 달걀을 대량 섭취하는 것은 삼가야 하고 고기는 살코기만 먹어야 한다. 생선을 충분히 섭취한다.

□ **견과류 섭취를 충분히 한다.**

호두 · 아몬드 · 땅콩과 같은 견과류, 호박씨 · 해바라기씨와 같은 씨앗류는 기억과 사고를 위하여 뇌에 좋은 음식이므로 충분히 섭취하도록 한다.

5) 피할 수 없다면 즐기자

□ 유심기법(Mind-Over-Matter Solution)을 사용하자.

유심기법이란 스트레스를 변화시키고 차단하기 위해 사용하는 마음을 조절하는 방법이다. 경우에 따라선 스트레스를 예견할 수도 피할 수도 없기 때문에 처한 상황에 맞게 마음을 변화시키는 것이다.

예를 들어 댄스파티에 가기로 했는데 파트너가 없어서 스트레스가 발생했다고 하자. 그 이후 스트레스의 원인을 없애기 위해 누군가에게 같이 가자고 제안했지만 거절당했다면 유심기법을 이용해 보자. 상상할 수 있는 최악의 상황은 댄스파티에 혼자 가는 것이다. 파티에 혼자 참석하는 사람도 꽤 많을 것이다. 혼자 온 사람과 짝이 될 수 있고 파트너와 함께 갔을 때보다 더 많은 사람과 춤출 수 있는 기회를 가질 수도 있다(이종목외3인, 2013).

□ 긍정적인 Mind로의 전환

대부분의 사람들은 스트레스를 많이 받게 되면 저절로 '죽겠다'는 말을 연신 쏟아낸다. 그러나 옛말에도 '죽을 각오로 살면 못 이룰 것이 있을 쏘냐!!'라는 말이 있다. 항상 긍정적인 Mind로 새로움(New)을 추구해보자. 인간이라면 누구나 실수할 수 있고, 어떤 일이든지 완벽한 결과는 없다. 혹 실수를 하더라도 '언젠가 한번쯤 겪었을 일', '다음에 이런 실수 안하면 되지'라고 생각하고 다른 일에 몰두해보자. 긍정적인 자세로 세상을 보면 일을 기분 좋게 마무리할 수 있다(Alman, B. 1996).

ㅁ 사람에 취하고 술은 이겨보자.

대인관계에서 오는 스트레스를 푸는데 '술'만큼 좋은 녀석도 없다. 직접적인 이해 당사자 간의 술자리를 통한 해결 뿐 만 아니라 특정인에 대한 '뒷 담화'까지… 그만큼 술은 사람의 마음을 녹이고 진실을 쏟아내게 하는 마력이 있다. 현대인들의 아이러니는 솔직하면서도 가식적이라는 것이다. 술이 몇 순배 돌아가면서 어느 정도 가면을 벗고 서로가 소통의 장으로 이어질 때 진실한 대화가 오고 갈 수 있다. 깔끔한 술자리를 통한 진실한 대화, 어쩌면 여기에 모든 스트레스를 풀 수 있는 Key가 숨어 있을 수 있다(한양대 학습법 가이드, 2015)

□ **아무 생각 없이 쉬어주기**

신문, TV, 잡담은 절대로 좋지 않다. 언어적 정보가 머릿속에 들어오면 모처럼 암기한 것을 잊어버릴 수 있기 때문이다. 그냥 아무 생각 없이 음악, 사진, 그림책 등 비언어적인 것을 감상하면서 우뇌를 사용하는 것이 좋다. 약10분 정도의 낮잠으로 좌뇌를 쉬게 하면 머리가 맑아진다(한양대 학습법 가이드, 2015).

적당한 휴식은 스트레스 해소에 많은 도움이 된다.

□ **친구와 수다 떨기**

마음이 통하는 사람과 만나 이야기를 나누다 보면 많이 웃게 된다. 즐거우면 웃음이 많아져 엔돌핀이 생성되는 법. 불안하고 우울했던 마음이 사라지고 스트레스도 저절로 풀리게 된다. 여자들 뿐 만 아니라 남자들도 할 수 있다.

□ **고전음악을 듣자.**

UCI (University of California at Irvine)연구원들은 5일에 걸쳐 한 집단은 '모차르트의 두 대의 피아노를 위한 소나타'와 바이올린 협주곡 3번과 4번을, 다른 집단은 아무음악이나 소리 없이, 세 번째 집단은 필립글라스의 음악과 책을 읽는 소리 그리고 댄스음악의 일부가 포함된 다양한 소리를 들었다. 첫째 날과 둘째 날 소리 없이 지낸 집단은 형태인식

점수가 14%향상되었고, 다양한 소리에 노출되었던 집단은 11%향상되었으며, 모차르트의 음악을 들은 집단은 62% 향상되었다. 그 다음날도 모차르트의 음악을 들은 집단은 여전히 높은 점수를 획득했지만 다른 집단은 지속적인 향상을 보이지 않았다. 연구원들은 모차르트의 음악이 공간적 추론과 연관된 창조적인 우뇌를 강화시킨다고 발표했다.

□ 시집을 한권 선택해서 노트에 적는다.

시집 한권을 선택해서 그 내용을 천천히 자신의 노트에 적고 그 내용을 천천히 세 번 읽어본다. 그리고 그 내용에 대한 이미지를 그림으로 간단하게 떠올려 본다.

□ 따뜻한 물에 몸을 담근다.

따뜻한 물에 몸을 담그고 언어중추와 숫자나 문자, 기호, 분석적 사고를 담당하는 왼쪽 뇌를 쉬게 한다.

□ 스트레스를 받고 있을 때 공부를 해야 한다면

슬럼프에 빠졌을 때나 걱정이 있을 때는 새로운 내용을 예습하는 것보다 기억이 희미한 부분이나 틀렸던 문제만 확인한다. 교재를 읽는 것보다 귀로 듣는 것이 좋다. 눈을 움직일 때는 자신의 의지가 필요하지만 고막은 의지와는 무관하게 진동하기 때문이다.

□ 가족과 친구들과 건강한 관계를 유지한다.

서로 사랑하는 친화적인 '조직'내에 있게 되면 자신이 중요한 사람이라고 느껴진다.

□ 봉사활동을 하자.

봉사활동은 자기는 잊어버리고 다른 사람을 위한 일을 하는 것이다. 누군가에게 선물을 주거나 아무런 대가 없이 남의 부탁을 들어주어 보자. 그렇게 하면 자신에 대하여 긍정적으로 생각하게 된다. 선행을 하게 되면 뇌의 A10 영역에서 엔돌핀과 엔케팔린 등의 물질이 분비되고 이 때문에 면역력도 증가하면서 통증을 억제시킨다. 뿐 만 아니라 봉사활동을 하는 사람은 사망할 확률이 60% 가량 줄어든다는 연구결과가 있다.

□ 언제 어느 곳에서나 노래하자.

삶을 동기화하고 흥분시키는 일련의 경험들을 추구하게 되면 측두엽을 긍정적으로 자극하여 기억을 촉진시킨다. 샤워하면서 노래를 부르면 측두엽을 치유할 수 있다. 군대에서 기초 훈련을 받을 때, 행진을 하면서 종종 노래를 부른 경험이 있을 것이다. 흥미롭게도 그 노래들은 오랫동안 기억된다. 발성연습은 특히 뇌파의 균형을 유지시키고 깊은 호흡을 하게하며 심장박동을 낮추고 일반적인 편안함을 제공한다.

- 아~ : 즉각적으로 이완반응을 유발한다.
- 에~ 이~ : 가장 자극적인 모음으로 고통과 분노를 해소하고 집중력을 높여준다.
- 오~ : 가장 풍부한 소리로 체온을 따뜻하게 하고 근육의 긴장을 풀어준다.

6) 피할 수 있다면 피하자(Alman, B. 1996 재인용)

□ 도망가기(flight, sleeper effect)

어떤 방법으로 해결되지 않는 문제가 있을 때에는 잠시 동안 일과 걱정거리를 밀어놓고 다른 활동에 몰입하다 보면 새로운 각도에서 그것을 바라보는 눈이 생겨 의외로 쉽게 그 문제를 해결할 수 있는 길이 열리기도 한다. 가구배치나 책상정리 등으로 환경을 바꾸거나 취미, 오락에 가끔씩 전념해 보는 것도 일상생활에 활력을 준다.

□ 아니면 아니라고 확실하게 거절한다.

어떠한 문제에 직면했을 때 해결할 능력이 없다면 '아니오', '안돼'라고 말할 수 있어야 한다. 거울 앞에서 자기 자신에게 '아니야 성적이 나쁘다고 해서 실망하지는 않을 거야'라고 거울 앞에서 연습하자. 이 연습을 함으로써 자신이 얼마나 강한 사람인가를 아는데 도움이 된다. 가족이나 친구에게 '아니오'라고 말하는 것을 연습하자.

만약 자신이 아닌 다른 사람에게 '안돼'라는 말을 하려면 거울 앞에서 연습한 것으로 충분치 않다. 실제로 '안돼'라고 말하라. "안돼, 친구야. 네가 A를 싫어한다고 나까지 그 애를 무시할 순 없어"라고 말하자.

□ 되도록 간단하게 말하자.

장황한 변명과 사과는 다른 사람에게 또 다른 변명과 여지를 주게 된다. 정중하게 그렇지만 직접적으로 자신의 계획과 이유에 대해서 말한다.

□ 침묵도 때론 효과가 있다.

만약 누군가 나의 뜻에 반하여 뭔가를 하도록 강요하려 하지만 이미 나의 의견을 말했다면 아무 대꾸도 하지 않는 것이 좋다. 동시에 자신에게는 '안돼'라고 반복해서 되새긴다.

03 학습 환경 관리

1) 공부방 책상배치

□ 공부방으로만 사용할 경우(Biopark, 2008)

책상 배치는 방문의 대각선 벽 쪽으로 하는 것을 원칙으로 한다.

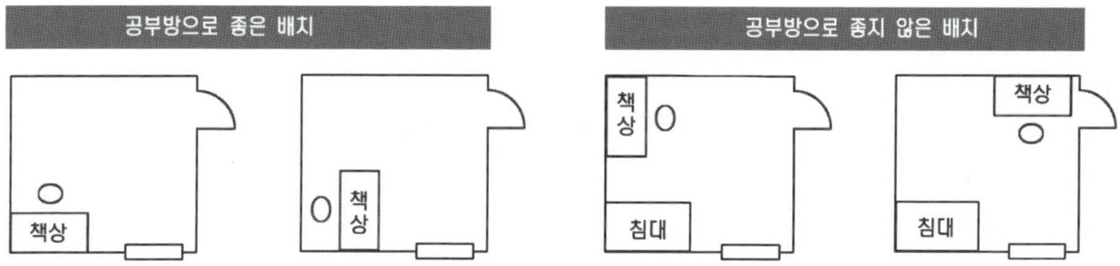

그림 1 그림 2 그림 3 그림 4

그림1, 2〉 방문을 바라볼 수 있는 위치로 기의 흐름도 좋고 마음이 안정되어 집중이 잘 된다.

그림3〉 방문을 등지는 위치는 주의력이 떨어진다.

그림4〉 창문을 등진 위치는 뒤가 허전하여 불안하다

□ 책상을 놓을 때는 방문을 등지고 있게 해서는 안 된다.

문이란 그 공간과 외부 공간의 기를 교류시키는 역할을 하고 있기 때문에, 순환되지 않는 기가 유입되는 문을 등지고 있게 되면 심리적으로 불안해지고 주의력이 떨어진다. 책상의 좌우 옆면 중 한쪽이 문 쪽을 향하거나 얼굴이 문을 향하는 방향으로 배치시키는 것이 좋다. 특히 의자가 벽을 향하게 하여 등을 벽 쪽으로 향하고 있는 모양이 되게 하면 심리적으로 든든해지고 안정되어 학습 집중의 효과가 상승된다. 학생의 방에서 가장 중요한 책상의 방향은 직각이 되는 방향으로 놓는 것이 좋다.

□ 방문의 대각선 방향에 있는 벽의 제일 안쪽에 침대를 놓는다.

침실과 공부방을 겸용하는 경우에 침대는 대각선 방향에 있는 벽의 제일 안쪽에 침대를 놓고, 침대머리는 벽을 향하도록 하고, 벽에서 30센티미터 이상 침대를 띄운다. 그 다음 침대 옆에 나란히 책상을 배치하되 의자에 앉았을 때 벽을 볼 수 있도록 배치한다.

□ 공부방과 침실을 겸하여 침대와 책상, 책장, 옷장을 다 들여놓고 싶 다면 편안하게 공부를 할 수 있는 배치가 좋다.

모서리나 벽이 바닥과 맞닿는 지점은 기가 정체되어 먼지가 쌓이기 쉬우므로 벽에서 30센티미터 정도 띄운다. 사정상 창문 쪽으로 책상을 배치해야한다면 너풀거리는 커튼보다는 창문에 꼭 맞는 롤스크린이나 로만 쉐이드를 설치한다. 수직 블라인드는 정신을 산만하게 하므로 피한다.

□ 북쪽의 공부방은 주의력이 깊어진다.

성격적으로 차분하고 외부에 대한 관심을 끊고 오직 공부에만 열중해야할 경우에는 북쪽의 공부방이 좋다.

□ 가장 효과적인 공부장소는 자신의 공부방 이외에 도서관이나 빈 강 의실 등 집중이 잘되는 장소가 있을 것이다.

주위 환경이 공부하기 적절하지 않다면 도서관에 간다. 졸음과 공부장소와도 밀접한 관련이 있다. 같은 도서관에서도 위치에 따라 졸음이 쏟아지는 장소가 있고 정신이 맑아지는 장소가 있다. 공부하기 적절한 장소를 택했다면 같은 장소에서 공부하는 것은 학습 환경 점검 시간을 줄이고 주의 집중도와 학습 효율성을 높이는 한 가지 방법이다. 도서관 외에 과사무실이나 동아리 회관에 마련된 공부방도 포함된다. 통학하는 학생의 경우에는 주중에는 학교에서 공부를 하고 주말에는 집과 가까운 도서관을 찾아가 공부하는 것도 좋다.

2) 학습효율을 높이는 학습 환경 만들기(Daniel G. Amen, 2002)

□ 자신의 근심 걱정거리를 없앤다.

자신의 근심 걱정거리를 모두 해결해서 아무런 걱정이 없어야 한다. 외부의 기대, 각종 자부심과 자만심, 수치스러움과 실패에 대한 두려움을 떨쳐낸다. 오직 진실로 중요한 공부만 남기자.

□ 학기 달력표를 이용하자.

과제나 시험, 리포트를 모두 달력에 기록해 두자. 학기 일정표나 달력을 가까이에 두고 공부를 방해하는 걱정거리들을 기록해 둔다. 예를 들어 은행에 들르기, 세탁소 가기 등을 적어놓음으로써 정신을 명확하게 하고 공부에 집중할 수 있다.

□ 혼자 학습할 수 있는 공간이 필요하다.

학습에 집중하기 위해서는 한적한 장소의 조용하고 방해받지 않는 독방이나 혼자만의 공간이 있어야 한다. 방에 다른 사람이 한 명만 있어도 한 가지 문제에 집중하는데 방해가 된다. 상대의 말이나 행동 등에 반응을 보이기 위해 뇌의 일부를 대기 상태로 준비하고 있기 때문이다. 학습에 완전히 집중을 하려면 뇌 전체가 문제를 푸는데 전력을 해야 하는데, 그 중 일부가 다른 자극에 대기 상태가 되면 집중을 하기가 어렵다. 그러므로 반드시 혼자만의 공간을 확보한다.

□ 편안한 의자나 소파를 준비한다.

자세가 편할수록 공부에 집중이 잘된다는 점을 기억하기 바란다. 잔뜩 긴장한 채 생각을 하면 머리가 곧 피곤해 지고 문제를 푸는 기량은 오히려 떨어진다. 천천히 생각하기를 하려면 우선 조용히 명상을 한다고 생각하자. 온몸의 힘을 빼고 안락한 의자에 편안하게 기댈 수 있어야 한다. 눈을 감고 몸의 안락함을 유지한다. 안락한 상태가 만들어 지면 이제 천천히 주어진 문제를 생각하기 시작한다. 마치 마음의 산책을 하듯이 천천히 걸어간다는 느낌으로 생각을 하는 것이다. 이렇게 천천히 생각하는 방법을 터득하면 아무리 오래 생각해도 지치지 않는다. 오히려 천천히 생각할수록 아이디어가 더 잘 떠오른다.

ㅁ 불필요한 외부 정보를 차단하라.

공부에 집중하기 위해서는 신문이나 TV시청 등 외부 정보가 자신의 뇌에 입력되는 것을 가능하면 차단해야 한다. 특히 뉴스는 자극적인 사건을 다루기 때문에 집중하는데 큰 방해가 된다. 창문에서 멀리 떨어져 친구들이 걸어가는 것을 볼 수 없는 장소에서 공부하자.

□ 남들과 점심식사를 같이 하는 것도 가급적 피하자.

시험기간이나 어려운 문제를 해결해야 하는 과제에 몰두하기 위해서는 남들과 같이 점심식사를 같이 하는 것도 가급적 피하는 것이 좋다. 점심식사 시간 중에 아니면 같이 가는 도중에 생기는 단순한 잡담들이 문제에 대한 몰입 정도를 떨어뜨리기 때문이다.

□ 눈에 피로를 주지 않는 적절한 조명기구를 이용한다.

□ 학습하기 좋은 환경을 만든다.

공부의 능률은 자신에게 알맞은 환경을 조성하는 것에 의해서도 달라진다. 우선 어떤 환경이 자신에게 맞는지를 알 필요가 있다. 바꿀 수 있는 것은 최대한 바꾸어 보고, 그럴 수 없는 것은 자신의 환경에 맞추어 볼 수 있다. 집에서는 공부를 방해할 수 있는 텔레비전, 라디오 등의 소음으로부터 벗어나 방문에 '공부중'이라는 팻말을 걸어둔다. 도서관에서는 사람들의 왕래가 적은 후미진 곳을 택하여 매일 동일한 장소에서 공부를 한다.

□ 특정 과목이나 읽기 자료가 너무 어려우면 가르쳐 줄 수 있는 사람을 찾아보거나 대체 가능한 다른 교재를 찾아본다.

어떤 학생들은 교과서를 읽거나 어려운 교과서를 읽기 전에 안내서를 훑어보기도 한다.

□ 외적 방해요인을 없앤다.

- 전화벨 소리, 자동차 경적 소리, 책상 앞 컴퓨터 등 외적 요인에 민감한 학생들은 작은 소음에도 집중을 할 수 없으므로 혼자 공부하는 것이 좋다. 그러나 소음에 별로 방해를 받지 않는 학생은 음악을 들으며 공부를 한다거나 지하철이나 버스에서도 집중력을 발휘할 수 있다. 이때 음악은 가능한 한 조용하고 템포가 느리며 일정한 곡을 듣는 것이 좋다.
- 준비물을 갖추어 공부의 맥이 끊어지지 않도록 한다. 사전, 계산기, 소지품을 모두 챙겨놓는 습관을 기르는 것이 좋다.
- 공부하는 책상위에 읽고 싶은 소설이나 다른 책을 놓아두거나 불필요한 사진 등을 붙여 놓는 것은 좋지 않다. 햇빛이 쏟아지는 창가도 피해야 한다.
- 휴대폰은 실제로 공부하는데 가장 방해가 되는 외적 요인이다. 휴대폰을 옆에 두고 공부하면 누군가 자신에게 문자를 보냈을 것 같은 생각 때문에 집중을 할 수 없다. 이럴 때는 휴대폰을 꺼두거나 아예 가까운 사물함에 넣어두고 휴식시간마다 확인하도록 한다.

□ 내적 방해요인을 없앤다.

공부를 하려고 책상에 앉으면 온갖 잡념이 떠오려는 경험을 누구나 한번쯤 했을 것이다.

□ 신체적 방해요인을 제거하라.

몸이 피곤하거나 몸이 아프면 집중하기 어렵다. 최대한 규칙적인 생활로 생활습관을 관리하여 지나치게 술을 마신다거나 잠을 자지 못하는 일이 발생하지 않도록 신체의 균형을 유지하여 집중력에 방해가 되지 않도록 한다.

□ [쉬어가기] (Chery Meredith Lowry 재인용)

구분	항 목	○	×
1	공부의 집중을 방해하는 물건들이 없습니다		
2	다른 사람들의 방해 없이 조용히 공부할 수 있습니다		
3	의자는 적당히 딱딱하며 편안합니다		
4	책상은 공부하는데 아주 충분히 넓고 편안합니다		
5	조명은 공부하는데 아주 적당합니다		
6	공부에 필요한 물품들이 잘 갖춰져 있습니다		
7	학습자료들이 잘 정리되어 있습니다		
8	책상위에 불필요한 것들이 없습니다		
9	책상서랍, 책꽂이가 어지럽게 되어 흩어져 있습니다		
10	공부방 주위에 소음이 많은 편입니다		
11	내가 원하면 언제든지 공부할 수 있습니다		
기타	음악을 들으며 공부합니다		

[컴퓨터 관련 점검]

- 하루 컴퓨터 사용시간은 얼마나 되나요?
- 주로 컴퓨터로 무엇을 하나요?(게임, 채팅, 커뮤니티 등)
- 스스로 느끼기에 컴퓨터 사용에 문제점은 없나요?
- 주위에서 컴퓨터 사용에 대해서 꾸중이나 핀잔을 들었던 적은 있나요?

참고문헌 및 참고사이트

건강길라잡이 www.hp.go.kr

김홍자(2016). Power, Learning Strategy. 화수목

매일경제 2008.02.16 스트레스 못 풀고 쌓이면 독이 된다 http://www.mk.co.kr

박동선(2015). 예송수면센터 원장 인터뷰.

이종목 이계윤 김광운 공저(2013). 스트레스를 넘어 건강한 삶 가꾸기. 학지사

인제대학교 스트레스센터 http://www.stresscenter.co.kr/v2/index.asp

정종진(2007). 뇌기능과 학습력 향상을 위한 브레인짐. 학지사.

펜윅(1966). '유머와 치유력'-학습환경 알아보기. 캐나다.

학습법가이드(2015). 한양대학교 교수학습개발센터.

한양대 실태조사보고서(2007). 한양대학교 안산캠퍼스 한양상담센터.

Alman B(1996). The six steps to freedom. International Health Publication. San Diego.

Biopark(2008). Korea Research Institute of Self-Directed Learning Science.

Daniel G.Amen(2002). change your brain, change your life.. University Campus press.

Holmes, & Rahe R.H.(1967). Journal of Psychosomatic Research 2.

Supporting and Facilitating Self-Directed Learning by Chery Meredith Lowry Ash. C.R. "Applying Principles of Self-Directed Learning in the Profession." In Self-Directed Learning(1996):From Theory to Practice.

www. sleepnet.or.kr

14 시험관리 전략

1. 시험준비 전략
2. 시험과정
    1) 시험 전에 해야 할 일
    2) 시험 중에 해야 할 일
    3) 시험 후에 해야 할 일

행복은 성적순이 아닐지 몰라도
성공은 성적순이다.

14 시험관리 전략

일한 시험 준비 시간을 들이고도 성적이 잘나오는 친구와 못나오는 친구로 구분이 되는데, 이는 지적인 능력의 차이 라기보다는 시험을 준비하는 전략의 차이로 볼 수 있다. 중간고사나 기말고사를 치르고 답안을 채점하다보면, 시간에 쫓기어 마지막 문제에 대한 답안을 작성하지 못한 채 교수님께 죄송하다는 내용이나 답안작성이 미흡한데 대한 개인의 생각이나 잘 부탁드린다는 편지를 써놓는 학생들을 종종 보게 된다. 그렇다면 지금부터 시험을 어떻게 하면 잘 준비하여 개인적인 사정이나 부탁의 글을 쓰지 않아도 되는지를 알아보자. 시험을 보기전과 시험과정과 후의 해야 할 일에 관하여 살펴보도록 한다.

□ 교수님께서 원하시는 모범 시험답안은 어떤 것일까?

▸ 기본적으로 중요한 내용이 포함되어 있어야 한다.

시험에서 점수가 깎이는 이유는 답안이 문제와의 접점에서 계속 벗어나 있거나 관련 있는 내용을 작성하더라도 중요한 핵심내용이 빠져있기 때문이다. 문제와 직접적인 관련이 있는 답안에만 점수가 주어진다.

▸ 논리적이고 정교하게 작성되어야 한다.

만약 교수님이 나의 답을 쉽게 알아볼 수 있도록 글씨를 깨끗이 써야할 뿐 만 아니라 논리적이고 체계적으로 작성되어야 한다. 문제번호를 정확하게 쓰고 새면으로 넘어갈 때는 '1번 계속'과 같은 표기를 하는 것도 좋다.

▸ 문제에 대한 핵심적 내용을 중심으로 작성하는 것이 좋다.

아무리 다른 지식에 대한 전문지식이 뛰어나다 하더라도 문제에서 요구하는 핵심이 아니면 점수를 받을 수 없다. 문제의 핵심 내용이 꼭 들어가야 한다.

- **전체 내용을 요약하거나 도표를 제시하거나 중요한 사안에 대한 목록을 제시한다.**
  글자만 많이 쓰게 되면 교수님도 피곤해지기 쉽다. 스케치나 삽화 도표 등을 시각 자료로 제시하면, 내가 어떤 것을 이해하고 있음을 한 번에 보여줄 수 있어, 교수님에게는 휴식을 주고 나의 시간도 절약할 수 있다. 모든 교수님들이 삽화나 그림을 좋아하는 것이 아니므로 과제물을 제출할 때 도표나 그림을 삽입해 보고 교수님의 반응에 따라 제시한다.

01 시험 준비 전략

시험 준비를 보다 잘하려면 아래의 단계를 거치는 것이 좋다.

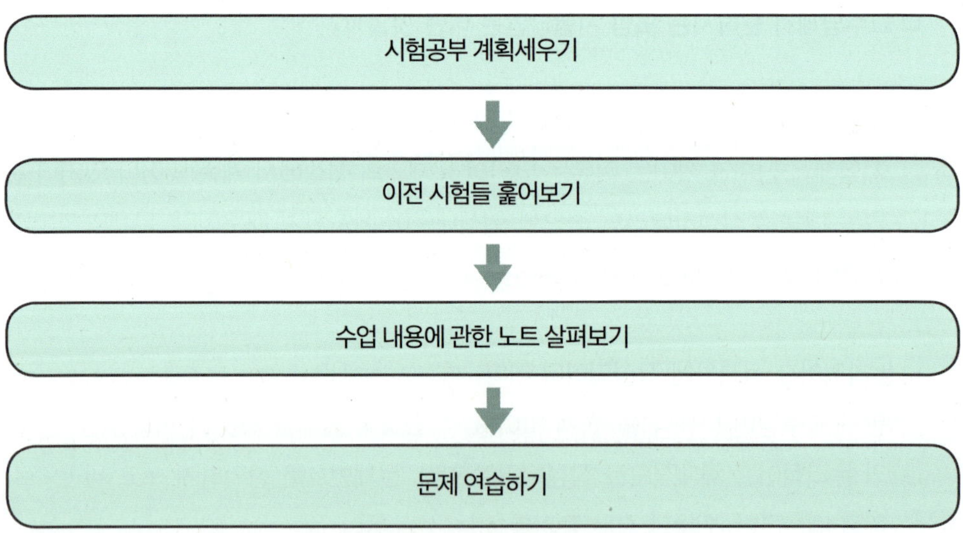

〈그림 14-1〉 시험 준비 단계

□ 시험 준비 Tip

▸ 시험공부 계획

시험 준비는 학기가 시작될 때부터 이루어져야한다. 평소에 그날그날의 강의내용을 복습해 놓는 것이 가장 효과적인 시험 준비다. 미리 학사일정에서 중간/기말고사 기간을 파악해 놓아야 한다.

▸ 시험정보 수집

- 시험 직전 수업시간에 꼭 참석한다.
  이날에는 시험범위, 출제형식, 중요한 내용, 주요 채점 기준, 답안작성 요령을 기억하여 메모한다.
- 선배들의 도움을 받는다.
  교수님의 출제경향이나 채점기준에 대한 정보수집.

▸ 시험 준비 점검

시험 준비가 어느 정도 되었다고 생각하면 친구들과 구두로 질문하고 답하기를 하거나 모의시험을 쳐보는 것도 좋다.

▸ 본격적 시험 준비

본격적인 시험 준비는 2주전부터 한다. 2주전부터 시험에 대한 정보(일시 · 장소 · 시험범위 · 시험유형), 시험도구(교재 · 노트 · 인쇄물 등), 우선순위(무엇을 먼저 해야 할지 · 실행 가능한 계획), 공부시간(짧게 여러 번 반복 · 시험범위 최소2번 반복)에 맞추어 준비해 간다.

□ 충분한 시간을 가지고 2주전부터 시험범위에 들어가는 내용을 숙지한다.

이러한 작업은 동기를 부여하고 어려운 내용이 어디에 있는지, 공부할 분량은 어느 정도 되는지를 파악하게 해준다.

□ 리딩(reading)을 철저히 해서(약 3번 정도) 그 내용을 나의 것으로 소화한다.

처음 읽을 때에는 교재에 밑줄을 긋고 보통속도로 읽다가 두 번째에는 천천히 내용을 파악하면서 중요한 내용들은 노트나 포스트잇에 정리한다. 세 번째에는 정리한 내용들을 토대로 리딩 전체의 구조를 파악하면서 다시 한 번 더 읽어본다. 만약 세 번을 읽었는데도 전반적인 그림이 머릿속에 떠오르지 않는다면 리딩을 더 한다. 교재를 충분히 읽었다면 평소에 예습 복습하면서 정리해둔 내용과 연계시킨다. 더 읽는다.

교재에 밑줄을 긋고 보통 속도로 읽는다.

↓

천천히 내용파악, 중요한 내용을 노트나 포스트잇에 정리한다.

↓

전체구조를 파악하며 읽는다.

↓

평소에 예습, 복습하면서 정리해 둔 내용과 연계시킨다.

↓

중요한 부분을 직접 자신에게 써보거나 자신에게 설명한다.

〈그림 14-2〉 심화읽기 과정

□ 도서관을 활용한다.

도서관은 많은 공간들 중 가장 방해 요소가 적은 곳이라고 할 수 있다. 하루 공부할 분량과 귀가시간을 정해놓고 도서관에서 집중해서 공부하는 것은 많은 도움이 된다.

□ 바보처럼 끝까지 포기하지 않고 공부한다.

머리가 좋은 친구들은 중요한 것만 골라서 핵심내용만 공부하면 된다고 하지만 예상외로 시험문제를 보면 별로 중요하게 강조하지 않았던 작은 부분에서 나오는 경우가 있다. 무식해 보일 정도로 작은 것도 놓치지 않고 이해하고 암기한다.

□ 내용을 요약한다.

내용을 익히며 요약한 페이지는 반복학습을 할 때 시간을 절약할 수 있다. 편안하게 하루에 한 과목 씩 노트에 정리를 한다. 책과 유인물로 수업하는 경우에는 밑줄 그은 부분과 교수님이 중간 중간에 필기해주신 부분을 중심으로 시험범위 내용을 깨끗하게 정리한다.

□ 스스로 출제자가 되어 본다.

'내가 교수님이라면 어떤 문제를 출제할까?'를 생각하며 공부하게 되면 좀 더 적극적으로 공부할 수 있다. 머리로 아는 것과 표현하는 것은 다르기 때문에 출제를 해보고 답안을 작성하면 미처 생각하지 못한 부족한 점을 발견하고 보완할 기회를 가질 수 있다.

시험에서 자신이 준비한 것 이상의 성과를 얻기 위해서는 시험 전날과 시험 당일의 컨디션이 중요하다. 시험 전에 최상의 컨디션을 유지할 수 있는 방법과, 시험과정에서 편안하게 성공적으로 시험을 치르는 전략과, 시험 후엔 시간을 어떻게 활용할 수 있는지를 알아보도록 한다.

02 시험 과정

1) 시험 전에 해야 할 일(Eileen Tracy, 2002)

□ 시험전날에 늦게 자거나 밤을 새는 것은 미친 짓이다.

잠이 부족한 머리는 피곤할 때 발생되는 온갖 나쁜 호르몬으로 가득 차게 된다. 잠이 부족한 머리는 잠을 충분히 잔 머리에 비해 속도나 유연성에서 훨씬 활용능률이 떨어진다. 시험 전에는 무엇보다도 몸이 최상의 컨디션을 유지하고 있어야 한다.

시험전 밤샘 공부보다 평소에 틈틈이 공부하자

□ 시험 전날에는 하루 종일 공부를 해서 피곤에 지치는 일이 없도록 한다.

내일 있을 시험에 관해 다른 사람과 오랫동안 이야기를 한다거나 늦은 시간 까지 TV를 보는 일이 없도록 한다. 시험당일 어지러움을 일으킬 수 있는 약물을 복용하는 것도 자제해야 한다.

□ 시험 보는 날 아침식사에는 단백질이 낮고 탄수화물이 많은 음식을 먹는 것이 좋다.

가능하면 시험 전날에도 그렇게 먹는 것이 좋다. 불안감이 조성되면 속이 울렁거리는데, 이럴 때 고기, 생선 등 단백질이 많은 음식을 먹으면 소화가 잘 안 된다. 커피도 마찬가지다. 카페인은 불안감을 조성하는 호르몬의 일종이므로, 아드레날린과 섞이면 불안감을 더욱 고조시킬 수 있다. 하지만 커피를 마시다가 갑자기 안마시면 집중력이 떨어지므로, 커피는 큰 시험을 치르기 한 달 전쯤 끊어 두는 것이 좋다.

□ 중요한 시험을 앞두면 일주일 전부터 팔굽혀 펴기, 앉았다 일어났다 등 몸 풀기 운동을 아침마다 10분 정도씩 해두는 것이 좋다.

운동을 하는 몸은 안하는 몸보다 근육이 유연하다. 스트레스를 받으면 근육이 쉽게 굳기 때문에 시험을 보는 중에도 5분에 한 번 쯤 양쪽으로 목을 돌리고 양쪽으로 팔을 벌리는 동작을 반복해 두면 긴장을 풀 수 있다.

잠깐 이것만은 확인!

- ㅁ시험 날짜 및 장소
- ㅁ시험 문제 유형
- ㅁ시험 시간
- ㅁ시험 범위
- ㅁ교재
- ㅁ노트필기
- ㅁ수업 중 배포된 유인물 또는 발표자료
- ㅁ참고자료
- ㅁ과제
- ㅁ기출문제, 이전시험

□ 편안한 마음과 자신감을 유지한다.

심리적으로 불안을 느낄 때에는 호흡과정에 집중하는 것이 좋다. 복식호흡을 통해 심리적 불안이 사라지고 차분함을 되찾을 수 있다. 심호흡을 하고 그것을 3초간 유지한 다음 아주 천천히 숨을 내쉬면 된다. 규칙적인 복식호흡은 마음의 안정을 되찾고 명상적 상태로 유도할 것이다. 이것이 판단력을 가지는데 도움을 줄 뿐 아니라 불안이 진정될 수 있다.

□ 시계를 차고 가자.

시험을 보러 갈 때에는 반드시 시계를 차고 간다. 시계는 잘 보이는 곳에 벗어두고 중간중간에 체크하면서 얼마나 남았는지를 항상 관찰한다.

□ 시험장에 근처에 일찍 도착하여 약간의 거리는 걸어서 가자.

주변에 지나치게 말을 많이 거는 사람이 있다면 일단 피하자. 친구와 말을 많이 하면 더 불안해지고 초조해 진다.

2) 시험 중에 해야 할 일(Eileen Tracy, 2002)

시험문제를 받아보면 먼저 학번과 이름을 쓰고 음식점에서 메뉴판을 쭉 훑어보듯이 전체 항목을 살펴볼 필요가 있다. 뒷장에도 시험문제가 있는지를 확인해야 한다. 이를 위해 약 3~5분간의 시간을 투자하자!! 시험문제 유형이 어떤 것이 나왔는지를 확인하는 것도 중요하다. 그리고 문제의 배점에 비례해서 시간을 할당해야 한다. 그래서 처음 몇 분 동안은 절대 답안 작성을 하지 말고 시험문제에 대해 읽고 생각하는 습관을 가져야 한다. 지시문에 대해 주의를 기울여서 세밀하게 읽을 필요가 있다. 그렇게 해야만 힌트도 얻을 수 있고 시간 배분도 적절히 할 수 있으며 시험 전체에 대한 파악이 되면 좀 더 편한 마음으로 시험에

응할 수 있다.

□ 마지막 검토하는 시간을 남겨두자.

마지막 3–5분 정도 시간을 남겨두고 다시 한 번 더 검토한다. 시험문제를 다 풀자마자 재빨리 시험장을 떠나는 학생들이 있는데, 쓰다 만 문제나 빠뜨린 것이 없는지 모두 다 풀었는지 다시 한 번 더 확인한다. 철자나 문법, 맞춤법 등에서도 틀린 것은 없는지 살펴보고 수정한다.

□ 글씨를 깨끗이 쓴다.

간혹 자신의 글씨가 악필이라고 걱정하며 시험장을 나가는 학생이 있다. 읽어볼 수만 있다면 글씨체가 마음에 들지 않는다고 교수님이 점수를 깍지 않는다. 다만 띄어쓰기나 맞춤법이 틀리거나 성의 없이 작성하지 않도록 하자.

□ 쉬운 문제부터 풀어라.

어려운 문제는 일단 넘어가고 쉬운 문제부터 풀자!! 어려운 문제에 너무 많은 시간을 쓰다보면 시간이 모자라 쉬운 문제를 5개 이상 못 풀 수도 있다. 어려운 문제로 되돌아 갈 때에도 그 중 가장 쉬운 문제에서 어려운 문제 순서로 풀어나가는 것이 좋다. 자신이 알고 있는 쉬운 문제부터 답안을 작성하고 그 다음에는 가장 배점이 높은 문제부터 답안을 작성한다. 제일 늦게 답안 작성을 해야 하는 문제는 가장 어려운 문제나, 답을 작성해야 하는 양이 가장 많으면서 배점이 가장 낮은 문제이다.

□ 오픈 북 시험에서는

빨리 관련 정보를 찾고 재조직하고 연결하는 능력이 중요하다. 책의 내용을 참고로 하되 내용을 새로운 상황에 적용시킨다. 구성요소와 관계를 분석하여 자신의 생각이나 견해 등을 밝혀야 하므로, 깊이 있게 공부하여 공부한 부분에 색연필 등으로 표시하고 보충자료나 노트필기 내용을 정리하여 종합하거나 구조화 한다. 너무 많은 참고서적을 가지고 가지 말자.

□ 문제 유형별 답안작성 요령을 익혀두자.

핵심 지시어	답안 작성 방향	답안 작성 요령
- 서술하시오 - 설명하시오 - 논하시오 - 의견을 제시하시오	주제에 대하여 이해하고 있는 바를 상세하게 작성한다	전체적인 아웃라인을 먼저 작성한다. 논거를 펼치고자 할 때 중심이 되는 아이디어에 해당하는 단어들을 몇 자 적어서 서론, 본론, 결론에 들어갈 핵심어를 배치하고 간략한 개요를 작성한다. 논거를 펼쳐갈 순서대로 적어 놓은 단어들에 순서를 표시해 두면 전체 글이 논리적이고 조직된 형태로 작성될 수 있다
- 정의하시오 - 기술하시오	용어나 개념의 의미를 쓴다	어떤 주제나 상황에 대하여 상세한 언어적 기술을 한다
- 열거하시오	번호를 붙여 항목이나 단계나 이유를 제시한다	간략한 단어 및 용어를 중심으로 항목별 혹은 단계별로 이유를 작성한다
- 비판하시오 - 평가하시오 - 해석하시오 - 분석하시오 - 증명하시오 - 정당화하시오	자신의 판단과 함께 그 증거를 제시하고 분석, 비판, 평가, 해석을 한다	핵심단어, 요지, 아이디어, 개념들을 첫 번째 문장에 기술하고 첫 번째 단락에는 전체 에세이의 개요를 서술한다. 읽은 내용이나 노트에 필기해둔 구체적인 정보나 사례, 인용문을 가지고 자신이 주장하는 포인트를 뒷받침해 본다
- 비교하시오 - 대비시켜 설명하시오	공통점과 차이점을 밝힌다. 여러 가지 사안의 공통점과 차이점을 밝힌다	차이점과 공통점 모두가 다 기억나지 않을 때는 일부분이라도 작성하도록 한다

- 선택하시오	1. 보통 답을 찾기 위해 2-3개의 선택답안 가운데서 하나씩 지워나가는 소거법을 이용하여 그중에서 가장 옳은 답을 선택한다	1. 대체로 처음 선택한 답이 정답일 확률이 높으므로 고치지 않는 것이 좋다
	2. 수와 관련된 문제를 풀 때에는 풀이과정을 통해 설명해야 한다. 답이 틀리더라도 어디에서 잘못했는지를 보여주면 교수님은 노력에 대한 점수로 최소한 몇 점이라도 줄 수 있다	2. 아닌, 옳은, 틀린, 거리가 먼, 가장, 항상, 반드시, 모든 등의 수식어구에 따라 문제의 답이 달라지므로 부정어나 강조어의 경우 밑줄로 표시해두는 습관을 갖자
- 구술하시오	1. 면대면 질문에 구술로 대답을 한다	1. 질문자의 행동에 예민하게 반응하지 않으면서 질문에 답을 한다. 때대로 교수님께 질문을 하는 등의 대담성이 심리적 도움이 된다
	2. 만일 기대하지 않은 질문을 받았다면 생각할 수 있는 시간적 여유를 갖는다	2. '음...'과 같이 주저하는 말투보다 '상당히 도전적인 질문이라 생각합니다' '질문에 대해 잠시 생각해보는 것이 필요할 것 같습니다'라고 하는 것이 좋다

□ 시험불안에서 벗어나기

▸ 긍정적인 다짐을 한다.

'나는 할 수 있어', '나는 최선을 다해서 공부했어', '곧 잘 끝날 거야', '나는 좋은 점수를 받을 수 있어'등의 말로 자신에게 끊임없이 다짐을 하면서 성공을 시각화 한다.

▸ 한두 가지 내용이 기억나지 않을 때

일단 심호흡을 한다. 그리고 '이 문제에 집중하자', '이 문제 잘 풀 수 있어', '한 번에 하나씩 생각해 보자', '이 내용 분명히 공부했어', '자 천천히 생각해 보자'라는 말로 자신을 격려하면서 차근차근 문제를 풀어 나간다.

▸ 긴장하여 식사를 거른 경우에는

간단한 초콜릿이나 간식을 먹음으로서 뇌를 활성화 시킨다. 긴장하여 식사를 거르게 되면 더욱더 걱정과 초조 불안이 생기기 쉽다.

▸ 무엇보다 열심히 공부한다.

시험을 앞두고 시험공부를 완벽하게 해 놓지 않으면 불안해진다. 알고 있는 것을 확실히 해서 자신감을 갖는 것이 중요하다.

3) 시험 후에 해야 할 일

□ 시험이 끝나고 답안지를 제출한 후 친구들과 답안지를 맞춰보는 등의 행 위를 하지 않는다.

지난 시험은 과거의 일이기 때문에 연연하지 말고 곧 치러야 하는 다른 시험에 몰두하자. 시험을 실제로 잘 보았음에도 불구하고, 다른 학생들이 생각해내지 못한 것을 생각해 내었다는 것을 제대로 인식을 하지 못해 혼란스러워 하는 경우를 본다. 결과적으로 다음 시험에 부정적인 영향을 미치게 된다.

□ 시험지를 다 작성하고 난 뒤 교수님께 변명의 글을 쓰는 것은 별로 도움이 되지 않는다.

시험지 맨 끝에 '어제는 감기 몸살 때문에 시험공부를 제대로 할 수 없었습니다, 잘 부탁드립니다.' 라든가 '오늘 차를 타고 오다가 사고가 나서 지각을 했습니다.' 등의 글로 양해를 구하는 학생들이 많은데, 이것은 성적에 전혀 도움이 되지 않는다. 평소에 준비를 해왔다면 이런 일들은 전혀 문제가 되지 않을 것이다.

□ 시험이 모두 끝난 후에는 시험과정과 결과에 대해 성찰해보자.

중간고사 기간이 끝나면 기말고사를 대비하여 무엇이 문제였는지 교수님의 피드백을 받아보는 방법도 많은 도움이 된다. 그리고 자신이 해온 시험 준비가 만족할 만했는지 선배에게 조언을 구하거나 학습전략 교재를 살펴본다.

참고문헌

학습전략과 진로탐색(2010). 대구 가톨릭대학교 교수 학습개발센터.

Eileen Tracy(2002). The Student's Guide to Exam Sucess. open university press.

15 Career Development

1. 직업의 종류와 Job Market
   1) 한국 표준 직업 분류
   2) 업종별 유형
2. 전공직업 탐색하기
   1) 개인의 특성에 맞는 진로 탐색
   2) 기업의 특성에 맞는 진로 탐색
3. 미리 준비하는 진로계획

15 Career Development

01 직업의 종류와 Job Market

취업이라는 험준한 고지에 오르기 위해서는 내가 오를 산에 대한 정보를 탐색하고, 등산로를 정하여, 기본적으로 갖추어야할 사항과 내 몸의 상태와 내가 가진 장비를 파악해야 한다. '나'를 객관화하여 '나'라는 사람의 상태와 내가 가진 장비를 점검해서, 보다 전략적인 취업준비가 될 수 있도록 무장을 해야 한다. 그렇게 하기 위해서는 직업을 분류하는 방법을 알고 자신이 평소에 관심이 있는 직업이 어느 직업분류에 속하는지를 찾아보도록 한다.
(출처:http://job.hongik.ac.kr 재구성)

1) 한국 표준 직업 분류

우리나라의 모든 공식적인 직업은 '한국 표준 직업 분류'에 의하면 대분류, 중분류, 세분류 및 세세분류의 5단계 분류 기준에 따라 분류된다. 즉 전체 직업은 크게 11가지의 대분류로 구분되며 이를 좀 더 세분화 한 것이 중분류 46개, 소분류 162개, 세분류 447개, 세세분류 1,404개의 직업으로 구분되어 있다. 우리나라의 모든 직업은 이러한 분류체계의 어느 한 영역에 속하며 한 대분류 군에서 계층적 구조로 되어 있다.

대분류	중분류	소분류	세분류	세세분류
0. 의회의원, 고위 임직원 및 관리자	3	8	34	72
1. 전문가	8	33	75	240
2. 기술공 및 준전문가	9	29	68	193
3. 사무종사자	2	11	28	58

4. 서비스 종사자	4	14	31	75
5. 판매 종사자	3	6	9	18
6. 농업 임업 및 어업숙련 종사자	3	10	24	48
7. 기능원 및 관련 기능 종사자	5	17	70	282
8. 장치, 기계조작 및 조립 종사자	4	23	82	357
9. 단순 노무 종사자	4	9	23	58
10. 군인	1	2	3	3
계	46	162	447	1,404

한국 표준 직업 분류는 직업과 기술과 일의 속성에 근거한 표준 직업분류체계가 직업의 특성에 대하여 보다 객관적인 정보를 축척하고 제공하는데 유용하다.

한국 표준 직업 분류에서 우선 대분류의 항목은 다음과 같다.

□ 대분류0

의회의원, 고위임직원 및 관리자(Legislators, Senior officials and Managers) : 법률과 규칙을 제정하고 정부를 대표 대리하며 정부 및 특수 이익단체의 정책을 결정하고 이에 대해 지휘, 조언한다.

□ 대분류1

전문가(Professionals) : 물리, 생명과학 및 사회과학 분야에서 높은 수준의 전문적 지식과 경험을 기초로 과학적 개념과 이론을 응용하여 해당 분야를 연구, 개발 및 개선한다.

□ 대분류2

기술공 및 준전문가(Technicians and Associate Professionals) : 하나 이상의 물리, 생명과학 및 사회과학 분야에서 기술적 지식과 경험을 기초로 전문가의 지휘 하에 조사, 연구 및 의료, 경영, 상품거래에 관련된 기술적인 업무와 스포츠 활동을 수행한다.

□ 대분류3

사무종사자(Clerks) : 관리자, 전문가 및 준전문가를 보조하여 경영방침에 의해 사업계획을 입안하고 계획에 따라 업무추진을 수행하며 당해 작업에 관련된 정보기록, 보관, 계산 및 검색 등의 업무를 수행한다.

□ **대분류4**

서비스종사자(Service Workers) : 개인보호, 이·미용, 조리 및 신변보호에 관련된 서비스를 제공하는 업무를 수행한다.

□ **대분류5**

판매종사자(Sale Workers) : 도·소매상점이나 유사 사업체 또는 거리 및 공공장소에서 상품을 판매하며, 상품을 광고하거나 예술 작품을 위하여 일정한 자세를 취하고, 상품과 품질과 기능을 선전하는 등의 활동을 수행한다.

□ **대분류6**

농업, 임업 및 어업숙련 종사자(Skilled Agricultural, Forestry and Fishery Workers) : 농산물을 임산물 및 수산물의 생산에 필요한 지식과 경험을 기초로 전답작물 또는 과수작물을 재배·수확하고 동물을 번식·사육하며 산림을 경작, 보존 및 개발한다.

□ **대분류7**

기능원 및 관련 기능 종사자(Craft and Related Trades Workers) : 광공업, 건설업 분야에서 관련된 지식과 기술을 응용하여 금속을 성형하고 각종 기계를 설치 및 정비한다. 또한 섬유·수공예 제품과 목재·금속 및 기타 제품을 가공한다.

□ **대분류8**

장치, 기계조작 및 조립종사자(Plant, Machine Operators and Assemblers) : 고도의 자동화된 산업용 기계 및 장비를 조작하고 부분품을 가지고 제품을 조립하는 업무로 구성된다.

□ **대분류9**

순노무 종사자(Elementary Occupations) : 주로 수공구를 사용한다. 단순하고 일상적이며, 어떤 경우에는 상당한 육체적 노력이 요구되고, 거의 제한된 창의와 판단만을 필요로 하는 업무를 수행한다.

□ **대분류10**

군인(Armed Forces) : 의무복무중인 사병을 제외하고 현재 군복무에 종사하는 자로 민간고용이 자유롭지 못한 자를 말한다.

위와 같이 직업을 분류한 것은 통계청 홈페이지에 있는 한국표준직업분류표에 의거하여 수입(경제활동)을 위해 개인이 하고 있는 일을 그 수행되는 일의 형태에 따라 유형화(분류)한 것이다. 현행 직업분류는 직업구조의 변화를 반영하기 위하여 2007년 7월 2일 제 6차 개정고시(통계청 고시 2007-3호), 동년 10월 1일부터 시행되었으며, ILO 국제표준직업분류를 기초로 작성된 것이다.

2) 업종별 유형

기업에서 원하는 채용은 필요한 곳에 필요한 사람을 선택하는 것이다. 그래서 이 업종에서는 환영받는 사람이 저 업종에서는 거부당하는 경우가 있다. 업종에 따라 요구하는 상황이 달라지므로 업종의 유형별로 체크포인트를 작성하여 미리 준비해두는 것이 바람직하다(Descy,p. & Tessaring, M.2015).

□ 건설회사

건설회사 관리직을 보면, 리더십에 관한 질문이 반드시 포함되고 있다. 모든 건설 공정이 조직적으로 이뤄지기에 건설회사에서의 관리직 사원을 채용할 때, 그 사람이 모든 계층의 인력을 얼마나 책임감 있게 총괄할 수 있느냐에 채용의 중점이 있다.

점검사항

- 건축과 관계있는 일을 해본 경험이 있는가?
- 건축은 크게 내부에서의 업무와 현장에서의 업무로 나누어지는데 둘 중 어느 쪽이 마음에 드는가?
- 당신이 좋아하는 건축가는 누구인가?
- 건축회사의 사회적 역할을 무엇인가?
- 건축과 경제학의 관계는 어떠한가?
- 건설회사 직원이 갖추어야 할 자질은 무엇인가?

□ 공기업(공사, 공단)

공기업은 국가의 업무를 수행하기 때문에 공무원과 마찬가지로 정직성과 주인정신을 갖춘 인재를 원한다. 또한 개인주의와 물질만능주의 사회풍조 속에서 기업의 윤리와 인간의 존엄성을 중시하고, 공기업인으로서 사명감과 봉사정신을 갖고 국가와 국민을 위한 사회적 책임을 다할 수 있어야 한다. 공기업 또한 다른 여타 기업과 마찬가지로, 변화를 추구하며 창조적이며 미래를 개척하는 보다 높은 가치를 창출하는 사람을 선호한다.

점검사항

- 본기업(해당공사, 공단)에 대해서 얼마나 알고 있나?
- 기업의 사회적 책임과 관련하여 알고 있는 사례와 자신의 견해는 무엇인가?
- 공기업은 이윤 추구와 공익 중 어느 쪽을 선택해야한다고 생각하는가?
- 공기업과 민간기업의 차이는 무엇인가?

□ **공무원**

공무원은 국가의 행정을 담당하는 직종으로서 뚜렷한 동기와 직업의식이 있어야 한다. 안정된 직업이라는 이유로 공무원을 택했다는 동기보다는 책임감과 사명의식을 점검해 볼 필요가 있다. 자기소개서나 가족사항, 성격, 대학생활, 지원동기, 포부 등은 어떤 직종을 지원하던지 가장 일반적인 질문사항이므로 철저히 준비해야 한다.

점검사항

- 공무원이 되고자 하는 이유는 무엇인가?
- 공익과 사익의 관계를 어떻게 보는가?
- 공무원은 민간기업체 사원과 어떻게 다른가?
- 공직자로서 갖추어야 할 덕목은 무엇인가?
- 본인의 공무원관은 무엇인가?
- 민원 담당 공무원의 기본 요건은 무엇인가?
- 현재 국민이 공무원에게 요구하는 것이 무엇인가?
- 헌법에 '공무원은 국민 전체에 대한 봉사자'라고 명시되어 있는데 그 의미는 무엇인가?
- 공무원의 전문성 제고방안에 대한 견해는 무엇인가?
- 공무원의 의무는 무엇인가?
- 오늘날 가장 시급히 해결해야 할 사회적 문제가 무엇인가?
- 우리나라의 국정지표는 무엇인가?
- 국가 발전을 위하여 공무원으로 자신이 할 수 있는 일은?
- 국가 경쟁력 향상을 위한 공공부문의 경쟁력 제고 방안은 무엇인가?
- 중앙정부와 지방자치단체의 효율적 갈등관리 방안은 무엇인가?
- 정책 결정 및 행정과정에서의 시민 참여방안은 무엇인가?
- 통일을 위해 가장 시급히 해결해야 할 문제와 이슈는 무엇인가?
- 우리가 유지, 계승해야 할 전통윤리에는 어떤 것이 있는가?
- 공무원 구조 조정에 대한 견해는 무엇인가?

□ **광고회사**

광고회사에서는 창의력과 순발력을 높이 산다. 광고회사는 어느 업계보다 새롭고 다양한 방식으로 채용이 이루어지므로 그 만큼의 면밀한 준비과정이 필요하다. 광고회사는 전문적인 내용을 질문하는 경우도 있으나 대부분의 질문에서 순간적인 아이디어 창출능력을 보려는 의도가 많이 깔려있다. 가령 '브랜드 광고 문구를 즉석에서 만들어 보라' 혹은 '즉석에서 광고 콘티를 짜보시오'와 같은 질문을 한다. 이럴 때 번뜩이는 재치를 발휘하면 훌륭한 광고인의 길을 걸을 수 있을 것이다.

점검사항

- 자신을 PR해 보시오.
- 가장 인상 깊게 본 광고가 있다면 무엇인가?
- 국내 광고 대행사의 현황은 어떠한가?
- 작업을 하다보면 야근이 잦은 것은 알고 있는가?
- 지금 시대를 색에 비유하면 무슨 색이라고 생각하는가?
- 왜 하필이면 광고업계를 준비하는가?
- 앞으로 광고업계의 미래는 어떠할 것인가?

□ 무역회사

무역회사에서는 신속하면서도 정확한 일처리 능력을 중점적으로 눈여겨본다. 또한 외국어 능력 테스트가 병행되는 경우가 많다. 활발한 성격으로 대인관계가 원만하고 사교적인 사람이 적격이며, 새로운 기술이나 낯선 일을 도전하는 사람에게 적당하다.

점검사항

- 가장 소중히 생각하는 것은 무엇인가?
- 국제수지의 개선방안은 무엇인가?
- 의사소통 가능한 외국어는 어떤 것이 있는가?
- 회사가 취급하는 분야 가운데, 가장 관심 있는 것은 무엇인가?
- 중국시장을 이기려면 어떻게 해야 한다고 생각하는가?

□ **유통업(백화점 등)**

유통업의 특성상 우선 체력이 좋아야 하고, 긍정적인 성격을 가진 사람을 선호한다. 고객들을 상대로 직접 몸으로 부딪치는 일이므로 적성에 맞지 않는다면 오래 견딜 수 없다.

점검사항

- 판매 아르바이트 경험이 있는가?
- 매장에서 일할 자신이 있는가?
- 최근 히트한 상품을 거론하고, 그 이유는 무엇인가?
- 유통업계를 선택하는 이유는 무엇인가?
- 접객의 포인트는 무엇인가?
- 백화점업계의 당면과제는 무엇인가?

□ **보험회사**

보험회사의 성패는 인력관리에 있다. 그만큼 보험회사는 인력이 중요하다. 그래서 사람을 채용할 때 지원자의 말투나 음성, 상대방을 설득할 수 있는 재치, 활동성을 눈여겨본다.

점검사항

- 보험이란 무엇인가?
- 야근이 많은 편인데 어떻게 생각하는가?
- 과거에 큰 병을 치른 적이 있는가?
- 대인관계에 자신이 있는가?
- 대인관계에 있어 상대방에게 호감을 주려면 어떤 태도가 필요하다고 생각하는가?
- 보험회사에 아는 사람이 있는가?
- 생명보험과 손해보험의 차이점은?
- 보험의 필요성은 무엇인가?

□ 언론사(방송사)

언론사에서는 끈질기다 싶을 만큼의 인내와 그를 뒷받침하는 노력, 현장 감각, 그리고 무엇보다 '끼'를 지닌 사람을 원한다. 기상천외한 답변일지라도 사실을 파고드는 듯 한 예리함을 보여주면 합격할 수 있다. 호기심을 나타내 보이는 것이 중요하고, 어떤 상황이라도 포기하지 않으려는 의지를 보여준다면 좋은 점수를 얻을 수 있다. 약간의 미소는 좋으나 너무 웃음이 많으면 무게감이 떨어지므로 주의한다. 언론사에서는 언론인으로 성장해갈 가능성과 균형 감각이 있는 인재를 선발한다.

점검사항

- 세계를 바라보는 시야가 넓고 깊은가?
- 인간애를 잃지 않고 사실성을 추구하고 각종 사회 문제에 대해 끊임없는 탐구정신을 발휘할 수 있는가?
- 만들고 싶은 프로그램은 어떤 것인가?
- 방송업계를 선택한 이유가 무엇인가?
- 앞으로의 방송업계의 전망은?
- 자신의 주변에서 가장 관심 있는 화제는 무엇인가?
- 경제위기 극복을 위한 언론매체의 역할은 무엇인가?
- 신문에 대해 비판할 점은?

□ 외국계 기업

외국계 기업 채용기준의 특징은 능력 위주의 채용방식이다. 학벌이나 토익점수와 같이 표면상으로 보여 지는 것보다, 당장 투입되어 업무를 처리할 수 있는 실무능력을 중시한다. 외국계 기업은 경력직 같은 신입을 원하고 있는 것이다. 또한 면접이 영어로 진행되는 경우가 일반적이므로 철저한 준비가 필요하다.

점검사항

- 외국계 기업의 국내 진출에 대해서 어떻게 생각하는가?
- 본인이 외국계 기업에 잘 맞는 이유는 무엇인가?
- 외국계 기업과 한국 기업의 차이점은 무엇인가?
- 해외지사에서 근무하게 된다면 어떻게 하겠는가?
- 향후 자신의 발전을 위해 어떤 노력을 해야 하는가?

□ 은행

은행지원자에게는 무엇보다, 성실성과 신뢰가 중요하다. 업무를 처리할 수 있는 기본적인 컴퓨터 능력이 기본적으로 갖추어 있어야 하고, 경제 전반에 관심이 있는 사람이어야 한다. 해당 은행의 서비스 유치활동이 중요시되므로 화술과 설득력 또한 중요하다.

점검사항

- 은행과 증권회사의 차이점은 무엇인가?
- 은행의 사회적 책임은 무엇인가?
- 앞으로의 은행업계는 어떻게 되리라고 생각하는가?
- 오늘의 환율은 어떻게 되는가?

□ 정보. 통신 관련 회사

정보 통신 관련업체는 깔끔하고 스마트한 분위기의 인재를 선호하는 경향이 있으므로 복장에도 특히 신경을 쓰는 것이 좋다. 상상력과 연상능력이 중요시되는 소프트웨어가 중심 분야이기 때문에 명석함을 평가할 수 있는 아이디어 테스트가 중요하다.

점검사항

- 정보통신 관련업계의 매력은 무엇인가?
- 이 회사의 기반기술은 무엇인가?

□ 증권사

증권사 업무의 지원자에게는 전문가적인 고도의 경제 분석능력이 요구된다. 또한 경제 동향에 밝고, 순간순간 상황에 따라 유연하게 대처할 수 있는 민첩성이 필요하다.

점검사항

- 증권회사의 업무내용이 무엇인가?
- 증권업계의 전망은?
- 인플레이션이 진행될 때 이득을 보는 계층은 무엇인가?
- 지금 우리나라의 경제의 안정을 위하여 가장 시급한 문제는 무엇인가?
- 인플레이션이 진행될 때 이득을 보는 계층은 무엇인가?
- 금융업계에서 증권업계가 차지하는 위치는 어떠한가?

□ 항공사

항공사는 대표적인 서비스 업종으로 우리나라 사람 뿐 아니라 외국인들까지 고객이므로 친절과 미소가 최우선이 되어야 하며, 비행기 연착 등 예기치 못한 상황 발생 시 고객의 불만을 능동적으로 대처할 수 있고, 어떤 상황에서든 유연하게 대처할 수 있는 순발력이 요구된다. 외국항공사의 경우에는 그 나라 언어의 기본적 회화 능력 정도는 갖추어져 있어야 하고 그 나라의 문화도 숙지해 두는 것이 좋다.

점검사항

- 지금 가장 가보고 싶은 나라는 어떤 곳인가?
- 본인이 여행을 기획하라고 하면 어떤 기획안을 내놓겠는가?
- 지금까지 여행 한 곳 중에서 가장 감동을 받은 곳은 어디인가?
- 본사 비행기의 취항국 형황에 대해 알고 있는가?

02 전공직업 탐색하기

취업난이 심해짐에 따라, 각종 시험 준비와 어학연수를 다녀오는 등 취업준비를 위해 졸업을 늦추는 대학 6년생이 늘어나는가 하면, 대기업 입사를 위하여 면접을 대비한 1:1 과외를 실시하는 학원도 늘어나고 있다.

최근 기업에서는 입사 후 바로 실무에 투입되어 일을 처리할 수 있는 '맞춤형 인재'를 선호하고 있기 때문에 희망 기업과 직무에 어울리는 이력을 만들기 위해 주력하는 학생들이 늘어나고 있다. 그래서 졸업을 앞둔 학생들은 기업관련 프로젝트를 수행하거나 공모전에 입상, 아르바이트, 인턴 및 연수를 통한 경험 등으로 직무 능력수행을 위해 전력을 투구하고 있다(James, R. 2000).

더군다나 중국시장이 커짐에 따라 영어만큼 한자 실력 또한 필수요건으로 자리 잡고 있으므로, 토익 토플에 이어 한자까지 준비해야 할 시기이다. 취업시장에서는 학력이나 나이 등에 제한을 두지 않고 신입사원을 뽑는 대신 면접전형은 강화하는 열린 채용제도가 공기업과 금융권을 중심으로 확산되고 있다. 그러므로 프레젠테이션 면접이나 블라인드 면접, 집단면접 등 기존에 사용하던 면접방법부터 게임면접, 롤플레잉 등 다양하고 이색적 절차를 준비할 필요가 있겠다.

<사 례 1>

우선 지원하는 분야와 나와의 관계를 분석하여 보길 권합니다. 적지 않은 수의 신입사원이 1년 이내에 퇴직하고 있고 이중 상당수가 업무 부적성을 이유로 꼽고 있습니다. 자기의 적성에 맞는 직무의 선택이 우선이 되어야 할 것입니다. 직무를 선택하였다면 그 직무를 위해서 필요한 지식 및 기술이 무엇인지 알아야 합니다. 또한 가고자 하는 회사가 어떤 인재를 원하는지 파악하고 그에 적합한 인재가 되기 위해 노력을 하여야 합니다. 그리고 전략적 관점에서 아르바이트나 인턴을 공략하여야 합니다. 단순히 '~을 하였다' 가 아니라 '~을 하면서, ~을 통하여, 희망하는 직무와 관련하여 ~을 얻었다'라는 관점에서 접근하기 바랍니다.

(대우일렉트로닉스 차장)

자신의 전공에 적합한 직업이 어떤 것이 있는지를 파악한 후, 온라인 광고와 오프라인 광고 두 가지를 이용하여 구직활동을 병행하도록 한다. 전공에 맞는 직업별 직무내용, 직업전망, 직업의 입지 및 근로조건 등에 관한 정보를 미리 찾아본다. 직업을 준비해야 하는 대학생은 사전에 다양한 직업정보를 파악함으로써 직업에 대한 인식의 폭을 넓히고 개인적 만족도를 넓힘과 동시에 사회적 비용을 최소화 할 수 있다. 국가의 정보기관인 한국고용정보원(http://www.keis.or.kr) 이나 한국직업능력개발원(http://www.krivet.re.kr, http://careernet.re.kr)를 통해 직업정보에 대한 조사를 미리 해본다. 직업조사에 대한 정보는 직업사전이나 문헌조사도 있고 본인이 희망하는 직업에 종사하는 전문가를 만나 직업정보를 수집할 수 있다. 더 적극적으로는 직접 현장 인턴쉽이나 봉사활동, 연수를 통한 체험을 통해 더 많은 정보를 수집할 수 있다. 이때 다양한 검색어와 검색엔진을 이용해 자신의 목표와 가장 근접한 구인 사이트를 찾고 지속적으로 방문하도록 한다.

1) 개인의 특성에 맞는 진로탐색

개인적으로 일하고 싶은 업계의 협회에 가입하여 회원이 되면 정기 간행물을 발송해 줄 뿐 아니라, 협회에서 개최하는 각종 포럼이나 컨퍼런스, 산업박람회 등에 대한 공지를 받을 수 있다. 특정 분야에 종사하는 사람들로 구성된 온라인 커뮤니티에 가입하는 것도 정보수집에 큰 도움이 된다. 그렇게 해서 일하고 싶은 회사와 근접한 사이트에 접근하여 정기적으로 홈페이지를 방문하여 채용정보란을 확인하는 것도 좋다. 어느 부서 혹은 어느 자회사에서 인력을 뽑는지 알려면 그 기업이 최근에 어떤 신규사업에 진출했는지 또는 업계에서 요즘 어떤 분야가 급속히 성장하고 있는지를 회사의 사보나 신문 기사 검색을 통해서 확인해 보는 것이 좋다.

개인적으로 미리 인맥을 형성해 놓는 것도 중요하다. 인맥형성에 있어서 중요한 것은 '은근'과 '끈기'이다. 한번 사람을 만나면 절대 놓치지 않겠다는 마음가짐이 필요하다. 처음 만난 사람에게 마음을 터놓는 경우는 없을 것이지만 한 번, 두 번 만나다 보면 조금씩 그 사람에게 마음을 열게 된다. 열정적인 사람이 되어 언제나 좋은 인상을 남겨두자. 자신이 원하는 것이 무엇이며 남에게 줄 수 있는 것이 무엇인지를 파악하여 지식과 경험, 인맥을 넓혀둔다. 좋은 인상을 남기기 위해서는 '실례합니다', '고맙습니다', '천만에요'와 같은 말을 자주 사용한다. 새로 만날 사람에 관한 정보를 조사하고, 그 사람의 말을 경청하여 그에게 중요한 것이 무엇인가에 관심을 기울인다. 새로 만난 사람에게는 만나서 즐거웠다든지, 도와줘서 고맙다든지 하는 감사의 인사말과 함께 그 사람에게 필요한 기사나 행사 초대장을 보낸다. 누군가에게 본인을 소개해 줄 경우에 대비해서 정확한 연락처를 알려줄 필요가 있다. 직업을 선택하는데 있어서 무엇보다 중요한 것은 자신을 철저하게 분석하는 것에서부터 시작되어야 한다. 그러기 위해서는 다음과 같은 방법이 있다.

□ 성격유형분석

진로에 대한 태도와 능력이 결여되어 진로 성숙도가 낮아지게 되면, 자신의 미래에 대한 자신감이나 확신이 부족하게 되어 장기적인 진로계획과 포부, 목표에 대한 정체감이 사라질 수 있다. 따라서 MBTI와 STRONG을 활용한 성격유형검사 실시를 통해 자신이 진로문제를 주체적으로 결정하게 하고, 바람직한 진로 태도 인식의 변화를 가져올 수 있다. 어느 한 개인에게 있어 진로는 가장 중요한 문제이다. 따라서 학생들 스스로 자신의 특성에 맞는 직업을 탐색하고, 앞으로 선택할 직업세계에서 성공적인 수행을 할 수 있다는 자신감과 확신을 가지는 것이 무엇보다 중요하다. 어떤 사람이 꼼꼼한 면이 전혀 없는 대인관계 유형인데 이런 사람이 재무관련직업(finance job)을 갖게 되었다면, 이런 사람은 얼마 되지 않아 그 직무를 그만두게 된다. 오히려 이런 사람은 마케팅이나 세일즈를 경험하면서 꼼꼼한 면을 보완해 나가야 할 것이다. 자신의 성격유형은 어디에 속하는지 MBTI 검사를 통하여 확인할 수 있다.

MBTI 검사결과 자신과 동일 유형으로 나타난 친구들과 함께 공통적으로 지닌 성격특성은 어떤 것이 있는가?

MBTI 검사결과가 자신과 반대되는 성격유형을 알아보고 상반되는 특징에 대하여 대조해본다.

자신의 성격 특성 중 고치고 싶은 점은 무엇인가?

나는 어떤 사람이며, 내가 바라는 성격 특성은 무엇인가?

나의 학과의 특성은 무엇인가?

나의 성격에 맞는 직업에는 어떤것이 있는가?
1. ( )
이유 :
2. ( )
이유:
3. ( )
이유 :

2) 기업의 특성에 맞는 진로탐색

기업의 입장에서 중요시하는 핵심능력(core competency)이 무엇인지를 미리 파악하고 준비할 필요가 있다. 기본적인 전문지식과 글로벌 인재로서 성장을 위한 어학능력, 글로벌 마인드, 조직에 대한 이해 및 직업관, 창의력을 바탕으로 하는 과감하고 적극적인 상황 대처 및 문제 해결 능력을 펼쳐 나갈 수 있는 기본 자질을 갖추어 나가야 할 것이다. 최근 기업에서는 과거의 서류와 필기전형으로는 확인할 수 없는 역량파악을 위해, 형식에 불과하던 면접을 탈피하여 기업체 문화와 채용방법에 따라 다양한 면접기법을 이용하고 있으므로 기업체에 맞는 올바른 가치관과 인성, 본인의 전공에 대한 폭넓은 지식과 역량을 갖추어 놓아야 할 것이다.

이를 위한 **실천전략**으로는 다음과 같은 것이 있다.

□ 학점관리에 충실하라.

학생을 평가하는 기준은 학점이다. 학점이 엉망인 학생은 기본에 충실하지 못한 것으로 판단한다.

□ 외국어를 정복하라.

외국어는 글로벌 시대에 살아가는 기본 언어이다. IT기술의 발전은 세계를 하나의 시장으로 만들어 가고 있고, 세계 시장에서 살아남기 위해서는 그들의 문화와 생각을 읽고, 표현하며, 내 생각을 자연스럽게 전할 수 있어야 한다. 그러기 위해서는 영어뿐만 아니라 제2, 제3의 외국어도 할 수 있으면 한다.

□ 신문스크랩 노트를 만들어라.

하루 1시간을 투자해 자신의 시야와 사고의 폭을 넓힐 수 있고 사회 전반에 대한 이해와 자신의 생각을 정리하는 습관을 길러야 한다. 자신의 관심분야 뿐 만 아니라 사회이슈, 경제 관련기사, 기술동향 등을 매일 자신만의 노트를 만들어 스크랩하고 자신의 생각을 정리해 놓는다. 4년 후에는 자신도 모르게 큰 재산으로 변해 있을 것이다.

□ 동아리 활동, 학습동아리 활동, 사회봉사활동, 아르바이트에 적극적으로 동참하라.

동아리는 소단위 조직이다. 동아리 활동을 통해 대인관계, 리더십, 책임감, 협동성 등을 습득하게 된다. 동아리 활동을 미래 자신이 소속될 조직 활동으로 생각하고 적극적으로 동참하다 보면 그것이 본인의 자질로 바뀌어 있을 것이다.

□ 선배들과 자주 접촉하는 기회를 마련하라.

빠른 시간 내에 가야할 진로를 선택하고 선배들과 자주 접촉하는 기회를 마련해야 한다. 업계별 오리엔테이션을 학교에서 개최하여 제공하므로 그 시간을 놓치지 않는다. 이미 사회에 진출해서 다양한 경험을 갖고 있는 선배를 통해 따끈따끈한 정보를 수집해서 본인의 진로를 결정하는데 도움을 얻는다.

□ 책을 많이 읽어 두라.

어떠한 상황에서도 적응할 수 있고 능력을 발휘할 수 있도록 책을 많이 읽되, 장르와 주제를 정하여 한 단계씩 나름대로의 시야가 트일 때까지 책을 읽는 것이 효율적이다. 예를 들어 종교에 대하여, 실존철학에 대하여, 미술에 대하여, 사랑에 대하여, 역사-근대사에 대하여 등 장르별로 깊이 있게 읽어 둔다.

□ 기업에서 원하는 기본 태도

- 인사담당자들이 싫어하는 버릇 best 10
  - 끝말 흐리기
  - 시선피하기
  - 더듬거리기
  - 한숨 내쉬기
  - 다리떨기
  - 음... 아.. 등과 같은 불필요한 추임새
  - '~했어요', '~이에요' 같은 비격식적 말투
  - '~인 것 같다' 등의 불명확한 표현
  - 손 만지작거리기
  - 머리 긁적이기

□ 지원자의 행동이 결과에 미치는 영향

▸ 시각요소

- 진지하지 않은 자세...................... 70.3%
- 시선회피...................................... 54.7%
- 앉은 자세 불량............................ 32.8%
- 거리 못 맞춤................................ 12.5%

▸ 음성요소

- 작은 목소리.................................. 61.7%
- 불분명한 발음.............................. 59.4%
- 중복되는 일.................................. 44.5%
- 말의 빠르기.................................. 39.1%

▸ 언어요소

- 요점의 불분명함........................... 74.2%
- 문장의 끝이 없는 미숙함............. 43.0%
- 목소리.. 18.1%

□ 호감 가는 태도

기업체 면접관 1,056명을 대상으로 '면접 때 감점을 준 인상'에 대한 설문조사를 하였다. 그 결과 자신감 없는 표정이 가장 감점을 많이 받았으며, 그 다음으로는 우울한 표정, 무표정, 날카로운 표정 순으로 나타났다. 자신감이란 어떤 일을 잘해낼 수 있음을 나타낸다. 지원한 직무를 잘 해낼 수 있다는 자신감을 기업 인사담당자에게 당당하게 표현할 필요가 있다. 그 이외에도 기업체에서는 다음과 같은 자세를 가지는 것을 선호한다.

▸ 면접관이 농담을 해도 맞받아치기 보다는 예의바른 답변

▸ 당황스런 질문에도 웃음과 재치로 해결

▸ 질문을 받으면 1,2초간 생각한 뒤 답변하는 신중한 모습

▸ 실수를 했어도 끝까지 성실하게 답변하는 자세

▸ 겸손하게 상대방의 말을 경청하고 받아들이는 자세

▸ 결론부터 이야기하는 커뮤니케이션 스킬

- 부드러운 미소를 띤 얼굴
- 간단명료하고 말끝을 분명히
- 또렷하고 자신감 있는 목소리
- 바른말과 적재적소의 존대어

□ 비호감가는 태도

- 과장, 거짓 답변
- 논리에 맞지 않는 궤변
- 자신만의 독특한 (말)버릇
- 정리되지 않은 외모
- 자만심에 넘친 섣부른 대답
- 앞머리를 계속 쓸어 올리는 행동
- 동종업계나 라이벌 회사에 대한 비난
- 은연중에 연고나 인맥을 강조하는 발언
- 시선을 마주치지 않는 어색함
- 자신감 없는 답변으로 말끝을 흐리거나 얼버무리는 것
- 집단토론 면접에서 다른 사람의 말을 끊고 자신의 의견만 주장

□ 기업에서 원하는 이미지

- 헤어스타일

  면접관에게 호감을 주는 헤어스타일은 면접관들이 하고 있는 헤어스타일이라고 보면 된다. 보편적으로 일반기업이나 공무원들의 헤어스타일은 귀를 내놓고 이마도 시원하게 드러낸 스타일이다. 머리카락도 염색하지 않는 자연색이 좋다. 영업, 마케팅 분야는 고객에게 생기와 활력을 보여줄 수 있도록 젤이나 왁스 등을 사용하여 힘을 준 스타일로 하는 것이 좋다.

- 의상

  공무원이나 일반 사무직은 회색이나 감색 등과 같은 블랙 톤이, 패션이나 유통, 서비스 분야는 상하가 다른 세퍼레이트 톤이 좋다. 전자, 정보통신 등과 같은 직종에는 단색, 무채색 계열의 정장을 착용하여 진취적이고 창의적인 모습을 연출한다.

〈그림15-2〉 기업이 원하는 남성 이미지

▸ 구두

구두는 광을 내야 한다. 속된 말로 파리가 앉으면 낙상할 정도로 광을 내면 시험을 보러가는 당사자도 기분이 상쾌할 것이다. 굽이 많이 닳지 않은 검정색 구두를 착용하는 것이 단정해 보인다.

▸ 넥타이

넥타이는 겉옷과 셔츠에 잘 어울리도록 해야 한다. 젊은 층에 잘 어울리는 청색계통의 넥타이가 무난하다. 넥타이를 착용할 때는 길이가 벨트를 약간 덮을 정도가 되어야 한다.

▸ 와이셔츠

셔츠의 목둘레는 실제 목둘레보다 약 2cm 정도의 여유를 두어야 한다. 여유분이 너무 크면 넥타이를 매도 셔츠 깃이 벌어져 보기에 좋지 않다. 셔츠 색깔은 밝은 색으로 하는 것이 무난하다. 와이셔츠나 바지 주머니에 물건을 가득 넣어서 불룩하게 튀어나오지 않게 한다.

▸ 여성들의 단정함, 지적인 이미지

〈그림15-3〉 기업이 원하는 여성 이미지

대기업과 공무원은 보수적 집단에 속하기 때문에 패션스타일에 제한을 두므로 최대한 단정한 이미지를 원한다. 금융이나 컨설팅회사에서는 신뢰감, 전문성을 원하는 서비스 직종이므로 가능하면 고객에게 밝은 이미지를 줄 수 있을 것 같은 느낌을 주기 위해 블랙계열 보다는 네이비, 그레이 계열을 입어주는 것이 좋다. 광고나 디자인 계열은 기본스타일에서 벗어나지 않으면서 다른 직종보다 의상의 컬러를 더 돋보이게 하여 센스를 발휘하는 것이 좋다. 한 벌의 수트 보다는 콤비스타일을 추천하고 싶다. 그리고 본인 피부색에 어울리는 스카프 또는 회사 CI와 비슷한 컬러의 스카프를 하는 것이 좋다. 홍보회사에서는 최대한 개성을 표출해야 하는 직종이므로 세련된 감각을 나타내기 위해 시계나 액세서리를 포인트로 해주는 것이 좋다. 바지정장이나 스커트 정장 모두 추천하고 싶다. 개성 표현이 너무 지나치면 오히려 역효과가 날 수 있으므로 적당히 포인트를 주는 것이 중요하다.

□ 기업에서 원하는 커뮤니케이션

지식 정보화 시대에 기업체가 선호하는 인재상은, 대안을 제시하며 변화에 적응할 수 있는 실천형 인재상이다. 기업이 원하는 커뮤니케이션을 알아보자.

- 속어와 유행어는 피한다.
- 상대방을 배려하라. 음조의 변화와 억양에 유의해서 바른 자세로 분명 하게 말한다.

- 자신을 갖고 말한다.
- 정확한 발음을 확실히 한다.
- 정리해서 알기 쉽게 말한다.
- 상대방이 아는 말을 사용한다.
- 바르게 말한다.
- 성의 있고, 겸허하고, 밝은 태도로 말한다.
- 시선은 상대방의 얼굴을 향한다.
- 말하기의 독점을 삼가야 한다.
- 화제를 다른 데로 돌리지 않는다.
- 손을 입에 대거나 머리에 얹은 것, 옷을 만지거나 손을 비비는 것은 좋지 않다.
- 말의 내용에 비해 지나치게 큰 제스처는 어색하고 불안정해 보일 수 있다.
- 말의 규칙을 지켜라. 빠르게 말하면 무슨 뜻인지 알아들을 수 없고 느리게 말하면 지루한 느낌을 준다.
- 상대를 존중하라. 있는 그대로의 긍정적인 시선으로 바라보자.
- 자연스럽게 다가서라. 성실하고 진실된 마음으로 자연스럽게 다가서 자. 대화를 하는 동안 내 자신이 스스로 가치를 인정하고 상대를 인정한다면 자연스러운 대화가 이루어질 것이다.
- 상대의 말에 공감하라. 대화 속에서 공감대를 형성하기 위해서는 상대의 말을 주의깊게 듣고 그 의미와 감정 등을 알아내도록 노력하는 것이 중요하다.

03 미리 준비하는 진로계획 (Career Development)

우리가 어떤 일을 성공적으로 수행하기 위해서 치밀한 사전 계획 없이는 기대한 목표에 도달할 수 없다. 이것은 진로나 직업의 결정에서도 마찬가지다. 그래서 진로계획이 필요하다. 먼저 자신의 진로 목표를 설정하고 그 목표를 달성하기 위한 구체적인 계획을 수립하고 그 계획에 따라 한 단계씩 실천에 나아가야 할 것이다. 진로개발이란 개인이 진로를 탐색하고 선택하여 준비, 적응하는 일련의 과정의 총칭이다. 구체적으로 자신과 직업세계에 대한 이해를 넓히고, 교육으로 인한 지식을 통하여 진로에 대한 의사결정 능력을 발달시키고, 교육과 훈련에 참여하여 구체적인 구직기술과 직업기초능력을 향상시키는 것을 말한다(조원국, 2008). 지식기반사회로 이동하면서 전문직의 수요는 더욱 증대될 것으로 예상된다. 이러한 사회에서 직업을 준비하는데 필요한 능력은 기초능력, 전문적 능력, 조직적 능력, 직업과 관련된 특정 부분의 능력이다. 일반적으로 직업 및 진로 선택에서는 개인적 욕구 · 가치관 · 성격과 사회적 영향들이 강조되는 경향이고, 의사결정과정에서는 객관적 · 수량적인 정보를 기초를 둔 논리적 · 합리적 판단이 강조되게 마련이다.

□ 기초능력

모든 학문의 기초가 되는 읽고 쓰고 계산하는 능력은 모든 직업에서 요구된다.

□ 조직적 대인관계 능력

의사소통과 대인관계, 팀워크, 서비스의 새로운 방법을 모색하기 위해서는 의사소통능력과 분석능력, 문제해결 및 창의적 능력, 협상 및 자기 경영 능력 등을 근로자가 갖추어야 할 능력으로 보고 있다.

□ 특수적 기술

산업 내 특정 직업을 수행하는데 필요한 특수적 기술(specific skills)을 습득해야 함을 의미한다. 따라서 직업을 준비하는 과정에서도 특정부분의 사고능력을 길러 해당 기업의 지식과 기술 이외에 다른 영역의 지식과 기술을 습득하여 업무수행 능력을 높여야 한다.

진로를 계획할 때는 다음과 같이 항목별로 점검해 볼 필요가 있다.

□ 신뢰성

서술과 답변의 일관성

□ 적극성

자기 개발의 의지, 자발성, PR의 효과성

□ 가치관

긍정적 사고방식, 책임감과 성실함, 인간관계의 원만함

□ **협동성**

공동 작업에 대한 능력 평가, 조직원으로서의 자세에 대한 이 해, 조직 간의 의견교환과 결정사항의 수용자세

□ **직업관**

직장에 대한 올바른 가치관, 직장인으로서의 자세, 중요한 덕 목, 희망직무에 대한 준비의 충실도

□ **창의력**

사고방식, 관점의 변화, 창의적인 아이디어나 제안

□ **논리력**

논리정연하고 일관성 있는 의견제시, 주관을 배제하고 타당한 논거제시

□ **전문지식**

영어회화실력, 전공분야에 대한 지식, 장래 희망직종에 대한 지식, 업체와 응시직종에 대한 지식, 직무수행능력 및 포부

이를 위해 진로개발에 대한 SWOT의 강점(Strength)과 약점(Weaknesses), 진로교육을 둘러싼 외부조건으로 인한 기회(Opportunities)와 위협(Threats)을 분석하여 다음을 작성해 보자.

회 사 명			
대표		주소	
업종		전화	
설립일		홈페이지	
임원구성		인사담당부서	
담당자		연락번호	
사원수			
인재상			
연혁			
총자산			
매출액			
경영비젼			
재무목표			
경영전략			
핵심역량			
정치, 경제적 환경			
기술적 환경			
사회, 문화적 환경			
전년도 채용실적			
올해 채용계획			
채용대상			
채용인원			
채용시기			
모집분야			
모집학과			
지원자격			
지원방법			
제출서류			
시험유무			
시험과목			
면접유무			

⬇

SWOT 분석	
강점(Strength)	
약점(Weakness)	
기회(Opportunity)	
위협(Treats)	

〈표 15-2〉 업종별 나의 SWOT 분석

참고문헌

조원국(2008). KERA International Conference 2008 Global Forum on Education:Qunantity and Quality MBTI와 STRONG을 활용한 진로 집단지도프로그램. 한국교육학회.

한양대학교(2015). 최신 주요기업 면접가이드.

Alken I. H. & M. K(2001). STRONG and MBTI Career Development Guide. palo Alto, CA: Consulting Psychologists Press.

Department for Education and Skills. http://www.dfes.uk.

Descy, P. and Tessaring, M.(2015). Training and Learning for competency.

James Rounds(2000). Application of three dimentions of vocational interests to the Strong Interest Inventory Journal of Vocational Behaviour Vol. 6.

http://job.hongik.ac.kr

16 전공별 학습법

1. 수리영역
   1) 문제해결과정
   2) 메타인지(Meta Cognition)와 문제 해결 기르기
   3) 메타인지적 문제해결 개발
   4) 문제 해결과 분석
   5) 수학 시험 잘 보기 위한 전략
2. 언어영역
   1) 어휘력을 향상시키기 위하여
   2) 독해력 향상을 위하여
   3) 의사소통능력 향상을 위하여
3. 과학영역

16 전공별 학습법

01 수리영역

대부분의 학생들은 수학문제를 생각하면 불안한 마음을 떨칠 수 없다. 불안감은 수학이라는 문제를 통제할 수 없을 때 생겨난다. 인간의 문제 해결능력을 향상시키기 위해서는 자극, 반응의 결합을 계속 반복하여 연습함으로써 획득되는 자동화된(automatic)반응과 통찰(insight)이 필요하다. 그리고 정보-처리가 인간의 기본적인 인지구조에 의해 이루어진다. 지금부터 수학에 대한 불안감에서 벗어나 문제해결력을 기르도록 해보자.

1) 문제해결과정

인간의 정보처리 과정을 이해하면 자신의 학습과정 또는 학습정도를 성찰하는데 도움이 될 뿐 아니라 수학적 문제해결을 촉진하는 방법들을 이해하는 데에도 유용하다. 인간은 오감을 통해서 수많은 자극을 받는다. 우리 몸의 신경계는 크게 중추 신경계와 말초 신경계로 나뉘는데, 중추신경계에 해당하는 것이 뇌와 척수이다. 중추신경계는 자극의 조절과 명령을 하는 중심이며 뇌는 의식적인 반응을, 척수는 무의식적인 반응을 유발한다. 예를 들어 뜨거운 것에 손이 닿는 순간 재빨리 손을 떼는 동작은 신경계의 무의식적인 반응이고 이는 곧 척수의 명령에 따른 것이다. 이를 무조건 반사라고 한다. 뇌에 신호를 보내고 다시 뇌의 명령을 기다릴 만한 여유가 없는 상황에서는 척수가 대뇌의 판단을 기다리지 않고 직접 반응하는 것이다. 이런 자극들은 감각기억으로 이동되는데 주로 1~3초 정도만 기억된다. 감각기억으로 전달된 정보의 대부분은 잊혀지며 일부만이 단순기억을 거쳐 장기기억으로 이동된다. 단순기억은 새로운 정보가 일시적으로 머무는 곳으로 약 5~20초간 지속되며, 개인에 따라 5~9개의 정보단위들이 한 번에 처리된다. 그러므로 지속적인 주의를 기울여 저장용량이 거의 무한한 장기기억에 이미 저장되어 있는 개념이나 낱말을 이용하여 수학적 문제해결을 시도할 필요가 있다.

초단기기억	단기기억	장기기억
시각 또는 청각을 통해 문제 접하기	1. 문제 본문의 문장(문자와 숫자)읽기 문제 자체의 기억을 위해 두 세번 읽거나 종이 위에 연필로 주어진 정보를 요약 및 기록하기. 연필로 한 단어 한 단어 짚어가면서 천천히 주의 깊게 문제를 읽자	1. 저장되어 있는 한글과 숫자재생
문제 해결을 위해 해결해야 겠다'는 태도와 해결할 수 있다'는 신념이 전제되어야 함	2. 문제에 제시된 낱말이나 문자의 의미를 장기기억에서 재생하기 낱말이 생소하거나 낱말의 뜻을 장기기억에서 재생하는데 실패할 경우, 다른 사람의 도움이나 사전의 도움을 받아야 한다. 내가 필요할 때 충분히 개인교습을 받게 되면 굉장히 많은 도움이 될 수 있다. 개념에 대한 이해가 살아있을 때 수학숙제를 한다	2. 작동기억에서 필요로 하는 낱말이나 문자의 의미 재생 - g는 무게의 단위이다 - 절반은 ½을 의미한다
시각 또는 청각을 통해 문제 접하기	3. 문제에 주어진 정보로부터 문제해결에 필요한 정보를 추출, 이들의 관계 구성하기 예) 주스병에 들어 있는 주스의 무게를 구하기 위해 병째로 달아보았더니 350g이었다. 주스의 ½를 마시고 나서 병째로 달아보았더니 280g이었다. 주스병의 무게를 구하여라. **어떤 전략을 선택하여 해결할 것인가?** **그림을 그려보자.** 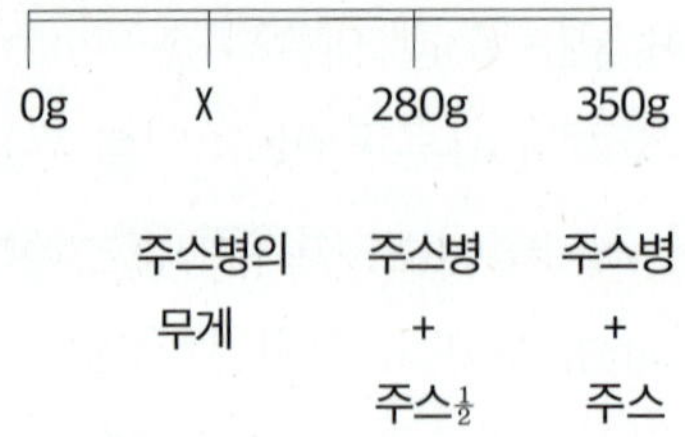	3. 기호와 정의 개념 재생

문제 해결을 위해 해결해야 겠다'는 태도와 해결할 수 있다'는 신념이 전제되어야 함	예) 수직선을 보고, 식을 만들어 본다. 350-280=70g 70×2=140g 350-140=210g	
	4. 해당단원의 문제를 다 풀기 전에 맨 처음 푼 문제가 맞았는지 틀렸는지 확인한다. 답이 틀렸으면 왜 틀렸는지를 알아내고 앞으로는 그와 같은 실수를 하지 않을 수 있게 기억해 두어야한다.	4. 그림그리기 전략을 사용해 본적이 있어야 재생이 된다.
	5. 아주 어려운 지문으로 된 문제이거나 공식을 잊어버렸을 경우에는 간단한 숫자를 몇 가지 대신 넣어서 계산해본다. 홀수나 짝수 몇 가지 정도가 좋다.	

〈표 16-1〉 수학적 문제해결 과정(박혜양, 2007)

수학 수업시간에는 진도를 따라가기 위해 많은 노력을 해야 한다. 모든 수업이 처음에는 쉽게 따라갈 수 있지만 어느 정도 가속도가 붙어 심화단계에 이르면 순식간에 이해할 수 없는 지경에 이르게 된다. 어떤 개념이 이해되지 않을 경우에는 그것에 매달려 끙끙 대지 말고 다음 문제로 넘어가는 것이 좋다. 시간이 지나면서 이해되지 않았던 것이 명확해지는 경우가 많다. 수학적 지식이 의미 있게 이해되고 저장되기 위해서는 문제를 푸는 리허설(rehearsal)이 필요하다(전형준, 2005). 장기기억에서 개념적 지식이 잘 조직되고 구조화될 수 있도록 서로 관련된 개념들 사이의 위계화(네트워크)를 지을 필요가 있다. 그리하여 스스로의 수학적 사고를 통해 문제를 합리적으로 해결할 수 있다는 신념과 태도를 가져야 한다.

강의가 시작되기 전에 그날 배울 단원을 읽거나 최소한 훑어보기를 하면 우리 뇌의 감각등록기에 등록이 되어 문제를 해결할 준비를 갖추게 된다. 수학책은 다른 책과 달리 문제해결을 이해하는 데 중점을 두고 훑어보아야 한다. 수학책을 읽을 때는 단원별로 차례차례 읽어나가면서 책에 있는 문제도 함께 풀어야 한다. 수학이라는 개념은 우선 감각등록기를 통하여 체계로 들어오게 되는데, 이때 체계내에서 최초의 기억은 외부환경으로부터 시각, 청각을 통해서 문제를 접하게 된다. 이때 문제해결을 위해 '해결해야겠다'는 태도와 신념이 전제되어야 한다.

2) 메타인지(Meta Cognition)와 문제해결 기르기

수학문제를 풀다보면 자신의 예측과 풀이가 다르게 진행되는 것 같다거나 어렵다고 느껴져서 다시 처음부터 천천히 생각하거나 문제해결 과정 중 잘못된 부분이 있는지를 확인하는 경험이 있을 것이다. 이와 같이 '처음부터 다시한번 천천히 풀어보자' 문제해결과정에서 '어디가 잘못되었는지 점검해 보자' 등과 같은 경험을 통해 '잘못된 부분을 찾아 옳게 고치기'라던가 '이해할 수 없었던 부분을 이해할 수 있게 된 경우'를 우리는 '메타인지적 경험'을 하였다고 한다. '메타인지'는 자신의 인지과정을 대상으로 인지하는 행위로 '인지에 관한 인지', '사고에 관한 사고', '지식에 관한 지식' 등으로 정의하고 있다. 다시 말해 메타인지는 인지과정에서 스스로 무엇을 얼마나 알고 있는지를 인식하는 것으로, 자기 자신의 수행을 점검하고 평가하는 행동과 그 평가에 따라 이루어지는 전략의 선택 및 사용에 관한 인지적 능력을 말한다(박혜양, 2007.2015).

메타인지에 대한 연구는 문제해결 교육과 밀접한 관계를 맺으며 시작되었으며, 그 이후로는 구성주의적 관점에서 지식의 구성과정을 관리하고 감독하는 기제로 간주되면서 연구의 범위가 확장되어 가고 있다.

메타인지 개념은 도입 초기에는 암기나 독해 분야에 국한되어 사용되었지만, 현재에는 암기나 독해 이외에도 의사교환, 작문, 언어획득, 주의집중, 자기학습, 자기제어, 개념변화, 문제해결 등 다양한 분야에서 사용되고 있다.

□ 메타인지(Meta Cognition)란?

- 인지 그 자체를 대상으로 하는 지식, 인지 그 자체에 대한 이해
- 정신상태나 과정을 반성하는 정신활동
- 인지에 대한 인지
- 인지에 대한 반성
- 사고에 대한 사고

인지 (Cognition)	메타 인지 (Meta Cognition)
1. 보다 나은 생각을 위해 채택된 행동	1. 보다 나은 생각을 모니터하기 위해 채택된 행동
2. 산술 계산, 그래프 그리기, 작동하기 등의 단순한 행위	2. 계획된 선택, 모니터링 등의 행위
3. 어느 특정 영역과 관련된 단순한 지식	3. 어떤 특정한 영역과 관련된 지식을 잘 활용할 수 있는 방법에 대한 지식
4. 시간적으로 먼저 발생	4. 시간적으로 나중에 발생
5. 단지 자동적으로 혹은 무의식적으로 시도	5. 의식적으로 시도

〈그림 16-1〉 인지와 메타 인지

□ 메타인지적 사고 과정

- 계획한다(planning) : 어떤 전략과 정보처리를 사용할 것인가에 대한 생각
  - 수학공부를 시작하기 전에 목차부터 살펴보기
  - 무슨 내용에 대한 것인지 대강 훑어보기
  - 문제를 풀기 전에 무엇을 묻고 있는지 추측하기
  - 수학문제를 얼마동안 어디까지 공부할지 목표세우기

- 점검한다(monitoring) : 인지과정에 대한 계속적인 통제과정으로 학습과정 및 자신이 선택한 문제해결 절차에 대한 재확인 및 검토과정을 수반
  - 학습내용에 집중하기
  - 학습내용에 관한 질문들을 만들어 가면서 이해되지 않는 개념이나 내용 확인하기
  - 자신의 이해정도를 스스로 평가해 보기 : 전에 해본 문제인지, 지금까지의 과정 중 계산은 틀리지 않았는지 등

▸ 조절한다(regulation) : 점검과 밀접한 관계를 맺고 있는 것으로 자신의 인지활동을 점검하다가, 문제가 생기면 앞으로 되돌아가고 이해하기

- 어려운 부분이 있으면 속도를 줄임
- 교수님의 스타일이나 요구사항에 맞추어 공부방법 바꾸기
- 해결하지 못해 끙끙대지 말고 쉬었다가 하기

이러한 과정을 통해 자신의 문제나 목적, 내용을 명확히 파악하려는 태도가 생겨나며, 합리적인 행동을 하게 되고, 내용을 간결하고 명확하게 나타내려는 태도를 보인다. 그리하여 보다 나은 것을 구하려는 태도를 유지하게 된다.

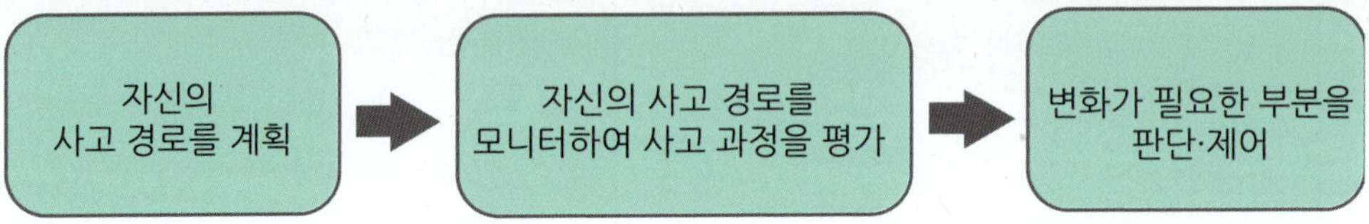

〈그림 16-2〉 메타인지적 사고 과정

3) 메타인지적 문제해결 개발

메타인지적 능력을 기르도록 노력을 해야 한다. 어려운 수학문제를 푼 후 깊게 생각에 잠겨 문제를 마음속으로 분석하는, 즉 사후 분석을 통해 사고 과정을 조종하는 메타인지적 능력을 개발시킨다. 또한 메타인지적 능력의 개발은 우리들의 사후조종을 개선시킬 수 있다(wolfram, S. 1996).

메타인지의 초기 개념, 즉 가장 널리 알려진 것을 수행하는데 있어 결과에 영향을 미치는 요인들은 어떤 것이 있을까?

□ 사람

평소 자신과 타인에 대해 개인적으로 가지고 있는 지식이나 신념

□ 과제

과제를 수행하는 동안 이용하는 정보의 성질과 처리방법을 말한다. 당면한 여러 가지 정

보의 성질에 따라 그것을 처리하는 방법이 달리 요구됨을 배워야 한다.

□ **전략**

어떤 것을 해결하거나 알고자 할 때, 목표에 도달하기 위해 어떤 방법이 가장 효과적인가에 대해 개인이 습득하게 된 지식을 말한다.

□ **환경**

위의 세 가지 외에 인지적 수행과정 혹은 결과에 영향을 줄 수 있는 여러 가지 요소에 대한 지식을 말한다. 즉 가정환경이나 학교환경 또는 사회환경 등을 들 수 있다.

위의 요소들을 생각하여 수학문제를 풀 때 다음과 같이 문제해결을 할 수 있다.

- 과제의 성격에 대한 생각
- 문제가 무엇인가에 대한 결정
- 입력된 정보에 대한 재구성
- 과제나 문제의 본질을 이해하는데 도움이 되는 전략을 선택
- 행동절차의 입안
- 계획실행을 위한 적절한 전략의 선택
- 정확성의 선택
- 노력, 시간의 배분
- 풀이과정의 모니터링
- 전략이나 계획의 실행결과에 대한 평가
- 필요한 경우 비생산적 전략이나 계획의 수정 혹은 포기

□ 조작적 수준에서 자동적으로 작용하는 자기 조절 스키마(skima)를 개발한다. 스키마란 정보를 선택적으로 받아들이고 줄거리를 재구성하고 주제를 추론하는 '배경지식'을 말한다. 사람들은 사물과 상호작용하기위해 사물에 개별 '마음의 모델(mental model)'을 먼저 구축한다. 사용자는 이전에 학습하고 훈련했던 경험을 통해 사물이 어떻게 경험되어야 하는지에 관한 마음의 모델을 갖는다는 뜻이다.

ㅁ 추론 가운데 잠재적인 함정(사전 경험으로부터 그럴 것으로 판단하는)에 이를 때마다 본인 자신에게 경고하는 '경보장치'를 개발한다.

ㅁ 메타인지적 방법을 통하여 자신이 사용한 수학적 개념의 형식적인 정의를 분명히 인식하고, 그 개념을 잘못 인지하고 있다면 직관적인 근원을 이해하도록 노력해야 한다.

ㅁ수학에서 모든 것에 대한 직관적 해석이 가능한 것은 아님을 분명히 이해해야 한다.

이러한 정보처리를 통한 해결방안은 다음과 같이 진행된다. 인간의 정보처리 과정을 컴퓨터의 정보처리 과정과 동일시하여, 다음의 그림과 같이 정신세계에 대한 자각이 이루어지는 실행적 제어를 메타인지와 비슷하게 본다. 그러나 인간은 매우 복잡한 인지 시스템이라 할 수 있으며, 인지과정에서 인간의 심리적이고 정서적인 면을 고려한다는 점에서 단순한 제어개념과 구분된다.

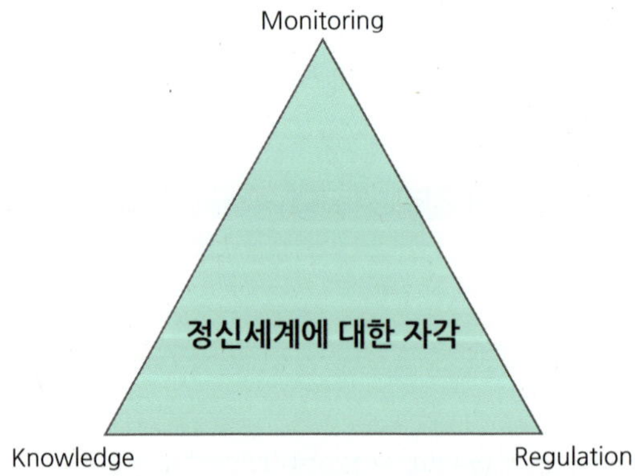

〈그림 16-2〉 정보처리 모델로 본 인간의 정보처리 과정

□ 정신세계에 대한 자각

가장 초보적이고 기본이 되는 성분으로, 나머지 세 성분에 대한 암묵적인 영향을 주고받을 것이라는 전제하에 삼각형의 내면에 위치한다.

□ 평가(monitoring)

인지과정에 대한 계속적인 통제과정으로, 학습과정 및 자신이 선택한 문제해결 절차에 대한 재확인 및 검토과정을 수반한다.

□ **지식(knowledge)**

정신세계의 존재성에 대한 지식, 여러 가지 정신과정에 대한 지식, 인지 과정의 통합에 대한 지식, 정신과정의 보편적 특성에 대한 지식

□ **제어(regulation)**

점검과 밀접한 관계를 맺고 있는 것으로 자신의 인지활동을 점검하다 문제가 생기면 앞으로 되돌아가고 이해하기. 해답에 대해 성급하게 시도하기 전에 문제가 무엇에 관한 것인지를 자기 자신이 바르게 이해하고 있는지 확인. 계획하기, 감시하기, 문제를 풀 때 자료를 할당하고 시간결정하기에 해당한다.

4) 문제해결과 분석

어떤 문제든 각 문제가 해결되는 풀이 방법이 존재한다. 결국 각 문제 해결은 풀이 방법을 바탕으로 문제를 해결하는 것이 타당하다.

□ **Pappus의 분석법**

무엇인지를 찾고, 다시 후자의 선행하는 원인이 무엇인지를 찾는 식으로 발자취를 되밟아 문제의 해결방법을 찾는 것이다. 이미 알려져 있는 것이나 제1원리의 부류에 속하는 것에 이를 때까지 계속하여 거슬러간다. 이러한 방법을 **분석** 또는 거꾸로 풀이하는 것이라고 한다.

그리고 분석에서 마지막에 도달한 것을 이미 이루어진 것으로 여기고 앞에서 선행자이었던 것을 결과로 자연스러운 순서로 배열하고 그들을 차례로 잇달아 연결함으로써 마지막에 찾고 있는 것의 구성에 이르는데, 이것을 우리는 **종합**이라고 한다.

증명문제	증명이 되려면 어떤 조건이 선행되어야 하는가?	⇨	증명이 되었다
방정식문제	'미지의 값을 찾았다'하고 조건에 맞는 식 세우기	⇨	등식의 성질을 적용하여 방정식 변형하기
답 구하는 문제	구하고자 하는 것을 이미 구했다	⇨	구한 것으로부터 유도될 수 있는 명제 도출하기

〈표 16-2〉 각 문제에 맞는 해결 방법

분석은 풀이과정을 발하는 과정이고 종합은 그 풀이과정을 실행하는 연속체이다. 문제풀이를 하는 바람직한 태도는 다음과 같이 4단계로 이루어진다.

□ 제1단계

이 단계에선 문제를 분석적이면서도 종합적으로 받아들이고 또한 복합된 전체로 받아들일 필요가 있다. 즉 분석적이고 종합적인 통찰(analytic-synthetic vision)을 한다. 모든 정신을 문제를 생각하는 데에 집중하고 가능한 모든 정보를 머릿속에 저장한다. 말 그대로 머리를 굴려 수많은 생각들과 정보들을 수집하는 단계이기도 하다. 머릿속을 아이디어와 데이터로 채운다.

□ 제2단계

이 단계에선 자료를 다루는 유연성, 자료를 체계화하는 능력, 두뇌 회전, 독창적 해석능력, 그리고 개념을 전이시키고 일반화시킨다. 유연한 사고를 통해 머릿속의 아이디어들이 여기저기 흩어져 있는 것을 재구성하고, 새로운 개념이나 패턴으로 구조화한다. 새로운 개념이나 패턴으로 구조화하는 것이 어려울 때는 잠재의식이 영감을 얻을 때까지 기다려본다. 조용히 사색하거나 산책하거나 친구들과 만나 재미있게 수다를 떠는 것도 좋고, 책에 파묻혀 지내는 것도 좋다. 우리의 뇌는 '퍼지'의 능력을 지녔다. '퍼지'는 무의미해 보이는 자료들을 스스로 결합하는 기억이다.

□ 제3단계

이 단계에서는 심사숙고의 단계를 거치면서 깨달음의 순간을 얻은 것이다. 무의식적인 정신작용이 충분히 이루어지면서 감춰져 있던 아이디어가 문제해결의 실마리가 되는 것이다. 그리하여 많은 가능성과 결과들을 인식하여 대안적인 접근 방법을 사용하고 관계를 파악하여 새로운 결과를 발견한다. 그리하여 판에 박힌 형태보다는 유연하고 창조적으로 수학적 문제를 생각하고 해결하는 능력을 가진다. 점, 선, 그리고 도형을 상상하고 변화시키며 과정과 개념들을 묘사하는 기호체계를 이해하고 적용하여 정돈된 형태에서 문제를 개념화하고 조직, 해결한다.

□ 제4단계

문제해결의 마지막 단계로, 그동안 내놓았던 아이디어를 증명하고 확신하고 지지하는 단계이다. 가급적 많은 아이디어를 축적하고 심사숙고의 단계를 통해 깨달은 아이디어의 타당성을 검증한다.

이러한 과정을 거치기 위해서는 주어진 문제에 대하여 의문을 가지고 정보를 찾고 다양한 수단을 사용하는 것이다. 관찰력은 문제해결 능력의 기본이다. 의문을 많이 가지고 비판적이어야 한다. 유사성과 차이점 그리고 예외적인 것이 무엇인가를 본다.

▸ Bloom은 문제해결을 위한 수학 학습을 운동 기능 학습, 인지적 학습, 정의적 학습 3가지로 나누었다.

□ 운동기능학습(psychomotor)

감각과 육체적 활동의 통합적인 조정을 수반하는 학습으로, 수학학습에서는 자와 컴퍼스를 이용하여 도형을 그리거나 측정을 할 때와 같은 행동에서 학습이 이루어지는 것을 말한다.

□ 인지적 학습(cognitive)

정신적 또는 지적 활동을 요하는 학습으로서, 학습의 결과로 지식이 축적된다. 사실상 수학에서 가르치고 배우는 것의 거의 전부가 인지를 수반한다. 계산이나 이해, 추론, 문제해결, 의사소통 영역이 여기에 속한다. 여러 가지 계산법이나 기본적인 수학적 개념 및 원리, 법칙 및 그 관련성을 이해하여 의미 충실한 개념적 사고를 형성하는 능력을 기른다. 또한 관찰, 열거, 실험 등을 통한 귀납과 유추, 추측에 의해 수학적 법칙과 문제의 해법을 발견할 수 있다.

□ 정의적 학습(affective)

흥미, 태도, 기호, 열심, 책임, 가치의 변화와 감상력의 개발, 적절한 반응 등을 묘사하는 정서적 목표를 말한다.

5) 수학 시험 잘 보기 전략

시험이란, 교수자 또는 학습자가 일정한 기간 동안의 학습 자료와 결과물을 폴더에 모은 것을 가지고 학습자의 학습활동에 대한 수행 정도를 평가하는 방법이다. 시험을 통해 수강하고 있는 수학과목을 이해하는 능력이나 과제를 수행하는 능력을 입증해야 한다. 대학교육에서는 단 몇 시간 동안의 시험이 학생의 실력을 평가하는데 있어서 많은 비중을 차지한다. 수학시험을 잘 치르기 위해서 나의 강점과 약점을 잘 파악하는 것이 중요하다. 그리고 시험을 잘 치루는 데는 다른 무엇보다도 실력이 중요하겠지만, 종종 시험당일의 학생의 태도나 몸 상태와 같은 환경적 요인이나 제한 시간 내에 시간을 분배하는 방법 등의 기술이 영향을 미치기도 한다(전형준, 2005). 제한된 시간 내에 수학적 성취 기준을 도달하였는지를 파악하는 시험에서 평가의 목적은 다음과 같다.

□ 해당과목에 대해 얼마나 잘 알고 있는가?
□ 해당과목에 대해 얼마나 모르고 있는가?
□ 특정기능을 잘 습득했는가?
□ 교육적 성취 기준을 습득했는가?
□ 얼마나 문제에 충실하게 답을 작성하는가?
□ 얼마나 보기 편하게 답안을 작성하는가?
□ 문제풀이 능력
□ 적용 능력

▸ 그렇다면 수학 시험을 잘 보기 위한 전략을 알아보자.

1 수학 시험을 대비하여 시험 범위에 들어가는 내용을 미리 검토한 뒤, 각 장을 살펴보면서 핵심 포인트를 파악해야한다. 교수자가 어떤 점을 중요하게 생각하는지 문제를 어떤 식으로 물어보는지에 관한 정보를 수집하여 교수님의 사고유형을 파악한다.

2 문제를 푸는 시험(수학, 화학, 물리학 등)전에는 2~4개의 연습문제를 스스로 출제해 본다. 만약 교수님이 연습 시험을 시행하는 분이라면 그것을 모델삼아 스스로 몇 가지 문제를 더 작성해 본다. 각 장의 마지막에 출제되어 있는 문제들도 활용한다.

▸ 수학시험에서 사용되는 문제의 유형에는 다음과 같은 것들이 있다.

빈칸 채우기 형	빈칸 채우기형 문항은 학생들로 하여금 텍스트의 빈 부분을 채우게 하는 방법이다. 요즘에는 지식이나 내용에 대한 이해 정도를 평가하기 위해 특별한 단어나 혹은 숙어를 제거하여 제시한다.
연결형	연결형 문항은 대개 어떤 개념과 그것을 설명한 목록으로 구성되는데, 학생들은 지시문을 읽고 이 두 개의 목록에서 관련되는 항목끼리 연결하게 된다. 일반적으로 연결형 문항은 지식기억, 관련성 파악등의 능력을 평가하는데 유용하다.
선택형	선택형은 몇 개의 선택지 중에서 답을 고르도록 하는 문항 형식으로 사실적 지식이나 글에 대한 내용 이해를 주로 평가한다. 복잡한 추론 능력이나 이해 능력을 평가하기 위한 목적으로도 쓰인다. 답을 선택할 때 추측이 개입되지 않도록 주의한다.
단답형	단답형 문항은 학생들이 짧은 응답을 하도록 요구하는 문항형태이다. 단답형의 유형은 크게 '폐쇄형'과 '자유반응형'으로 나눌 수 있는데, 폐쇄형은 단지 하나의 답만을 허용하는 반면, 자유반응형은 정답이 하나이상 존재한다. 단답형은 주로 사실적 지식과 개념을 어느 정도 이해했는지를 평가하는데 쓰인다.
논술형 및 서술형	논술형은 주어진 주제에 대해 학생들이 길게 응답하게 하는 형식으로, 깊이 생각하여 내용을 구성하는 능력을 평가하고자 할 때 사용한다. 논쟁을 논리적으로 구성하거나, 문제에 대한 해결방안에 대한 제시 등이 여기에 해당한다. 논술형은 '간단하게 설명하라' '세가지 방법으로 설명하라' 등과 같은 페쇄형과, 학생들이 자유롭게 응답할 수 있는 자유반응형으로 구분할 수 있다. '다음 풀이과정을 자세히 써서 제출하시오', '다음 그림을 이용하여 적당한 수학문제를 만들어 보고 좋은 문제인지 논하여라'
구술형	말하는 능력과 제시된 주제에 대하여 개인의 의견을 발표할 수 있는 능력 등을 직접 평가하는 방법이다. '다음 계산문제를 풀기 위한 적당한 그림을 그린다면 어떤 그림이 좋은가?', '자신의 의견을 발표하라'

실험·실습형	학생들로 하여금 직접 실험·실습을 하게 한 후 그 결과 보고서를 제출하는 것이다. 예) 꼭지점의 좌표가 A(0,0), B(3,0), C(4,2) 인 삼각형 ABC를 그려라. 이 삼각형을 다음 식에 의하여 △A′B′C′로 변환할 때 △A′B′C′를 좌표평면위에 그려라. 단, (x,y)는 △ABC, (x′,y′)는 △A′B′C′위의 임의의 점이고 꼭지점 A,B,C는 A′,B′,C′로 각각 변환된다. x′=y, y′=x
탐구형	탐구형은 익숙한 개념과 기능을 익숙하지 않은 상황에 적용하는 능력을 평가하는 자유반응형 과제이다. 내용을 토대로 결론을 끌어내어 보고서로 작성하는 것이 여기에 해당한다. 수학적 이해, 문제해결 능력, 수학적 언어의 사용 등을 평가하는데 활용할 수 있다.

③ 적어도 한번은 시간을 정해놓고 연습시험을 치러본다. 수학 시험의 경우 시간 안에 다 끝마치지 못하는 경우가 많다. 특히 시간제한을 두고 연습을 하는 것은 많은 도움이 되며, 연습문제를 많이 풀면 풀수록 시간도 더 빨라진다.

④ 시험범위 안에 들어있는 개념이나 주제 중에서 다섯 가지를 찾아낸다. 각 페이지의 맨 위에 한 가지씩 기입한 다음 핵심적인 단어나 짧은 구문을 적어본다.

⑤ 7줄 정도의 분량으로 핵심적인 개념에 대한 설명, 정의, 해결책 등을 적어본다. 책이나 노트에 있는 것을 베끼지 말고, 자기 스스로 생각해서 적는다.
⑥ 가장 중요하다고 생각되는 순서대로 각 주제에 대해 순위를 매겨본다.

⑦ 주제는 가급적이면 총 아홉 개가 넘지 않도록 하고 그 중에서 가장 중요한 것에 집중해서 공부한다.

02 언어영역

대학생활을 하다보면 학기 중에는 학과 공부하기가 바쁘기 때문에 외국어 공부를 따로 할 시간이 어렵다. 이럴 때에는 언어학이나 고전학 등을 미리 들어 두고 언어에 대한 감각을 익힐 필요가 있다. 언어란 매일 매일 해야 효율성을 높일 수 있으므로 대학생활에서 하루에 한 시간씩이라도 시간을 내어 공부하는 것이 좋다.

우리나라 대학생들이 언어를 배우는 방법의 특징은, 정규 교육과정을 통해 광범위하게 제공되는 언어 교육의 방법상 우선 읽고 쓰는 것이 시작이다. 그래서 문법하나는 탁월한 사람들이 매우 많다. 게다가 특히 우수한 학생을 만나 그의 탁월한 어휘력을 발견하게 되면 단어의 의미에 대한 이해를 필요로 하는 독서능력도 뛰어나다는 것을 발견하게 된다. 하지만, 문법이나 강독으로 지나치게 편향되어 있는 것이 대부분이다.

이에서 벗어나 듣기, 말하기, 읽기와 해석능력을 골고루 기르기 위한 언어영역의 공부 방법을 소개하기로 한다(Eileen, T. 2002).

1) 어휘력을 향상시키기 위하여

□ 예문을 활용한다.

예문들은 하나의 이야기를 구성하고 있어서, 이야기에 공감하고 문맥을 이해하다 보면 그 안에 담긴 어휘력이 저절로 익혀진다. 그렇게 하면 문법을 터득하게 될 뿐만 아니라 문장의 구조를 파악하고 의미를 이해하는 독해는 물론, 단편적으로 외우기 쉬운 어휘를 쉽게 받아들이게 된다. 나아가 회화나 작문에도 응용하게 된다. 폭넓은 독서는 어휘력을 향상시키는데 가장 효과적이고 자연스러운 방법이다. 그런데 책을 읽을 때마다 생소한 단어가 나오면 일일이 사전을 찾다보면 전체 내용의 흐름을 놓치게 된다. 대충 의미를 짐작할 수 있을 경우에는 단어에 표시만 해두고 나중에 사전을 찾아본다. 그렇게 해도 전체의 의미를 전혀 이해하지 못할 경우에는 영영사전을 이용하여 단어의 미묘한 차이에 대하여 중점적으로 익힐 필요가 있다. 어휘의 쓰임새를 알게 되면 문장을 구성하는 능력과 구사력마저 동시에 터득하게 된다.

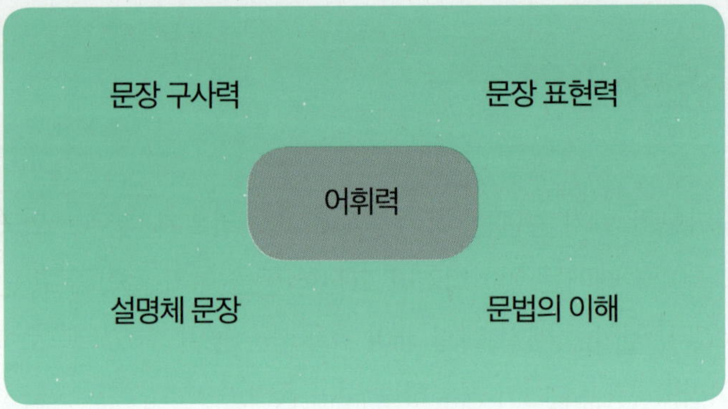

〈그림 16-3〉 예문활용

□ 많이 찾아본다.

영영 사전을 많이 활용하여 찾아봄으로써 완전히 모르는 단어 뿐 만 아니라 알기는 아는데 잘 모르는 단어, 분명히 뜻이 무엇인지 잘 알지만, 문장 속에서 어떻게 활용되고 쓰이는가를 잘 모르는 단어 중심으로 찾으면 좋다. 특히 새로운 단어를 접하게 되면 그 단어의 중요 부분을 알고 있는지 생각해 봐야 한다. 예를 들어 포놀로기(Phonology, 음운학, 음운론)라는 단어를 보면 phoneme이 무슨 뜻인지를 생각하고, –ology는 교육학(pedagogy), 심리학(psychology)에서 쓰이는 것처럼 "–에 대한 연구"라는 뜻임을 짐작할 수 있다. 그리고 phonology가 phon을 연구하는 학문이란 의미임을 정확히 추정할 수 있다.

□ 큰소리로 여러 번 반복해서 읽는다.

연인의 있는 그대로의 모습을 존중하고 사랑해야 하듯이, 영어도 영어의 모습 그대로 이해하고 받아들여야 한다. 모르는 새로운 단어를 발견하면 크게 소리 내어 그 문장 전체를 발음해 본다. 그렇게 하면 단어를 기억하는데 상당한 도움이 된다. 발음을 어떻게 하는지 모른다면 원어민 강사나 회화 테이프, 사전의 도움을 받는다.

큰소리로 여러 번 반복해서 읽다가 보면 반복해서 등장하는 단어와 표현을 발견하게 되는데, 처음에는 영어 발음이 낯설고 전혀 머리에 들어오지 않겠지만, 반복되는 단어와 표현이 쌓이면 결국 어느 날 갑자기 이해가 되기 시작한다. 어느 날부터 단어가 모두 한번씩은 찾아본 것이라는 순간이 오면 그 다음 부터는 계속 큰 소리로 읽는 일만 하면 된다.

□ **영영사전을 구입한다.**

영영사전도 품질 차이가 많이 난다. 일반적으로 유명한 출판사 제품을 사되 예문을 많이 활용할 수 있는 사전을 구입한다. 영영사전으로 단어를 찾다가 보면 영어단어 하나에 대한 의미만 아는 것이 아니라 영어 문장에 대한 기술과 문법으로 자동으로 습득된다. 문법이란 바로 문장을 만드는 합의된 규칙이기 때문에 그것은 문장에 익숙해지면 저절로 알게 된다. 절대로 피해야 할 사전은 작은 사전류, 그러니까 포터블 사전처럼 그냥 간단한 해설과 예문 정도만 있는 사전과 오래된 사전은 자세한 설명과 예문이 적혀있지 않기 때문에 될 수 있으면 구입하지 않는 것이 좋다. 집에는 양질의 사전을 사서 놓아두고, 책가방에 넣고 휴대할 수 있는 사전을 구입해서 다니면 수업전이나 버스를 기다릴 때 혹은 카페에서 책을 읽을 때 단어를 쉽게 찾아 볼 수 있다.

□ **단어를 적극적으로 활용한다.**

기억한 단어를 중심으로 실제 생활에서 친구들이나 가족들에게 적극적으로 사용하라. 입 밖으로 많이 표현하고 혼자서라도 중얼거리며 적극적으로 단어를 활용한다. 개별적인 단어의 의미보다는 전체적인 문맥 속에서 이해하는 언어를 사용하여 단어를 활용한다. 즉 문장이나 구, 절 단위로 단어를 활용하여 입 밖으로 표현한다. 또는 음성을 귀로 듣고 바로 쫓아 말하는 shadowing 방법으로 익히면서 단어를 완전히 내 것으로 만든다.

□ **단어 카드를 작성한다.**

외국어 실력의 평가는 어휘력에 의해서 결정된다. 영어 공부를 하면서 매일 정기적으로 일정한 수의 단어를 외운다. 단어 카드를 주머니에 넣고 다니면서 새로운 단어를 듣거나 읽을 때 마다 카드에 적어둔다. 왼쪽에는 발음기호와 단어를 적고 오른 쪽에는 단어에 대한 정의와 활용한 문장도 함께 적어둔다. 통학 시간에 단어카드를 꺼내어 매일 읽어보거나 적어 둠으로써 활용할 수 있다.

□ **어휘력 전문서적이나 사이트를 이용한다.**

영어 교재나 책을 이용하여 공부를 하기도 하지만, 어휘력 전문 소책자나 사이트를 이용하여 공부하면 단어를 찾는 시간을 절약해 주고 또한 접미사나 접두사의 활용과 설명이 있기 때문에 효율적인 어휘력 습득을 가능하게 해준다. 웹스트(Merriam–Webster)나 Voice of America 사이트를 이용하여 매일 새로운 단어를 익힐 수 있다.

□ **새로운 단어를 만나면 영한사전을 바로 찾지 말자**

새로운 단어를 만나면 일단 나머지 단어들로부터 연상되는 그림들을 떠올리며 문맥을 파악한다. 그리고 문맥 안에서 모르는 단어의 의미를 추측해 본다. 그런 뒤에 영영 사전(English– English dictionary)에서 단어를 찾아서 단어가 가진 기본 의미를 그림으로 기억해둔다. 바로 한글 뜻을 찾아 1:1로 익히는 것보다 영문 뜻풀이를 읽고 어떤 의미인지 추측해본 뒤에 정확한 우리말 뜻을 찾아보는 게 더 효과적이고 기억에 오래 남는다. 예를 들어, dropped out은 두 단어 drop(떨어뜨리다)과 out(밖으로)이 함께 쓰인 말이니까 '떨어져서 밖으로 나가는' 그림을 연상할 수 있다. dropped out 뒤에 of Reed College라는 학교 이름이 나오면 학교에서 '자퇴했다'정도로 이해하면 된다. 그 반면 drop–in은 떨어뜨렸더니 어딘가 안으로(in) 쏙 들어가버린 그림이 떠오른다. 즉 어딘가에 잠깐 들어가는 것, 즉 drop in은 동사로 '잠깐 들르다'로 풀이할 수 있다.

2) 독해력 향상을 위하여

독해력을 향상시키기 위하여 책의 모든 영역을 소제목으로 나누어 전체중심으로 미리 보기를 한다. 그리고 집중하여 읽기와 복습하기 단계를 거친다.

□ 미리보기

5분에서 10분정도 우리말 구조와 비교하지 말고 책 본연의 성질 그대로를 읽어본다. 무슨 뜻인지 완벽하게 이해하려고 노력하지 않아도 된다. 이 단계에서는 그냥 보기만 하면 된다. 어떤 단어와 표현이 쓰였는지 눈여겨보기만 하면 된다. 단계별 읽기를 통해 학습할 경우, 큰 단위로 읽어보려는 노력이 필요하다. 이 때 영어 문장을 보는 순간 우리말로 번역하려는 충동에서 벗어나야 한다. 점차 큰 단위로 의미 단위를 만들어 읽는 훈련이 필요하다. 우리말로 번역을 시도하는 순간 영어식 사고에서 멀어지며 영어 따로 우리말 따로 공부하는 오류를 범하게 된다. 그 장에서 다루고 있는 주제와 관련하여 본인이 이미 알고 있는 것에 대해 숙고한다.

□ 자동화 읽기 (Reading with your Brain)

▸ 한 단락이나 절을 최소단위 의미 단위로 잡아 단어 하나 문장 하나가 헷갈린다고 해서 다른 참고서를 찾기 위해 읽기를 중단하지 않는다. 모르는 단어가 나올 때마다 사전을 보면 언어자체에만 초점을 두게 되고 전달 내용에는 초점을 둘 수 없다. 이러한 습관은 비효율적인 읽기를 초래래 읽기가 의도하는 즐거움을 주지 못하게 된다. 읽기 과정을 의식하지 않고 무의식적으로 사용할 수 있는 능력이 우리 인간에게는 누구나 있다. 철자 식별이나 어휘 처리 등에 많은 집중을 필요로 하지 않는 자동화 상태에 쉽게 도달하기 이해서는 읽기를 중단하지 않는다. 다음번 문장을 보면 의미가 명확해 지는 경우가 흔히 있기 때문이다. 모르는 단어가 나온다고 해서 계속 찾아보게 되면 모처럼 언어의 뇌 속에 구축된 분류체계가 순식간에 뒤엉킨다는 것이다.

▸ 한 단락이 끝날 때마다 그 단락의 핵심 포인트가 무엇인지 자문해 보고 책에 강조 표시를 해둔다.

▸ 한 단락을 다 읽고 나서도 여전히 헷갈리는 부분이 있다면 나머지 단락으로부터 연상되는 그림들을 떠올리며 문맥을 파악한다. 그리고 문맥 안에서 모르는 단어의 의미를 추측해 본다. 그렇게 해도 잘 모르겠다면 다시 읽어보거나 생소한 단어를 영영사전에서 찾아본다.

우리나라 영한사전은 불과 얼마 전까지만 하더라도 영일 사전을 다시 일한사전을 통해 바꾼 그러니까 영어를 일어로 풀이한 것을 다시 한국어로 옮긴 것이 대부분이라는 것에 문제가 있다. 또한 영어문화권에는 있는데 한국어 문화권에는 없는 단어가 존재하기 때문에 민족과 문화와 역사가 다르니 없는 단어가 있게 마련이다. 그런 단어는 어쩔 수 없이 그나마 비슷한 우리말로 표현할 것이고 그렇게 해서 그 의미가 왜곡이 된다.

3) 의사소통능력 향상을 위하여

□ 많이 듣고 많이 읽어야 한다.

영어를 잘하기 위한 방법으로 모든 사람이 입을 모아 말하는 단 한 가지 방법이다. 이미 다 알고 있는 얘기겠지만, 외국어 습득은 그 언어에 얼마나 많이 노출되었는가가 관건이다. 한국처럼 영어를 공용어로 쓰는 나라가 아닌 경우는 영어 학습자 스스로가 얼마나 많은 양의 영어환경에 노출되려고 노력했느냐에 따라 영어 능력이 달라진다. 즉, 많이들은 사람이 더 잘 알아들을 수 있고 많은 읽은 사람이 더 잘 이해할 수 있다. 많은 학생들은 흔히 충분히 듣고 읽었는데 왜 여전히 알아듣기 힘들고 이해하기 힘드냐고 반문한다. 그러나 본인이 생각하는 '충분히' 라는 것은 지극히 주관적인 생각이고 그 보다 몇 배 더 많은 input이 필요한 것이다. 주변에서 쉽게 구할 수 있는 영어로 된 듣기자료나 읽기 자료를 끊임없이 듣고 또 읽어야 한다.

□ 매일매일 쉬지 않고 듣고 읽어야 한다.

언어능력은 기억력이다. 영어능력은 깊은 사고나 복잡한 분석을 통해 얻어지는 능력이 아니라 단순 반복과 연습을 통한 암기의 결과이다. 따라서 며칠, 혹은 몇 달 동안 열심히 듣고 읽고 해도 한동안 영어공부를 등한시 하면 곧 잊어버리게 되고 지속적인 향상을 기대하기 어렵다. 적은 양이라도 매일매일 꾸준히 영어로 된 자료를 듣고 읽어야 하며 반복학습을 통해 완전하게 암기해야 한다.

□ 쉽고 즐겁게 공부할 수 있는 자료를 활용해야 한다.

CNN을 듣고 Time지를 읽는 것도 좋지만 본인의 취향과 영어능력에 따라서 좀 더 재미있고 쉬운 자료를 활용해서 공부하는 것이 좋다. 영화나, 팝송, 문고판 소설이나 특정 분야를 소개하는 잡지 등 본인이 관심 있게 즐길 수 있는 자료를 활용해서 영어를 공부하는 것이 효과적이다. 무조건 수준 높은 어휘를 외우고 복잡하고 난해한 영문들을 이해하는 것이 영어능력을 향상시키는 것이라고 생각할 필요는 없다. 일상에 관한 내용을 소재로 영어로 자연스럽게 의사소통하는 것이 대부분의 영어 학습자들의 목표가 되어야 할 것이다.

□ 영작문과 관련해서 강조하고 싶은 몇 가지 주의 사항이 있다

첫째로 동사의 특성을 확실하게 파악해야 한다.
영어 문장의 전체적인 구조는 동사에 따라 결정이 된다. 그 동사가 목적어를 취하는지, 하나의 목적어가 필요한지, 두 개의 목적어가 필요한지, 또 부정사를 취하는지 등등 동사의 특성에 따라 전체적인 문장의 구조가 결정이 나기 때문에 동사의 특성을 확실하게 익히는 것이 중요하다.

둘째는 어휘의 용례를 예문을 통해서 익혀야 한다.
사전에는 한 어휘에 대한 많은 예문들이 제시되어 있다. 대개의 경우 어휘의 뜻만을 확인하는데 그와 함께 예문들을 꼼꼼히 살피는 것이 많은 도움이 된다. 그러한 예문들을 통해서 그 어휘에 대한 개념을 확실하게 다져야 하고 또 이러한 예문들을 응용하여 자연스러운 영어 문장을 만들어 볼 수 있다.

셋째는 한국어를 그대로 영어로 옮기려는 시도를 피하라는 것이다.
사실 영작을 하다 보면 영어와 한국어 표현이 일대일로 대응되지 않는 경우가 많다. 즉, 한국어에 대응하는 영어 단어를 나열해서 영어 문장을 만들면 된다고 생각하면 오산이다. 많은 경우 문장 전체의 의미를 따져서 가장 자연스럽고 적합한 영어 표현을 찾아내는 것이 훌륭한 영작이다. 많이 양의 영어 reading을 통해서 자연스러운 영어 표현들을 익히는 것이 훌륭한 영어작문의 기초가 된다.

03

과학영역

□ 기본원리와 용어에 대한 학습

과학적 이론은 과학적 법칙을 설명하기 위해 구성된 것이다. 과학적 사실은 과학적 법칙 및 원리, 관찰, 측정을 통해 설명되므로 수업전에 기본원리와 응용에 대한 입문서를 찾아서 읽는다. 그렇게 함으로써 배경지식이 생겨나고 내용을 쉽게 이해하게 된다.

□ 미리 예습한다.

자연과학은 인간을 포함한 자연을 연구대상으로 삼으며 사실(fact)을 다루기 때문에 주체와 객체를 분리한 채, 세상을 표피적으로 기술하는 학문으로서 사물의 본성을 이해하려는 것이다. 그러므로 읽어야 할 내용이 많다고 미리 겁먹을 필요는 없다. 수업을 듣기 전에 미리 예습하면서 훑어보고, 수업을 통해 내용을 분명히 이해하도록 노력한다.

□ 좀 더 자세히 훑어본다.

수업에 들어가기 전에 과학 과목의 제목, 서론, 부제, 도형, 요약 등을 간단히 살펴본다.

▸ 수업 안에 포함된 내용요소들이 어떻게 조직되어 있는지를 분석한다.

▸ 학습과정에서 어떠한 행동요인이 나에게 부과될 것인지를 미리 생각해본다.

▸ 무엇 때문에 무엇을 한다.'는 근본적인 절차에 따라 이 과학 단원과 관련해서 내가 알고 있는 것과 모르는 것을 구분해 본다. 따라서 계획대로 성과를 이루기 위해서는 지금 무엇을 위해 이 공부를 하고 있는가 하는 것을 의식적으로 소리 내어 말하거나 스스로 의식화해본다.

예를 들어 이 단원은 이 과목에서 우리가 배우고 있는 전체 내용 중에서 어느 부분에 해당하는가? 이 단원은 관계에 따라, 연대순에 따라, 주제별로 어떻게 구성되어 있는가? 이 단원의 내용은 얼마나 중요한가? 잘 모르거나 복습이 필요한 용어가 있는지를 의식화 한다.

□ 관찰하고 사고하고 분석한다.

과학학습을 하는데 있어서 필수적인 요건은 '관찰하고 사고하고 분석한다.'는 태도를 익히는 것이 선결요건이다. 과학학습의 습득 수준 향상그래프는 '계단' 형태를 이룬다. y=ax라는 형태로 진행된다. 비스듬히 순조롭게 신장되는 것이 아니라 전혀 진보가 없는 것 같은 평면적인 노력을 지속하는 중에 어느날 갑자기 향상되는 것이다.

과학적 사고의 기초와 응용력	
기 초	응 용
이 론	이 론 + 응 용
IN/PUT	OUT/PUT + OUT/PUT을 지속하기 위한 IN/PUT
폭넓게	우선순위를 결정하고 보다 집중적으로 실시

과학 공부를 할 때 사람과의 교제가 확대되는 경우도 많다. 학습에 관한 일 뿐 아니라 취미라도 좋다. 항상 새로운 분위기를 접촉할 장소에 자기 자신을 두려는 자세가 중요하다. 자기 혼자 학습을 계속하는 것이 상당히 어려울 수도 있다. 여기서 교내 워크숍이나 자주적 학습공동체를 적절히 결합해도 많은 도움이 된다. 그렇게 하면, 사물에 대한 사고방식이 긍정적이며 적극적으로 바뀔 수 있다. 표면적인 태도인 외면과 적극적으로 사물을 생각해 나가려는 내면적인 사고를 익힘으로써 소극적, 비관적으로 되기 쉬운 태도를 긍정적으로 바꿀 수 있다(Carl B. Boyer & Uta C. Merzbach, 2014).

□ 수업시간에는 수업내용을 이해하는데 주의를 기울인다.

블룸의 교육단계(Bloom's Taxonomy)에 따르면 수업목표를 달성하기 위해 다음의 각 단계에 따라 수업에 대한 이해가 이루어져야 한다. 위로 올라갈수록 더 높은 차원의 과학 학습이 이루어진다.

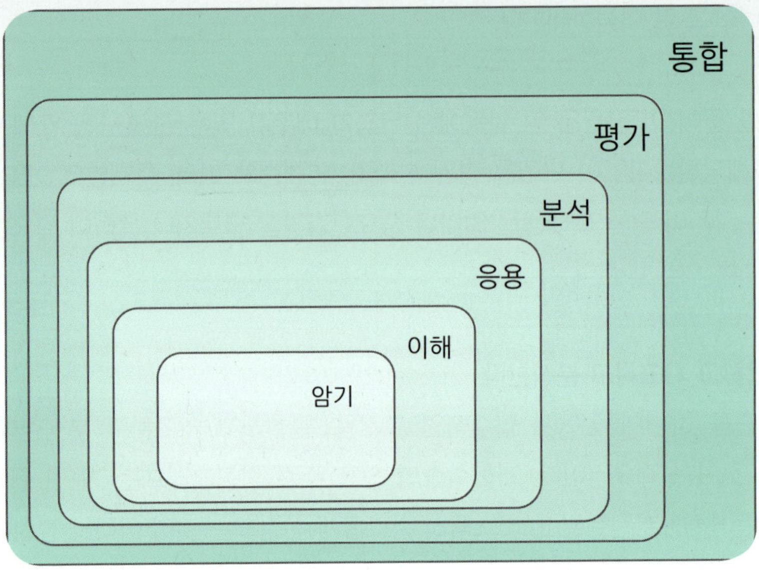

〈그림 16-4〉 블룸의 교육단계에 따른 이해단계

- **암기** – 학생들은 주제를 알고 있다.
- **이해** – 주어진 주제를 이해한다.
- **응용** – 배운 것을 다른 상황에 적용할 수 있다.
- **분석** – 학습내용의 핵심을 식별할 수 있다.
- **통합** – 학생들이 구성요소를 새로운 방법으로 결합할 수 있다.
- **평가** – 주제에 대한 명확한 증거에 입각한 판단을 내릴 수 있다.

각 단계에서 학생들이 보일 수 있는 행동은 다음과 같다.

- 암기 – 계산하다, 표시하다, 나열하다, 반복하다, 서술하다, 쓰다, 확인하다, 정의하다, 기록하다, 인용하다
- 이해 – 연상하다, 해석하다, 비교하다, 토의하다, 대조하다, 구별, 대비, 예측하다
- 응용 – 적용하다, 풀다, 시험하다, 활용하다, 연습하다, 관련시키다, 시범보이다

- 분석 – 배열하다, 분류하다, 설명하다, 관련시키다, 추론하다, 변환시키다, 분리하다, 분석하다, 요약하다
- 통합 – 개발하다, 조정하다, 계획하다, 연구하다, 결합하다, 공식화하다, 준비하다, 설계하다, 조직하다, 통합하다, 생산하다, 만들다
- 평가 – 분류하다, 권장하다, 판단하다, 비평하다, 평가하다, 등급매기다, 측정하다

□ 수업시간 이후에는 배운 내용을 고민해본다.

수업이 끝난 후에 과학적 기능들은 서로 간에 어떻게 연관되어 있는지, 이런 기능들은 서로서로 어떻게 영향을 미치는지 등과 같이 다각적으로 사고하도록 한다. 또 배운 내용을 다른 새로운 상황에 적용할 수 있어야 한다. 예를 들어 '이러한 영역/기능/기관 중 하나가 손상을 입거나 파괴된다면 우리 몸에서는 어떤 일이 발생할까'와 같은 문제에 답할 수 있어야 한다.

참고문헌

박혜향(2007.2015). 수학교육론 이야기. 도서출판 열린교육.

전형준(2015). 학습법가이드. 서울대학교 교수학습개발센터.

Bloom, B. S. (ed), (1956). Taxonomy of educational objectives, The classification of educational goals, Handbook1 : Cognitive Domain. New York.: David Mckay,

Carl B. Boyer and Uta C. Merzbach(2000). 양영오. 조윤동 역. 수학의 역사. 경문사.

Eileen Tracy.(2014). The student's guide to exam success. Open University Press.

Pappus (분석법을 처음으로 체계적으로 정리한 사람으로, 기원전 3세기경의 그리스 수학자이다)

Learning to learn(2002). Imperial College of Science. Technology and Medicine revision.

Wolfram, S.(1996). The Mathematica book. Third Edition. Bostion: Cambridge University Press Group.

부록 1 기억에 관한 이야기

1. 기억의 원리
2. 뇌 과학 이야기
3. 기억력 향상 전략
4. 기억전략 이론

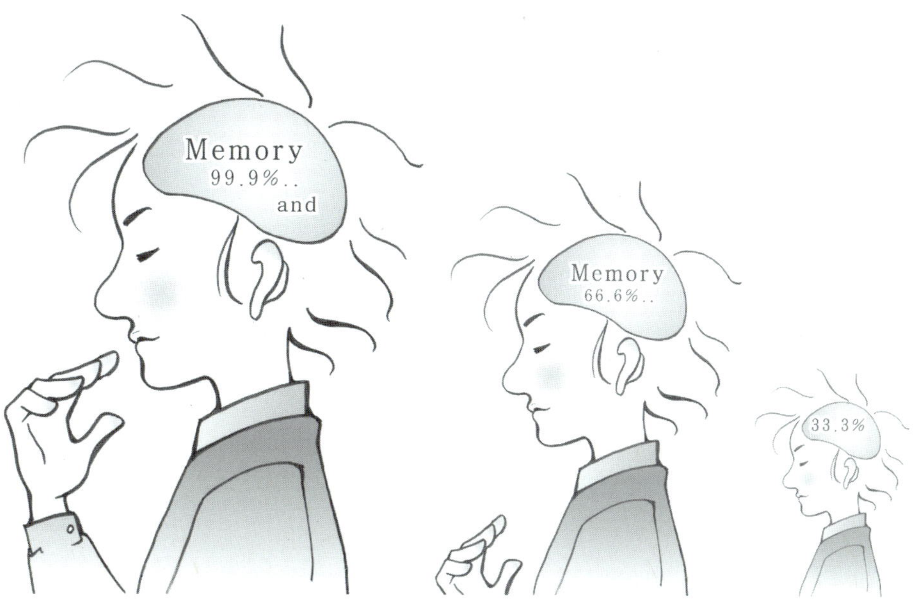

부록 1 기억에 관한 이야기

01 기억의 원리

우리는 아무리 열심히 공부한다 하여도 흥미와 관심이 없는 분야는 잘 기억을 하지 못하는 경향이 있다. 행복한 감정이나 흥미로운 모든 감정은 외부 자극에 의해 영향을 받지만 그것을 느끼는 기능은 내 안에 있다. 우리 인간의 뇌의 특정부위는 특정 입력 채널을 담당하고 있다.

우리는 세상을 살아가면서 흥미로운 일을 경험하거나 행복하고 즐거우면 모든 일이 잘 기억되고 집중이 잘된다. 최근의 뇌 과학은 우리의 감정이 어떻게 만들어지는가에 대해 분자 수준에서 규명해 놓았다(Anderson, 1995.2015).

학습한 지식이나 정보들 가운데 우리가 잊어버리는 것은 무엇이고 기억하는 것은 무엇인가? 적절한 순간에 적절한 생각을 하는 능력과 기억하는 능력은 사람마다 다르다. 어떤 것들은 단지 수초간만 기억하고 어떤 것들은 시험 치기 직전까지만 기억하며, 또 어떤 것들은 일생에 걸쳐 머리에 각인된다. 강력한 감정이나 개인적 소망이나 기호, 특별히 기뻤던 순간이나 중요한 상황은 오랫동안 우리의 기억에 남는다.

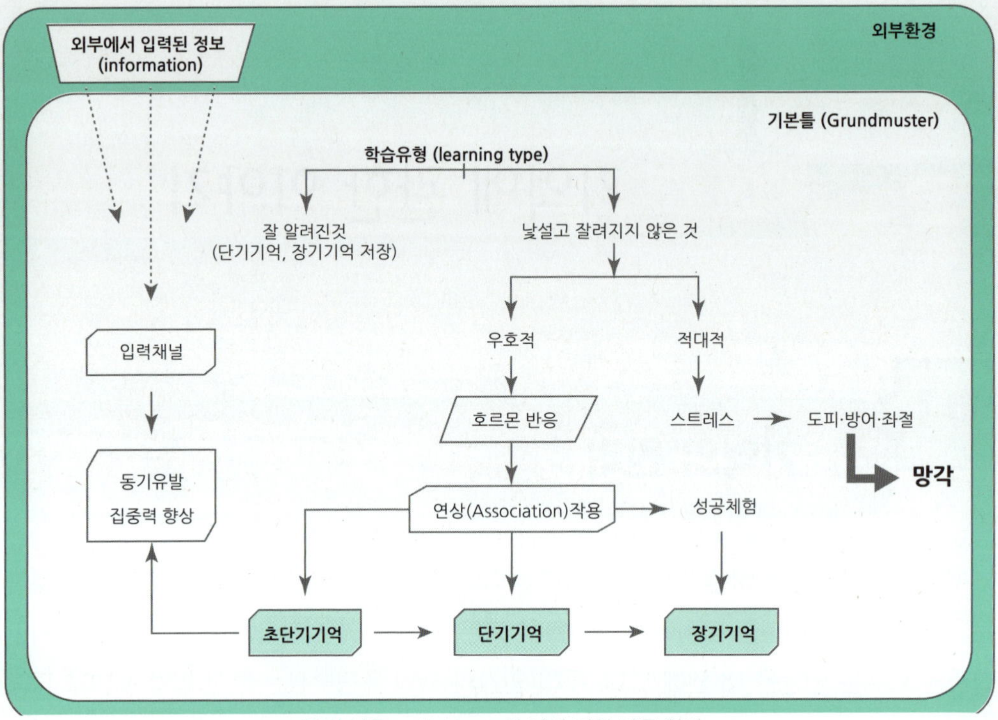

〈그림 부록 I -1〉 Vester의 뇌의 기억 작동 원리

□ 초단기기억

인간은 오감을 통해 수많은 자극을 받는다. 길을 가다가 움푹 파인 곳을 발견하고 '조심해'와 동시에 '넘어질 수 있다'는 정보가 1~3초 정도만 감각기억으로 저장된다. 그러다가 그 길을 벗어나면 길이 험난하다는 것을 잊어버린다.

□ 단기기억

감각기억에서 단기기억으로 저장되려면 '저 길은 움푹 파였어, 조심해야해' 라고 계속해서 주의를 기울이면 단기기억으로 정보가 이동한다. 그러면 다시는 그길로 가는 실수를 범하지 않을 것이다.

새로운 정보가 5~20초간 머무르는 곳으로 개인에 따라 5~9개 정도의 정보단위들이 처리된다.

□ 장기기억

단기 기억에서 장기기억으로 넘어가려면 지속적 주의를 기울여야 한다. '학교에 갈 때 다시는 움푹 파였던 그길로 가지 않을 거야' 라고 지속적 주의를 기울이면 넘어지는 실수를 하지 않게 된다. 일단 장기 기억에 저장된 정보는 계속남아 있지만 정보를 찾아내는 데는 어려움이 있을 수 있다.

02 뇌과학 이야기

뇌로 들어온 지각 정보는 뇌 어떤 구역에 국한되어 저장되는 것이 아니며 입력된 정보의 충격들은 뇌 영역의 일정한 곳에서 받아들여진 다음 다양하게 결합하여 뇌 전역에 흩어져 저장된다는 것이다. 그 가운데 아름다운 것, 유쾌한 것은 이야기 할 만 한 가치가 있을 뿐 만 아니라, 이런 것들은 보다 상세하게 설명할 수 있을 정도로 기억도 잘되는 것이다. 여기에 비해 고생하고 두려웠던 경험은 잊혀졌기 때문에 세부사항까지는 기억하기가 어렵다. 왜냐하면 우리가 지속적으로 두려움을 가졌던 아주 어둡고 두려운 상황을 역시 기억 속에 저장되기는 하지만, 좋은 추억은 단순히 그것들과 결부된 긍정적인 호르몬 상태로 인해 불쾌한 사건들보다 훨씬 다양하게 연상하기 때문이다. 그래서 즐거움이나 흥미는 욕구불만이나 긴장과 결부된 사건들보다 더 상세하게 기억되는 것이다(Weinstein & Mayer, 1986).

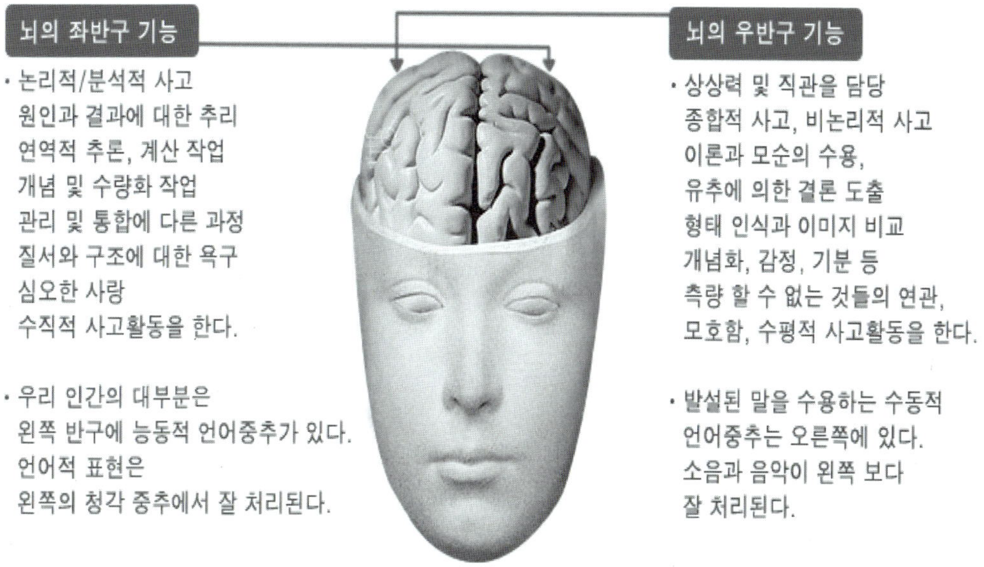

□ 시상 이야기

대뇌에서 아래로 내려가면 시상(Thalamus)이라고 하는 간뇌에 속하는 특정부위가 있다. 이곳은 대뇌로부터 입력된 감각지각에 따라 희로애락을 주관하는 곳으로 바로 여기서 울고 웃는 것이 통제된다. 즉 대뇌의 서로 다른 영역에서 입력된 정보들을 시상으로 보내면 이곳에서는 이전의 경험들과 비교 평가한 후 다시 대뇌의 다른 영역으로 보내기 때문에, 시상은 일종의 정보의 조절 중추에 해당한다.

시상의 아랫부분인 시상하부에서는 배고픔, 갈증 같은 본능이 생겨난다. 뇌하수체는 신체의 성장을 관할하고 거의 모든 호르몬 활동과 성적 활동을 조절한다. 이 뇌하수체에서 스트레스 반응의 일부가 통제되며, 느끼고 생각하고 기억하는데 영향을 미친다.

전선처럼 절연된 신경섬유(축색)는 밝은 미엘린(Myelin)수초로 이루어진, 축색을 둘러싼 외피로 싸여 있다. 만일 이러한 절연층이 파괴되면 간질 발작이나 알코올 중독자가 보이는 횡설수설과 같은 일이 벌어지게 된다.

□ 시냅스 이야기

시냅스로 상호 연결된 뇌세포, 세포체와 세포체에 수상돌기로 충격이 받아들여지면 다시 축색을 통해 돌기 모양의 시냅스 끝으로 옮겨져 인접한 뉴런으로 옮겨진다. 약 5천억 개에 달하는 시냅스는 우리가 뜻한 바대로 사고하고 기억할 수 있도록 해주며 우리 삶의 모든 기억을 동시에 불러 내지 않고 몇몇 적절한 사고 결합을 통해서 아주 특정한 것만을 기억해 내도록 한다. 예를 들어 책을 읽고 있는 순간에는 관련 뉴런들의 몇몇 시냅스들이 서로 결합하여 내용을 이해하게 되는 것이며 어제 친구를 만났던 기억에 대한 시냅스는 이 책을 읽고 있는 순간에는 연결되어 있지 않게 된다. 그러나 그 순간 어제 일을 떠올리게 되면 방금 전에 결합했던 시냅스는 차단되고 다시 다른 시냅스의 결합이 이루어지고 어제 만난 친구를 떠올리게 된다. 뇌세포는 다른 신체기관의 세포들에 비해서 놀랍도록 이른 시기에 세포분열이 중단된다. 이 때문에 학습이 가능하다. 그래서 태어난 후 최초의 몇 달이 뇌의 형성에 결정적인 영향을 미치게 된다.

두뇌의 대뇌 부분은 양쪽으로 분리되었고, 왼쪽은 단어, 숫자 등의 학문적 기능을, 오른쪽은 리듬, 색상 등의 예술적 기능을 담당하고 있다는 것을 알 수 있다. 이들이 어떤 중심 주제에 집중할 때에는 서로 교류함으로써 그 효율성을 높인다는 것을 알 수 있다.

□ 도파민 이야기

뇌과학에서 가장 인상적인 것이 도파민이라는 신경전달 물질이다. 뇌에서 분비되는 도파민은 뇌를 각성시켜 집중과 주의를 유도하고 쾌감을 불러일으키며, 삶의 의욕을 솟아나게 하고, 창조성을 발휘하게 하는 신경 전달 물질이다. 의욕, 쾌감, 흥미는 도파민 분비가 활성화될 때 생겨난다. 주로 뇌의 변연계의 측두핵에서 유리되는 도파민이 쾌락에 관여하는데, 코카인 역시 이 부위에서 도파민 과잉 상태를 만들어 쾌감을 유도한다. 운동을 하면 기분이 좋아지는 것도 근육에 있는 근긴장성 섬유가 뇌의 시상하부와 이어져 있어, 근육이 자극을 받으면 도파민과 엔돌핀이 분비되기 때문이다. 스포츠 관람이나 각종 취미 활동, 사랑에 빠질 때, 식사를 할 때도 도파민이 분비되어 즐거움을 느끼는 것으로 알려져 있다. 결국 도파민 양이 많아지면 환상과 환청과 같은 특별한 경험을 하게 되며 결국에는 편집증이나 중독, 정신 분열증이 나타날 수 있다. 도파민 양이 너무 적으면 주의력 결핍이나 과잉행동 장애(ADHD) 등이 발생할 수 있다.

□ A10 신경 이야기

뇌간에 있는 A10 신경은 신경 전달 물질은 성욕과 식욕, 체온조절과 같은 원시적인 생리욕구에서 운동과 학습, 기억력은 물론 지고한 인간 정신을 관장하는 전두연합령까지 연결되어 인간에게 다양한 쾌감을 준다. 전두연합령 부근에 있는 신경은 도파민의 자가 수용체가 없어서 마이너스 피드백이 없기 때문에 도파민 과잉상태를 유지 할 수 있다고 알려져 있는데, 바로 이 때문에 공부에 열중하는 상태에서 지속적인 쾌감을 경험할 수 있다. 우리는 즐거움이나 흥미 쾌감을 화학 약품에 의해 증대 시킬 것이 아니라 자신의 공부에 집중함으로써 재미와 흥미를 유발시킬 수 있다.

□ 내가 선택한 희로애락

희로애락의 감정과 행불행의 느낌은 내 몸 속에서 내가 무엇을 선택하느냐에 따라 다르게 만들어 진다는 것이다. 그렇다면 기억을 오래 동안 하기 위해서는 한 곳에 집중을 하어 내가 문제를 풀고자 하는 공부를 계속 생각하는 것이 필요하다.

03 기억력 향상 전략

□ 학습목표를 인식하자.

배울 내용의 가치와 의미를 정확히 인식해야 한다. 다시 말하자면 왜 이 내용을 배우는지를 정확히 파악하고 있어야 한다. 그러면 알려고 하는 욕망과 주의력이 일깨워 지고, 학습동기가 부여되며, 우리 신체기관에서 '수용'하게 되고, 학습 내용이 의미 있게 저장된다. 그래서 이 새로운 학습 내용은 더욱 깊숙이 고정된다(Vester, F. 2004).

□ 실제의 목표와 친숙한 교과과정을 학습하자.

현실과의 관계에서 벗어나거나 전술한 학습 내용으로 응용할 수 없는 학습 자료는 기억 속에서 잘 저장되지 않고 시간이 지나면서 무가치하게 고립된 채로 저장되며 더 광범위한 사고 결합과 연결되지 않는다. 그러므로 주제와 교과영역은 서로 실제 목표와 관련하여 세부적으로 그 범위를 축소시켜 학습하는 것이 효과적이다(Vester, F. 2004. pp. 243~261).

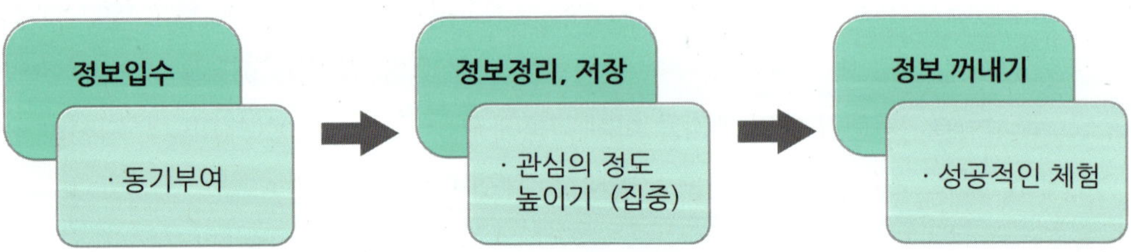

〈그림 부록 Ⅰ-2〉 기억력 향상 과정

□ 호기심으로 낯선 것을 친숙한 것으로 포장하라.

호기심과 기대감이 생기면 낯선 자료에 대해 매우 중요한 학습동기를 불러일으킬 수 있다. 익숙지 않은 것과의 대결은 교감신경을 거쳐 카테콜라민 호르몬 분비를 자극하므로 친숙한 것으로 포장을 하여 멜라토닌 분비를 촉진시켜야 한다. 그렇게 하기 위해서는 낯선 것을 계속하여 재인식할 필요가 있다. 재인식 즉 반복 학습을 통하여 성공체험을 확대시켜주어야 한다. 그렇게 되면 긍정적인 호르몬 상태의 학습 성향을 띠게 된다(Vester, F. 2004).

□ 큰 틀을 먼저 생각하자.

어렵고 낯선 문제를 접하게 되면 세부사항들은 잘 모르게 된다. 이런 경우 큰 틀을 먼저 생각하여 세부사항을 받아들일 준비를 하면 된다. 그렇게 하면 뇌 속에 흡수하여 수용할 준비를 하게 되는 것이다.

□ 2차 정보를 조심하라.

유사한 내용의 추가지각(2차 정보)들은 종종 초단기 기억 내에서 선회하는 1차 정보의 저장을 방해한다. 예를 들어 영어 단어를 외우다가 잠시 후 독일어 단어를 공부하게 되면 영어 단어를 쉽게 잊어버린다. 그 이유는 추가된 지각들이 확고하게 저장이 안 될 경우 1차 정보를 사라지게 하며 또 있던 것도 방해하게 되기 때문이다. 1차 정보가 단기 기억으로 일단 저장된 후에 비로소 주제에 대한 변화를 주어야 한다. 1차 정보를 저장하기 위해서 많은 시간이 할애될수록 효과는 커짐을 알 수 있다.

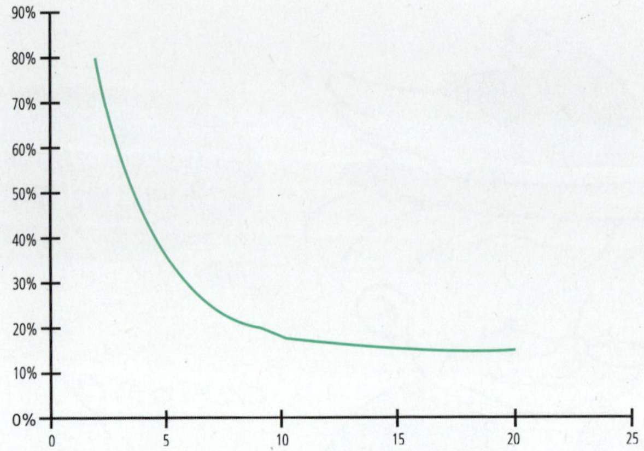

<그림 부록 Ⅰ-3> 선행학습 목록 수에 따른 기억력 변화 (Underwood, 1957)

–위의 도표에서 망각이 과거에 학습한 목록의 수와 함께 증가함을 알 수 있다.

□ 반복 학습하라.

각각의 모든 학습 자료를 일정한 간격을 두고 반복해서 수용하자. 하나의 정보는 최소 초단기 기억 과정에서 20초 이상의 간격을 두고 반복적으로 수용될 때 지금까지 있었던 여러 기억 내용들과 결합될 수 있다. 수업이나 책 혹은 과제의 모든 정보 연결은 4번 5번 8번 10번 이상 서로 강화하면 성공 체험들을 전달하는 수고를 하지 않고도 자연스럽게 창의적인 결합이나 논리적 결합을 촉진시킨다.

□ 흥미 유발을 위해서는 집중하라.

즐거움과 성공체험은 공부하는 것이 긍정적으로 되도록 호르몬 분비를 조절한다. 그리고 뇌세포 사이의 시냅스 접촉의 마찰 없이 신호가 전달되도록 한다. 그리하여 긍정적인 체험과 결부된 정보들은 특히 적절하게 만들어져 이해되고 동시에 다양하게 그리하여 더욱 적용 가능하게 기억 속에 저장된다. 스포츠의 과학 연구보고서 1993 일본 체육협회가 실시한 앙케이트 조사 결과 바르셀로나 올림픽 출전 선수 219명을 대상으로 '경기에서 이기기 위해서 가장 필요한 요인인 무엇인가'라는 질문에서 다음과 같이 집중력이 가장 필요한 요인으로 밝혀졌다.

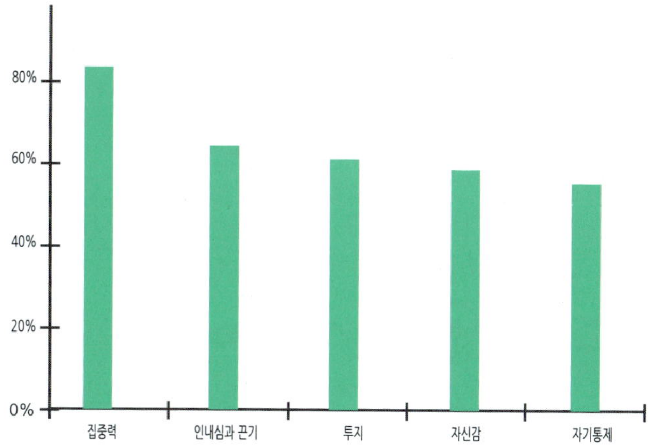

〈그림 부록 Ⅰ-4〉 '매우 필요하다'고 응답한 선수의 비율

□ 집중리듬에 맞춰라.

일반적으로 우리들의 집중력은 월요일에 가장 높고 금요일로 갈수록 집중도가 떨어진다. 하루 단위로 볼 때는 막 등교를 했을 때가 가장 피로도가 낮고 집중도가 높으며 그 이후에는 점점 집중력이 떨어지는데, 날에 따라서는 하교하기 전에 집중력이 올라갈 수 있다. 월요일과 화요일에는 다른 요일에 비교해서 눈에 띄게 집중력이 높은 것을 알 수 있다.

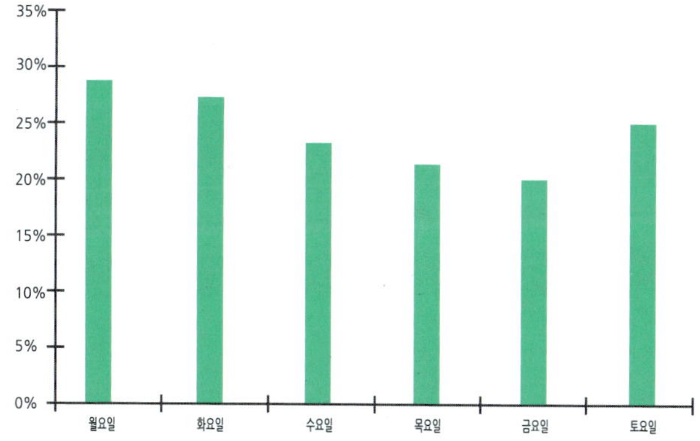

〈그림 부록 Ⅰ-5〉 요일별 집중도

시간대별 집중도는 오전 11시에 오전 중의 집중도가 가장 떨어지고 오후 3시경에 하루 중 집중도가 가장 낮아지므로 이 시간대를 피해서 공부를 열심히 하는 것이 학습의 효율을 높이는 방법이다.

Tip 오전 11시와 오후 3시는 하루 중 집중도가 가장 낮은 시간대이다.

[쉬어가기](에란카츠, 2000)

아래의 단어들을 단 한 번 그리고 정확히 읽어 본다
봄 과 여름 가을 그리고 겨울 그리고 꽃 의 그 놀라운 무지개 세종대왕 빛 의 색깔 그 사이 비치는 눈부신 그리고 황홀한 이슬 자국 그리고 겨울 그리고 꽃 의 그 놀라운 무지개 세종대왕 빛 의 색깔 그 사이 비치는 눈부신 그리고 황홀한 이슬 자국

▸ 기억나는 대로 단어들을 차례대로 적어보자.

___

___

▸ 처음부터 다섯 번째 단어까지를 차례대로 적어보자.

___

___

□ 인출이론 (retrieval theory)

일단 학습된 정보는 일생동안 두뇌에 남아 있다. 장기 기억 장소에 저장하기 위하여 끊임없는 집중과 복습이 뒤따라야 한다.

□ 시연 (rehearsal)

정보를 반복하는 전략이다. 우리는 태어날 때부터 자주 마주치는 것을 기억하고 자주 접하지 않는 사건은 잊어버린다. 반복 또 반복만이 살아날 길이다. 시험기간이 되면 유인물을 들고 길을 가면서 혼자 중얼중얼하는 학생을 볼 수 있다. 이러한 활동이 시연에 속한다. 깊이 있는 학습과정보다 기초적 암기 과제에 적합한 전략이다(Paul Chance, 2003).

□ 간섭이론 (inference theory)

이전 정보와 새로운 정보가 충돌하는 것이다. 이를 막기 위해서는 되도록 유사한 내용은 이어서 공부하지 않는 것이 좋다.

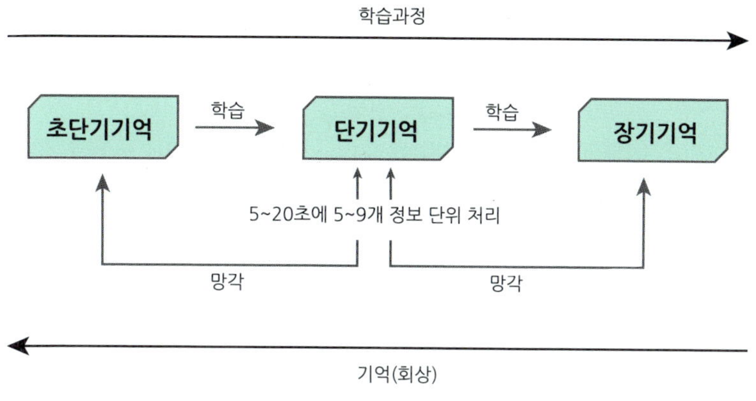

〈그림 부록 Ⅰ-7〉 학습과 기억과정 변화

□ 하위 조직화 (organization)

기억해야 할 사물을 하위 집단 또는 하위 집단의 위계에 배열시키는 것이다. 예를 들어 당근, 트럭, 케이크, 브로콜리, 자전거, 버스, 아이스크림, 강낭콩, 기차, 토마토, 캔디, 푸딩, 비행기, 스쿼시, 청량음료를 공부하라고 한다면 3개의 집단인 야채, 운송기관, 단 것으로 나눌 것이다. 스스로 조직화 해 나갈 때 더 많은 것을 기억해 낸다. 이 결과를 생성효과(generation effect)라고 부른다(프레데리크 페스터, 2004).

□ 정교화 (elaboration)

기억해야 할 사물끼리 서로 짝짓기를 하는 것이다. 예를 들어 고양이–리본, 코끼리–핀과 같은 단어 짝짓기가 제시된다면, 하나의 항목과 다른 항목을 연결시키는 정신적 이미지가 형성된다. 이와 같이 관련 있는 이미지를 서로 연결하여 이용하는 것은 학습하는데 매우 효과적이다. 이렇게 함으로써 언어를 이미지화하여 기억에 도움을 준다. 또한 학생들이 자신의 이미지를 자유롭게 구성할 때, 생성효과가 나타나며 특히 이미지는 다른 단어에 대한 추가적인 인출단서로 활용된다. 정보를 의미 있게 만들어 주고, 새로운 정보를 학습자의 기존 지식과 연결시켜 장기기억에 저장하도록 하는 전략이다.

□ 장소법 (method of loci)

암기하고자 하는 학습을 친숙한 경로와 연결하는 것을 말한다. 예를 들어 시험을 치기 위해 20개의 사물 목록이 주어졌을 때 우리는 그 사물을 20개의 주요장소로 나눈다. 이웃집, 코너에 있는 가게, 다음 코너에 있는 교회 등으로 나누고 그런 후 각각의 목록을 중요 장소에 덧붙여 상상할 수 있다. 또는 집에 들어가서 움직이는 동선을 머릿속으로 상상하며 그 동선에 맞는 장소에 외울 목록을 배치시키고 그 장면을 떠올려 보면 된다. 예를 들어 설탕, 신발, 오토바이, 사전, 도끼, 호박, 컴퓨터, 종이컵, 강아지를 외워야 할 경우를 생각해보자(한국부잔센터, 1994)

설탕이 우리 집 부엌 서랍에 반쯤 먹다 만 채로 있고, 신발은 신발장 두 번째 칸에 있으며, 오토바이는 거실에 눕혀져 있고, 사전은 컴퓨터 방 책상위에 놓여 있으며, 도끼는 베란다 서랍에 있으며, 호박은 반쯤 잘려 부엌 식탁에 놓여 있다. 컴퓨터는 현관 옆 방 책상위에 놓여 있으며, 종이컵은 거실 식탁위에 있고, 강아지는 거실 텔레비전 옆에서 졸고 있다고 이미지화 시킬 수 있다.

□ 핵심 단어법 (keyword method)

새로운 단어를 외우는데 유용하다. 새로운 단어를 알게 되면 그 단어의 한 부분이 유사음이나 단어 내에서 이미지화하기 쉬운 용어로 연결될 수 있는지를 찾아낸다. 예를 들어 caterwaul이라는 단어에서 우리는 cat과 wall이라는 두 단어를 확인하게 된다. 또는, '식물의 뿌리는 흙을 단단하게 붙잡아서 대기로 날아가거나 하수구로 씻겨 들어가는 토양 입자의 양을 줄인다'의 핵심내용은 '흙을 단단하게 붙잡는다'와 같이 기억할 내용의 일부를 따서 단어나 문장으로 만드는 방법이다.

□ 두 문자법

첫 글자를 따서 단어나 문장으로 만드는 것이다. 우리가 조선 왕조의 왕의 이름을 외우기 위해 사용했던 '태(조) 정(종) 태(종) 세(조) 문(종) 단(종) 세(조) 예(종) 성(종) 연(산군) 중(종) 인(조) 명(종) 선(조) 광(해군) 인(종) 효(종) 현(종) 숙(종) 경(종) 영(조) 정(조) 순(종) 헌(종) 철(종) 고(종) 순(종)'이 대표적인 사례이다.

□ 이미지화

caterwaul단어가 '시끄러운 싸움'이라는 의미를 알게 되면 두 마리 고양이가 벽에서 싸우면서 큰소리로 우는 장면을 떠올릴 수 있다. 생성효과와 더불어 이미지가 사용되면 효과가 증대된다.

□ 연상 작용

예를 들어 자동차, 참새, 컴퓨터, 책, 수박, 양초, 프라이팬, 오렌지, 자동차, 강아지, 치마를 기억해야 한다면, 목록을 훑어보고 상상을 한다. 첫 번째 자동차는 형태를 알고 있다. 자동차가 눈앞에 있는 것처럼 구체적으로 상상한다. 자동차의 종류와 색깔을 상상한다. 두 번째는 참새이다. 자동차와 참새를 연결시키면 왠지 어울리지 않지만 여러분이 좋아하는 자동차위에 참새가 와서 똥을 누고 있다. 다음에 컴퓨터를 기억해야 한다. 1m의 참새가 컴퓨터를 보고 누워서 깔깔거리고 웃고 있다. 침대와 컴퓨터는 그대로 두고 다음에 책과 컴퓨터를 연결 지어 상상해보도록 한다(프레데리크 페스터, 2004).

기억 전략 Tip!

- 좋아하는 과목에 흥미를 갖자.
- 누군가 시키지 않아도 스스로 기억하겠다는 의지를 갖자.
- 암기하려는 내용과 함께 무엇을 알아야 하는지 배경지식을 확인하자.
- 암기할 내용을 노래로 바꾸어 유행가 가사에 맞추어 외워보자.
- 공부할 내용을 시각적, 청각적으로 생각하거나 표현해 보자.
  (시각-밝고 경쾌한 색, 청각-소리, 후각-냄새, 미각-맛, 촉각-매끄러운·오톨도톨한 껍질 등)
- 새로 배우거나 공부하는 내용을 기존의 내용과 연결시켜 암기하자.
- 장기기억으로 넘어가기 위해 최소한 15초 정도가 필요하다. 그러므로 충분한 시간과 노력을 기울이자.

참고문헌

토니부잔(1994). 반갑다 마인드맵. 사계절.

에란카츠(2000). 박미영역. 슈터기억력의 비밀. 황금가지.

프레데리크페스터(2014). 기억혁명 학습혁명. 해나무.

Vester, Frederic(2004). Was geht in unserem Kopf vor, wie lernt das Gehirn, und wann läßt es uns im Stich? Denken, Lernen, Vergessen. Stuttgart: Deutsche Verlags-Anstalt.

Anderson(1995). Learning and memory: An intergrated approch. New York.:Wiley.

Weinstein &Mayer 2014 The teaching of learning strategies. In M. C. Wittrock(Ed.), Handbook of research on teaching (3rd ed.. p.315-327). New York::Macmillan.

Paul Chance(2013) Learning @ Behavior. Thomson.

김홍자(2016). Power, Learning Strategy. 화수목

부록 2 인간관계론

1. 나의 대인관계척도는?
   1) 자각 있는 유능한 인간관계
   2) 자각 없는 유능한 인간관계
   3) 자각 있는 무능한 인간관계
   4) 자각 없a는 무능한 인간관계
2. 인간관계의 전략
   1) 설득을 어렵게 하는 요인 진단
   2) 논쟁에서 이긴다는 것
   3) 적을 만드는/피하는 법
   4) 사람의 마음을 움직이다
   5) 인간의 욕구를 불러일으키다

부딪히는 인간관계
현명하게 대처하는 방법은?

부록 2 인간관계론

01 나의 대인관계 척도는?

1	나는 인간으로서, 나 자신에 대하여 ______	① 매우 불만족하는 편이다 ② 다소 불만족하는 편이다 ③ 그저 그렇다 ④ 다소 만족하는 편이다 ⑤ 매우 만족하는 편이다
2	나는 인간으로서, 다른 사람에 대하여 ______	① 매우 불만족하는 편이다 ② 다소 불만족하는 편이다 ③ 그저 그렇다 ④ 다소 만족하는 편이다 ⑤ 매우 만족하는 편이다
3	다른 사람들은 나를 인간으로서, ____ 사람으로 볼 것이라고 생각한다.	① 매우 불만족스러운 ② 다소 불만족스러운 ③ 그저 그런 ④ 다소 만족스러운 ⑤ 매우 만족스러운
4	다른 사람들은 자기 자신을 인간으로서 ____ 사람으로 본다.	① 매우 불만족스러운 ② 다소 불만족스러운 ③ 그저 그런 ④ 다소 만족스러운 ⑤ 매우 만족스러운

5	다른 사람들과 나의 관계는 ______	① 매우 원만하지 못한 편이다 ② 다소 원만하지 못한 편이다 ③ 그저 그렇다 ④ 다소 원만한 편이다 ⑤ 매우 원만한 편이다
6	나는 다른 사람의 바라는 것이나 욕구를 ________	① 거의 깨닫지 못하는 편이다 ② 다소 깨닫지 못하는 편이다 ③ 그저 그렇다 ④ 다소 깨닫는 편이다 ⑤ 매우 잘 깨닫는 편이다
7	나는 나 자신의 감정을 ________	① 거의 이해하지 못하는 편이다 ② 다소 이해하지 못하는 편이다 ③ 그저 그렇다 ④ 다소 이해하는 편이다 ⑤ 잘 이해하는 편이다
8	나는 다른 사람의 감정을 ________	① 거의 이해하지 못하는 편이다 ② 다소 이해하지 못하는 편이다 ③ 그저 그렇다 ④ 다소 이해하는 편이다 ⑤ 잘 이해하는 편이다
9	나는 다른 사람과의 의사소통에 ________	① 매우 어려움을 느끼는 편이다 ② 다소 어려움을 느끼는 편이다 ③ 그저 그렇다 ④ 다소 쉽게 느끼는 편이다 ⑤ 매우 쉽게 느끼는 편이다
10	다른 사람에 대한 나의 민감성(감수성)은 ________	① 매우 느린 편이다 ② 다소 느린 편이다 ③ 그저 그렇다 ④ 다소 빠른 편이다 ⑤ 매우 빠른 편이다

11	다른 사람에 대한 나의 온정적인 태도는 ________	① 매우 적은 편이다 ② 다소 적은 편이다 ③ 그저 그렇다 ④ 다소 많은 편이다 ⑤ 매우 많은 편이다
12	다른 사람에 대한 나의 표현이나 개방성 정도는 ________	① 매우 적은 편이다 ② 다소 적은 편이다 ③ 그저 그렇다 ④ 다소 많은 편이다 ⑤ 매우 많은 편이다
13	나는 다른 사람의 느낌을 이해하는 것이 ________	① 매우 어렵다 ② 다소 어렵다 ③ 그저 그렇다 ④ 다소 쉽다 ⑤ 매우 쉽다
14	나는 다른 사람의 이야기를 듣는 것이 ________	① 매우 어려운 편이다 ② 다소 어려운 편이다 ③ 그저 그렇다 ④ 다소 쉬운 편이다 ⑤ 매우 쉬운 편이다
15	나는 다른 사람을________	① 거의 신뢰하지 않는 편이다 ② 다소 신뢰하지 않는 편이다 ③ 그저 그렇다 ④ 다소 신뢰하는 편이다 ⑤ 매우 신뢰하는 편이다
16	나는 다른 사람에 대하여 ________	① 매우 거리감을 느끼는 편이다 ② 다소 거리감을 느끼는 편이다 ③ 그저 그렇다 ④ 다소 친근감을 느끼는 편이다 ⑤ 매우 친근감을 느끼는 편이다

17	나는 인간관계에 있어서 자신감이 ________	① 매우 적은 편이다 ② 다소 적은 편이다 ③ 그저 그렇다 ④ 다소 많은 편이다 ⑤ 매우 많은 편이다
18	나는 나의 개인적 관심사에 대해서 다른 사람과________	① 거의 나누지 않는 편이다 ② 다소 나누지 않는 편이다 ③ 그저 그렇다 ④ 다소 나누는 편이다 ⑤ 많이 나누는 편이다

[평가]

대인관계 척도는 Schlein, Guerney(1975)의 Relationship Change Scale을 문선모(1980)가 번안하여 사용한 것이다. 전체 18문항으로 5점의 Likert 척도이며, 점수가 높을수록 대인관계가 건강하다고 할 수 있다. 90점 만점에 45점 이상이면 대인관계가 보통 이상이 되며 45점 이하이면 바람직한 대인관계를 위해 노력해야 한다고 볼 수 있다.

대인관계척도의 하위 영역으로 '만족감'을 1,2,3,4번으로 / '의사소통'은 9,14번 / '신뢰감'은 15번 / '친근감'은 5,11,16번 / '민감성'은 6,10번 / '개방성'은 12,17 / '이해성'은 7,8,13번으로 각각의 영역이 나뉘어 있다.

1) 자각 있는 유능한 인간관계

목적을 달성하기 위해 상대와 상대의 상황에 따라 어떻게 행동해야할지 아는 전략적 관계.

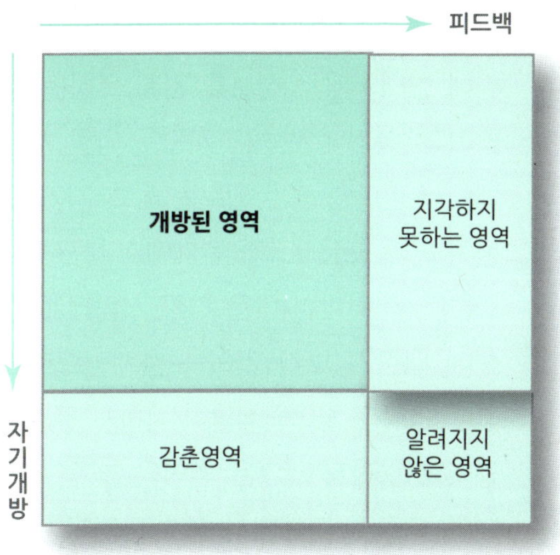

주도적으로 자기를 개방하고 자신을 개방한 만큼, 상대의 정보도 피드백을 받아 원만한 대인관계를 형성해 나가는 사람이다. 이런 사람들은 대개 솔직하고, 개방적이며, 감수성이 뛰어나며, 자신감이 있고 안정적이며, 자기 개방을 두려워하지 않고, 다른 사람에 대해서도 방어적이지 않기 때문에 상대방도 자신을 노출하기를 주저하지 않게 되어 원만한 인간관계를 형성할 수 있다. 그러나 항상 명심할 것은, 아무리 자신이 있고 안정적이더라도 상대방의 개방정도와 피드백에 따라서 서서히 자신을 개방하는 것이 필요하다는 사실이다(이경순외 2인, 2015).

2) 자각 없는 유능한 인간관계

대인관계 능력은 있지만 상대와 상황에 따라 대응능력이 부족한 관계.

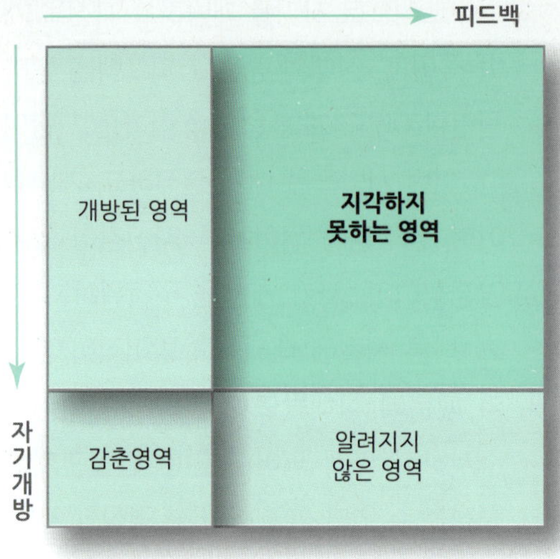

상대에게 자기 개방은 많이 하지만, 이에 비해 상대에게서 정보를 얻지 못하는 사람이다. 여기에 속하는 사람은 다른 사람에게서 피드백 되는 정보는 적고, 자기 개방이 크기 때문에 대인관계에서 불균형을 이룬다. 이러한 사람은 다른 사람에게 자신에 대한 정보를 많이 노출시킴으로써 감춘 영역은 줄어들지만 지각하지 못하는 영역과 알려지지 않은 영역은 크게 늘어난다. 다른 사람에게서 정보를 얻지 못하기 때문에 항상 자기를 중심으로 일어나는 문제에 대해 말을 많이 하는 유형이다. 따라서 자신에 대해 더 이상 자랑할 것이 없으면 성공한 일가친척이나 친구, 동창생, 심지어는 그냥 아는 사람에 대한 자랑까지도 늘어놓으면서 자신에 대해 과장되게 선전하는 경향이 있다. 그러나 이런 사람은 다른 사람에게 큰 피해를 주지 않기 때문에 그에게서 얻은 정보를 크게 신뢰하지 않으면서 그냥 가볍게 들어주기만 하면 된다(이경순외 2인, 2015).

ㅁ 명료화하기(Clarification)를 통한 적극적 경청반응을 한다. 예를 들어 '~한 말인가요?', '~한다는 생각이 듭니까?' 라는 식의 질문을 통해 명료화 한다.

ㅁ 대상자가 말한 내용을 다르게 표현한다(Paraphrasing). 예를 들어 "아이들이 나를 우습게보고 놀리는 것 같아요. 애들이 내가 무슨 말을 하면 엉뚱하고 바보 같은 사람으로 보는 것 같아서 대화에 집중할 수 없어요."라는 말을 듣고 "길수가 무엇이든 하나라도 잘하면 아이들이 무시하지 않을 거란 말이구나."로 바꾸어 말하여 적극적 경청

반응을 한다.

ㅁ 대상자의 메시지 가운데 감정과 관련된 부분을 바꾸어 말하기

3) 자각 있는 무능한 인간관계

필요한 것은 알지만 어떻게 행동해야 할지 몰라 안타까워하는 인간관계.

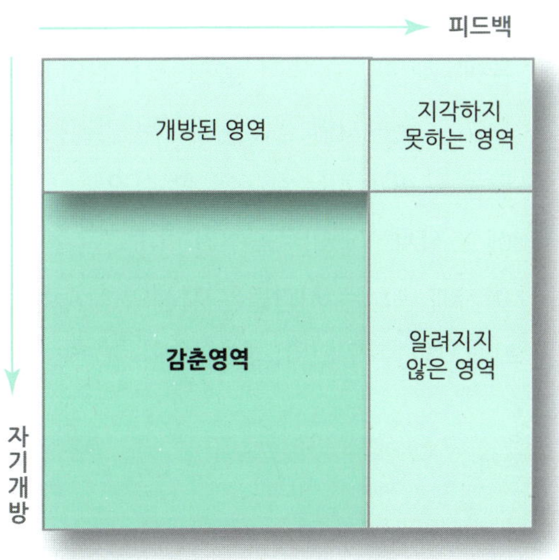

대인관계 초기에는 자기 개방을 하는 체하지만 실제로는 무자각의 유능한 인간관계와는 반대로 자기 개방은 거의 하지 않고 상대방의 정보를 얻는 데에만 급급한 사람이다. 지각하지 못하는 유형은 줄어들지만 숨긴 영역이나 알려지지 않은 영역은 그대로이다. 이 유형의 사람들은 다른 사람의 이야기를 경청하면서 남의 정보를 열심히 캐기 때문에 상대방이 처음에는 깨닫지 못하다가 시간이 지날수록 이 사실을 눈치재기 때문에 이 사람을 경계한다.

이러한 사람과의 대인관계는 항상 일정한 거리를 둠으로써 자신의 정보를 노출하지 말아야 하며, 너무 친하게도 너무 소원하게도 지내지 않는 것이 필요하다(이경순외 2인, 2015).

4) 자각 없는 무능한 인간관계

자신이 대인관계에 무슨 문제가 있는지도 모르고 상대방만 탓하는 무능한 인간관계.

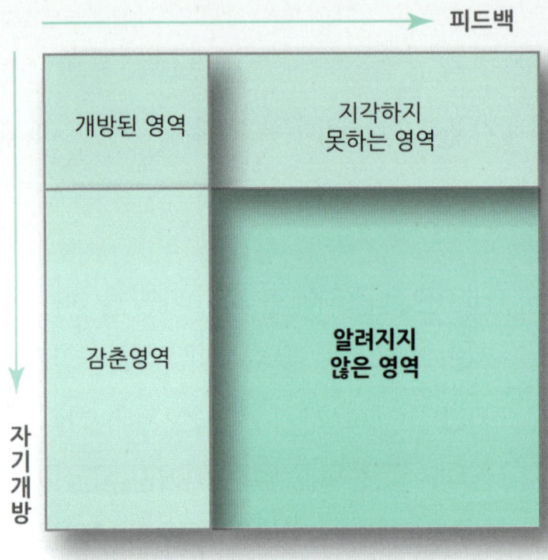

자기 개방도 없고 상대에게서 피드백 되는 정보도 없는 유형이다. 이들은 자신도 개방하지 않고 다른 사람과 대화나 정보 교환이 없기 때문에 의미 있는 대인관계를 형성하지 못한다. 이들은 모든 문제를 자기중심적으로만 생각하고 행동하기 때문에 자신은 아무런 불편이나 죄의식을 느끼지 못하지만 상대방에게는 엄청남 부담을 느끼게 하는 행동을 할 수 있기 때문에 조직사회에서는 골칫거리이다.

여기에 속하는 사람들은 자신의 잠재력을 사장시킬 뿐 만 아니라 다른 사람들의 의욕을 좌절시킬 수 있다(이경순외 2인, 2015).

02 인간관계의 전략

1) 설득을 어렵게 하는 요인진단

□ 일방적으로 추진되는 설득

상대방이 없는 설득은 있을 수 없다. 상대에 대한 배려 없이 설득에 임하는 것은 허공에 대고 쏘아대는 모노드라마와 같다. 자신의 껍질을 깨는 데는 인색하면서, 상대방에게 정보, 의견, 생각의 껍질을 깨라고 아우성을 치면 설득이 되지 않는다.

□ 비난이나 질책

타인의 옳지 않은 행동을 보았을 때는 과감히 비난이나 질책을 해야 한다. 특히 비난을 참는 것은 감정을 억제하는 것이므로 정신적, 육체적 건강에 바람직하지 못하다. 그러나 비난하는 것은 누구나 싫어하므로 적극적으로 비난하는 것은 쉽지 않다. 그러므로 꼭 해야 한다면 간접적으로 하는 것이 좋다.

<사 례 1>

미국의 백화점 왕 존 워너메이커는 백화점의 운영상황을 점검하기 위해 매일 매장을 돌아보는 습관이 있었다. 그러던 어느 날, 물건을 고른 고객이 카운터에 서서 점원이 계산해 주기를 기다리고 있었지만, 아무도 고객에게 관심을 기울이지 않은 채 한쪽에 모여 잡담을 나누고 있었던 것이다. 그때 워너메이커는 아무 말 없이 카운터로 가서 친절하게 계산을 해준 다음, 그를 알아보고 깜짝 놀라 뛰어온 점원에게 포장을 부탁하고는 조용히 나가 버렸다.

□ 자신의 생각을 과신

흔히 자신의 생각을 과신하는 사람과 대화를 하다보면 숨이 턱턱 막히는 듯한 느낌을 받는다. 상황에 따라 유연성을 보이지 못하기 때문일 것이다. 우격다짐이나 억지를 부리지 말고 인간적으로 다가서야 한다. 상대방의 눈높이에서 상대방의 마음속으로 들어가야 한다. 일종의 상호작용인 라포(Rapport)를 형성하여 서로의 현재 상황에 대한 믿음과 이해를 공유해야 한다(구현정, 1997).

라포는 상대방의 지각세계로 들어가서 그의 세상을 지각하고 인식하는 방식으로 세계를 볼 수 있는 능력이며, 여기에는 그러한 나의 지각을 상대방에게 알려줄 수 있는 능력도 포함된다. 즉, 타인의 감정을 정확하게 지각하여 그것을 그에게 알려주고 그로 하여금 자신이 이해받고 있음을 인식하게 하는 것이라고 할 수 있다(Lewis, 1987).

□ 선의는 반드시 통한다는 신화

우리는 항상 좋은 이야기만 하면서 살아갈 수 없다. 때로는 어려운 말을 꺼낼 때 선의의 마음으로 변명하거나, 거짓말을 하거나, 비난 · 거절 · 충고를 해야 할 때도 있다. 이런 말들은 하기가 어렵기 때문에 사람들은 보통 '선의니까 당연히 알아주겠지'라고 생각하게 된다. 선의를 알리는 전략은 첫째, 최대로 부담감을 느끼지 않도록 해야 한다. 둘째 구체적이고 명확하게 표현해야 한다. 아무리 선의의 뜻으로 자신의 마음을 전달한다고는 하지만 상대방에게 선의가 반드시 통하는 것은 아니다.

□ 상대를 말로써 이기려한다.

대화할 때 무의식적인 신체언어가 더 전달 효과가 뛰어나므로, 의식적으로 상대의 신체언어를 관찰하면 보다 효과적으로 대응할 수 있다. 마음은 잔뜩 화가 나 있으면서 '나는 지금 행복하다.'라고 말한다면 아무도 믿지 않을 것이다. 전달하고자 하는 말에 표정과 더불어 제스처가 더해지면 그 효과가 커질 수 있다.

□ 설득을 위한 직권남용

대화를 할 때 직권을 남용하여 상대를 무시하는 경우를 종종 본다. 직위가 높고 권위가 있는 사람들은 상대를 먼저 배려할 줄 알아야 한다. '나'전달법이나 '우리'라고 주어를 쓰면 상대에게 부담을 주지 않고 문제를 함께 해결하려는 의도가 긍정적으로 표현될 수 있다. 가령 "자네 왜 일을 이 모양으로 하나?"라는 표현보다는 "우리 문제가 무엇인지 한번 생각해 보세, 우리 한번 이 서류를 검토해 봅시다."라고 표현한다든지, "넌 왜 이렇게 매일 늦게 들어오니?"라는 표현보다는 "난 네가 늦어서 많이 걱정했단다."라는 표현이 의도가 긍정적으로 표현될 수 있다.

□ 우월감

인간은 감정의 동물이니까 강요당하는 느낌이나 열등감을 전달받고 있다는 생각이 들면 반발심이 생기게 마련이다. 상대에게 생각할 시간과 판단할 자격을 주면, 상대는 정리를 하면서 마치 자신이 주도적으로 결정을 내리는 듯한 착각에 빠지게 된다. 따라서 반발이 일어날 여지를 차단시킬 수 있다. 예를 들어 "나 오늘 일이 많으니까 7시에 만나자." 보다는 "7시에 만날래? 아니면 8시에 만날래?"라는 질문으로 먼저 만남을 기정사실화하고, 선택권을 상대방에게 주어 스스로의 의사로 선택한 것처럼 만드는 것이다.

□ 온정에 지나친 호소

지하철에서 구걸을 하는 사람들은 보통 사람들의 동정심에 호소하고자 애걸에 가까운 말을 하지만 그냥 막연히 도와달라고 부탁하면 모른 채 가버린다. 지하철에서 어떤 초로의 할아버지가 자신의 처지를 호소하여 많은 사람들에게 돈은 물론이고 격려의 말까지 듣는 것을 볼 수 있었다. "비록 나이는 들었지만 자식들에게 신세 안지고 떳떳하게 살고 싶어 작은 행상을 나섰습니다. 여러분의 도움이 필요합니다." 요구를 할 때는 당당하게 그리고 구체적으로 해야 하며 먼저 상대방을 인정하고 상대방 스스로 당신을 돕게 호소를 해야 한다.

2) 논쟁에서 이긴다는 것

<사 례 1>

어느 날 밤 만찬회에 참석하였다. 한창 식사를 하던 중 내 옆에 있던 사람이 '인간이 일을 벌여 놓으면 그 끝은 신이 완성한다'는 말을 인용하였다. 이것이 성서에 나오는 문구라며 인용의 출처를 말하였다. 하지만 나는 그 인용문의 출처를 알고 있었고, 그의 말이 틀렸다고 생각했다.

그래서 나는 자신의 중요성과 우월감을 만족시키고자 그의 잘못을 지적하였다. "그 말은 셰익스피어에 나오는 문구입니다."라고 말이다. 그러자 그는 "셰익스피어라고요? 천만의 말씀! 성서에 나오는 것이 틀림없소!" 라고 고집을 피웠다.

그래서, 내 옆에 있던 친구가 오랫동안 셰익스피어를 연구하고 깊은 조예가 있다는 것을 떠올리고 그의 의견을 물어보기로 했다. 그러자 친구는 테이블 아래로 내 발을 툭 건드리며 나에게 이렇게 말했다. "친구! 자네가 틀렸어! 성서에 나오는 말일세!"

그 날 밤 만찬연회가 끝나고 돌아서는 길에 친구에게 다시 물었다. "자네! 그거 셰익스피어 맞지 않나? 자네도 알고 있지 않은가?" 그러자 친구는 "그럼, 맞네. 세익스피어 일세, 햄릿의 5막2장에 나오는 말일세!" 그래서 나는 "그럼 왜 아까 전에 왜 그렇게 말했는가?" 라고 하자, 친구는 "우리는 오늘 경사스러운 자리에 초대되어 온 사람일세! 굳이 그 사람의 잘못을 증명하여야만 하겠는가? 증명을 하면 호감을 얻게 되는가? 상대의 체면도 생각해 줘야지. 게다가 상대방이 자네의 의견을 물어 본 것도 아니지 않은가? 논쟁을 하려거든 때와 장소를 가려서 해야지." 라고 말하였다.

사 례 2>

"어림없는 소리! 당연히 세금의 대상이 됩니다!" 세무감사관은 냉정하고 거만하게 그리고 단호히 자기의 주장을 굽히지 않았다. 이유는, 회사의 소득세 고문을 맡고 있는 K는 세무감사관과 논쟁 때문이다. 소득세 고문은 5억원 항목과 관련하여 남에게 빌려주고 돌려받지 못한 채권임을 항변하는 과정에서 나타난 말이다.

소득세 고문이 아무리 조목조목 설명해도 자신의 주장을 굽히지 않았다. 오히려 논쟁이 진행될수록 세무감사관은 오기를 부렸다. 그래서 일단, 전략을 바꾸어 논쟁을 중단하고 화제를 바꾸어 상대를 칭찬하기로 하였다.

"정말 당신의 일은 힘든 일이군요! 저는 사업상 필요로 세금공부는 했습니다만, 책에서 배운 지식에 불과하거든요. 당신은 실제 경험을 통해 얻은 지식이겠죠? 저도 당신과 같은 일을 해보기를 늘 원했었습니다. 참 배울 점이 많은 것 같아요." 물론 나의 본심이기도 했다.

그러자, 세무감사관 자세를 고쳐 의기양양하던 태도를 바꾸고 자신이 적발한 탈세사건부터 자신의 자식과 딸의 이야기까지 하였다. 며칠 후 세금이 신고대로 결정되었음을 전해왔다.

논쟁에서 이기려면 우선 상대를 알아야 하고 상대를 알려면 먼저 상대의 의견에 귀를 기울여야 한다. 상대방의 말에 '주의'를 집중하면 그 속에서 상대가 원하는 것, 하고 싶어 하는 것을 캐낼 수 있다. 바로 그 점을 잡아내 핵심 펀치를 날리면 그 말은 곧 상대방의 심장에 가서 꽂히고 당신이 기대했던 것을 얻을 확률이 높아진다.

3) 적을 만드는/피하는 법

□ **사람을 가르칠 때는 당신이 가르치지 않는 것처럼 가르쳐야 한다.**

루즈벨트는 재임시절 자신의 판단의 75%만 옳았다면 더 바랄 것이 없다고 하였다. 20세기의 저명한 정치인이 이 정도라면 보통 어느 정도 일까? 자신의 생각 중 55%만 옳다고 자신하는 사람은 월스트리트에서 하루에 100만 달러를 벌 수 있다. 그러나 대부분 사람들은 55%에 미치지 못한다. 꼭, 말로 하지는 않더라도 눈길, 말투, 몸짓 등으로 상대의 잘못을 은연중에 지적하는 경우가 있는데 이것은 명백히 상대를 욕하는 바와 다를 것이 없다. 도대체 상대의 잘못을 무엇 때문에 지적하는가? 상대의 동의를 얻기 위하여? 천만의 말씀이다. 상대는 자기의 지능, 판단, 자랑, 자존심에 상처를 받고 당연히 맞받아 칠 것이다(설기문, 2002).

따라서 상대방은 대개 자신의 생각을 바꾸려는 마음 따위는 조금도 생기지 않을 것이다. 아무리 칸트나 플라톤의 논리를 끌어다 설득한다고 하여도 상대의 의견은 변하지 않는다. 이유는 무엇일까? 한마디로 이미 당신은 상대의 감정을 상하게 하였기 때문이다. 만일 당신이 어떤 일을 증명하려면 상대방이 눈치 채지 못하게 하면 된다. 알렉산더 포프의 말을 인용하면 "사람을 가르칠 때는 당신이 가르치지 않는 것처럼 가르치고, 제안 할 때는 마치 그 사람이 잊고 있었던 것을 생각난 듯이 제안하라."

□ **원수를 사랑하라.**

로버트 E 리 장군은 남부동맹의 의장인 제퍼슨 데이비스에게 자기 휘하에 있던 어느 장교에 대하여 매우 진지한 어조로 칭찬을 했다. 그 자리에 참석한 한 장교가 깜짝 놀라 "장군님! 그자는 틈만 나면 장군님을 중상모략 하는 자입니다. 모르십니까?" 그러자, 로버트 E 리 장군은 "알고 있네. 하지만 의장님은 그 장교에 대한 내 의견을 물었지, 나에 대한 장교의 태도를 묻지는 않았네."

이러한 것은 수강생 여러분도 많이 들어본 말일 것이다. 생각해보자. 2000년 전 그리스도는 '원수를 사랑하라'고 하였다. 기원전 2200년 이집트 왕 악토이는 왕자에게 "사람을 설득하려면 외교적이어야 한다."라고 충고하고 있다.

□ **감정적 장애를 제거하라(canalization)**

인간은 아무 저항이나 별다른 감정 없이 자기의 생각을 자주 바꾼다. 그렇지만 남의 잘못을 지적하면 화를 내고 고집을 부린다. 우리는 실로 어처구니없는 동기로 여러 가지 신념을 가지게 된다. 그러나 누군가 그 신념을 바꾸려고 한다면 무턱대고 거부한다. 이 경우 인간이 중요시하고 있는 것은 분명히 신념자체가 아니라, 위기에 빠진 자존심이다. '나'라는 말은 매우 단순해 보인다. 하지만, '나의 나라, 나의 아버지, 나의 집, 나의 멍멍이, 나의 신'은 강한 의미가 담겨있다. 우리는 자신의 것이라면, 이것을 남이 욕할 경우 매우 분개한다. 왜냐하면, 습관적으로 진실이라고 생각해온 것을 언제까지나 믿고 싶어하기 때문이다. 그러므로 신념을 뒤흔들려고 하면 분개하는 것이다. 사람들의 논쟁이란 대개의 경우 자기의 신념을 고집하기 위하여 논거를 찾는 노력이다(Mckay, M. Davis, M & Fanning, P. 1999).

□ 기분 좋게 yes를 얻어내는 설득의 기술

<사 례>

손님은 예금계좌를 개설하려고 찾아 왔다. 은행직원은 신청용지에 필요사항을 기재해 달라며 몇 가지 질문을 하였다. 하지만, 손님은 어떤 질문에도 대꾸도 하지 않았다. 만일 내가 인간관계공부를 시작하기 전이었다면, 계좌를 개설해 줄 수 없다고 딱 잘라 말하였을 것이다. 부끄럽지만, 사실, 나 자신은 과거에 그렇게 해왔던 것이 사실이다. 은행규정을 핑계 삼아 손님보다 우위에 서서 골탕 먹이는 것이었다. 그래서는 인간관계의 원리에 비추어 생각하고 행동해 보았다. 첫째, '은행 입장의 희망사항이 아닌 고객입장의 희망사항에 대하여 이야기를 하자' 둘째, '처음부터 손님이 YES라고 말하게 하자'이다. 그래서 나는 손님에게 "대답하고 싶지 않으신다면 구태여 하지 않으셔도 됩니다. 그렇지만 손님! 만일에요. 만일사태가 생긴다면 예금된 돈을 법적으로 가장 가까운 친척 분이 받도록 하실 생각은 없으신지요?" 그러자 손님은 'YES'라고 대답하였다. 은행을 위해서가 아니고 자신을 위한 질문이라는 것을 알게 되자, 손님의 태도는 달라졌다. 손님은 자신의 신상명세에 대하여 자세히 말해 주었을 뿐 만 아니라, 나의 권유에 따라 그의 모친을 수취인으로 등록해 신탁계좌를 만들었고 성실한 답변을 해 주었다.

소크라데스의 문답법처럼 상대의 잘못을 지적하려면, YES를 이끌어 본다면 어떨까?

[힌트]

Yes를 얻고 싶다면 먼저 선택권을 주어라.

삼각관계에 있는 사람들은 보통 그 중에서 한 사람을 꼭 선택한다고 한다. 그 두 사람이 아니어도 선택할 기회는 얼마든지 있는데도 '반드시 주어진 범위 내에서 선택해야 한다'는 심리 작용 때문이다. 상대방과 약속을 정할 때나 데이트를 할 때도 이러한 심리작용을 이용하여 무조건 "영화 보러 갈까?"라고 말하기보다 "영화를 볼까? 아니면 연극을 볼까?"라고 선택권을 주는 것이다. 그러면 상대방은 스스로 우월감을 느끼는 동시에 부담감도 들게 된다(공문선, 2014).

4) 사람의 마음을 움직이다

□ **먼저 자기 개방을 하자.**

<사 례>
A : "오늘 동생과 심하게 다투고 학교에 왔는데, 그래서 그런지 영 공부할 기분이 나지 않는구나."
B : "사실은 나도…"

[힌트]

자기 개방이란 자신의 인간적인, 개인적인, 사적인 면모를 드러내 보이는 것으로, 이것은 특히 어느 정도 대상자와의 촉진관계가 형성되었을 때 사용한다. 인간관계가 촉진될수록 감추는 것이 아무것도 없으며 상대방에게 자신의 감정과 생각을 충분히 그리고 완전히 노출시키게 된다. 즉 가장 친근한 수준에서 건설적인 방식으로 자신의 인간적인, 개인적인, 사적인 생각이나 감정, 기분, 경험, 정보등을 개방하는 것이다. 대상자가 자신에게 가장 문제되는 사항에 대해서 이야기 하도록 격려함으로써 감정의 정화(Catharsis)가 일어나게 된다(설기문, 2002). 감정의 표출은 비록 행위 변화가 따르지 않는다 해도 그것 자체가 매우 효과적이다.

□ **칭찬은 고래도 춤추게 한다.**

<사 례>
미국의 코네티컷주에 사는 파멜라 던햄은 일솜씨가 서툰 직공을 감독하고 있었다. 한 직공은 어찌나 신통치 않게 일을 하던지, 다른 종업원들마저 그를 놀려대며 핀잔을 주곤 하였다. 그것이 도리어 작업의 생산성에 나쁜 영향을 주는 것이었다. 감독관 파멜라는 동기를 부여하기 위하여 여러 가지 방법을 사용해 보았으나 별 효과가 없었다. 그러던 중 아주 가끔씩 그 직공이 일을 잘 해내는 경우가 있다는 것을 알게 되었다. 그 때마다 감독관 파멜라는 다른 직공들 앞에서 그를 칭찬하기로 마음을 먹었다. 그러자 그의 솜씨는 향상되었다. 그 결과, 지금은 높은 작업 능률을 올리고 있으며 다른 직원들도 그를 칭찬하고 능력을 인정해 주었다.

[힌트]

한 심리학자는 '사람은 누구나 중요한 사람으로 인정받고 싶어 하는 욕구가 크다'고 말했다. 실제로 타인에게 인정받는 사람은 생각과 행동이 변한다. 마음이 뿌듯해지면서 힘이 생기고 더욱더 잘해야겠다는 의욕이 철철 넘치기 때문이다.

□ **눈높이에 맞추자.**

<사 례1>

아이는 심하게 편식을 하기 때문에 보기에 딱할 만큼 야위었다. 세상의 부모들이 다 그러하듯 그와 아내는 아이에게 잔소리만 늘어놓았다.

“엄마는 네가 이것을 먹었으면 좋겠어.”, “아버지는 네가 몸이 튼튼한 사람이 되어주기를 바란다.” 이런 말을 듣고 아이가 부모의 소망을 들어준다면 더 이상한 일이다. 30세의 아버지 생각을 3살 아이가 이해 못 한다는 것은 누구라도 알고 있다. 그럼에도 불구하고 아버지는 무리하게 밀어붙이려 하고 있다. 결국 이런 방법으로는 안 된다고 생각한 아버지는 이렇게 생각해 보았다. ‘이 아이는 도대체 무엇을 원하고 있는 것일까? 어떻게 하면 아이의 바램과 나의 바램을 일치시킬 수 있을까.’ 이러한 생각이 해결책을 찾게 하였다.

아이는 세발자전거를 타고 집 앞 아스팔트에서 노는 것을 좋아한다. 그때마다 이웃에 사는 개구쟁이가 자전거를 빼앗아 자기 것처럼 타고 다녔다. 자전거를 뺏기면 아이는 울음보를 터뜨렸고, 엄마는 달려와 급히 아이의 자전거를 되찾아준다. 이는 매일같이 반복되었다. 아이는 무엇을 원하는 것일까? 아이는 분노와 상처받은 자존심으로 그 골목대장을 혼내주고 싶어 하고 있었다. 그래서 아버지는 “엄마가 주는 대로 잘 먹으면 머지않아 힘이 세져서 그 골목대장 애를 혼내줄 수 있다”고 말하였다. 이로써 간단하게 편식문제는 해결되었다. 다음 문제로 아이의 오줌싸개 습관을 걱정하고 있었다.

아이는 무엇을 바라는가? 할머니와 같은 잠옷이 아니라 아빠처럼 파자마를 입고 싶어 했고, 자기만의 침대를 사고 싶어 했다. 할머니는 오줌싸개 손자에게 질려버렸기 때문에 버릇만 고쳐진다면 파자마를 사주어도 좋고 침대도 좋다고 했다. 그래서, 엄마는 아이를 백화점에 데려갔다. “이 애가 사고 싶은 물건이 있대요” 하고 백화점 여직원에게 눈짓을 하며 말하였다. 그러자 점원도 눈치를 채고 아이에게 다가가 “어서오세요, 무엇이 필요한가요?”라고 친절히 묻자 아이는 의기양양하게 “나 혼자 쓸 침대요”라고 하였다. 미리 눈짓으로 지시했던 침대를 사고 집에 왔다. 다음날 침대는 배달되었고, 저녁에 아빠가 도착하자 아이는 부리나케 현관으로 가서 “아빠! 새 침대 보세요!” 하며 자랑하였다. 아빠는 침대를 보면서 칭찬을 해주면서 “이렇게 좋은 침대에서는 오줌싸개 안 하겠지?” 라고 말했다. 아이는 그 후로 약속을 지켰다. 자존심이 약속을 지키게 했다. 자기만의 침대, 더구나 자기가 골라 직접 사온 침대이다. 아이가 원하는 것은 어른처럼 의젓해지는 것이었고 그 결과 그렇게 나타났다.

<사 례2>
여자아이들은 엄마흉내를 내고 싶어 한다. 어른이 된 것과 같은 기분이 들기 때문이다. 어느 날 딸에게 아침식사준비를 시켜보았다. 무심한 척 부엌을 들여 봤더니 상기된 표정으로 “아빠! 이것보세요! 내가 지금 아침을 짓고 있어요!”라고 하였다. 그날 아침 아이는 밥을 두 그릇이나 먹었다. 아침식사를 만드는 것에 흥미를 갖고 있던 아이는 자존감을 만족시켰고, 아침식사를 짓는 것으로 자기표현의 방법을 발견했기 때문이다

[힌트]

눈높이를 맞춘다는 것은 대화수준 뿐만 아니라 대화자세도 포함된다. 아이 앞에서 우뚝 선채로 말하면 아이에게 위압감을 주므로 다리를 구부려서라도 눈높이를 맞춰야 하는 것이다. 무엇보다 아이들의 나이에 따라 부모의 눈높이가 달라져야 한다. 아이가 여덟 살 이하라면, 부모의 지시를 이해하는 한 부모의 말에 복종하려 하기 때문에 마음을 움직이기가 쉽다. 그러나 여덟 살이 넘으면 부모의 말을 이해했더라도 간혹 반항하려 하며 이런 경향은 연령이 높아질수록 증대되므로 마음을 움직이는 것이 어려워진다.

□ **공감적 이해(Empathic understanding)를 하라.**

<사 례>

학생 : "반에서 공부 잘하는 아이들과 어울리면 제 공부에도 도움이 될 것 같은데, 전 잘 하는 게 하나도 없는데 누가 나랑 놀고 싶어 하겠어요. 집에서도 아빠는 제가 학교에서 적응을 못하니까 저에 대해 완전히 포기하신 것 같아요. 이래라 저래라 아무런 말씀도 없으세요. 엄마는 저 때문에 속상해서 밥도 잘 안 드시고…"

교사 : "학교에서는 친구들에게 따돌림 받고, 집에서는 너 때문에 부모님들이 너무나 속상해 하시니까 내가 정말 못났다는 느낌을 받는 모양이구나. 똑똑한 친구들과 어울리며 공부도 잘하고 부모님들도 기쁘게 해드리고 싶은데 상황은 전혀 그렇지 못하니 얼마나 죄책감이 드니?"

[힌트]

자신이 직접 경험하지 않고도 상대방의 감정을 거의 같은 내용과 수준으로 이해하는 것으로, 상대방의 이야기를 그의 관점과 입장에서 듣고 이해하는 것이다. 공감의 핵심은 상대방의 지각세계로 들어가서 그이 세계를 지각하고 인식하는 방법으로 여기에는 그러한 나의 지각을 상대방에게 알려줄 수 있는 능력도 포함된다.

여러 가지 복잡한 일에서 마음을 비운다. ⇨ 상대방에게 집중하도록 노력한다. ⇨ 상대방이 나에게 '무엇을 듣기 원하는가?'를 자문한 후, 상대방이 전달하는 메시지 중에서 가장 중요한 말과 의미를 찾아낸다. ⇨ 공감반응을 전달한다. ⇨ 공감반응이 효과적이었는지를 확인한다. 이것은 대상자가 촉진자와 자신이 함께 있다고 느끼게 하는 것이다(이경순 외 2인, 2006)..

□ 수용적 존중을 하라.

> **<사 례>**
> **학생 : "선생님이 저한테 너무 많은 기대를 하고 계세요. 관심도 많으시고 너무 잘해 주시니까 오히려 부담이 돼요."**
>
> **교사 : "선생님이 공연히 네 일에 너무 많은 관심을 많이 보여서 신경이 많이 쓰이는가 보구나. 혼자서도 일을 훌륭하게 해낼 수 있는데 선생님이 일일이 관심을 보여서 무척 힘들었겠구나."**

[힌트]

'나는 당신을 소중하고 가치 있게 생각합니다. 당신은 내게 중요합니다.'라는 메시지를 통해 대상자에게 존중을 전달한다. 사람들에게 아낌없이 도움을 줄 때 긍정적 배려를 나타내는 것이고 이것이 온정과 존중이다.

주의를 흩트리지 않고 대상자에게 주의를 기울인다. ⇨ 시선을 맞춘다. ⇨ 적절한 상황에 미소를 띤다. ⇨ 대상자 쪽으로 몸을 기울인다. ⇨ 대상자가 어떤 대접을 받고 싶어 할지를 생각한다. ⇨ 대상자의 이름을 부르고 자기소개를 한다. ⇨ 악수를 하거나 가벼운 접촉을 하면서 관계를 시작한다.

□ 일관된 성실성을 보여준다.

> **<사 례1>**
> **학생 : "나의 부모님은 내게 자유를 주고 내 일은 내가 알아서 하도록 했으면 좋겠어, 왜 부모님은 내가 하는 말을 믿지 못하죠? 왜 내 부모들은 나에게 신경 쓰는 일 외에는 아무 일도 없는 것처럼 그렇게 행동하시지요?"**

교사 : "네가 무엇을 의미하는지 알겠어, 내 부모님도 그렇게 행동해. 그들은 나에게 충고를 했지만 그들이 기대하는 것은 오직 내가 복종하는 것이었어. 나 스스로 내일을 올바르게 처리하고 판단하는 것을 보셨을 때에야 나를 한 인간으로 받아들이기 시작했어. 너의 감정과 생각을 부모님과 좀 더 개방적이고 정직하게 이야기할 필요가 있다고 생각하지는 않니?"

<사 례2>
학생 : "세상에 믿을 사람이 하나도 없어요."
교사 : "누가 누구를 믿을 수 없다는 뜻이지?" (명료화 질문)
학생 : "저는 세상 사람을 아무도 안 믿어요."
교사 : "너는 15세까지 사는 동안 아무도 믿어본 경험이 없니?" (직면적 질문)
학생 : "예? 아니… 믿어본 사람이 있기는 하지만…"
교사 : "그러나 지금 심정은 아무도 믿을 수 없는 심정이라는 거지?" (공감적 이해)
"누구에게 크게 배신을 당한 경험이 있니?" (탐색 질문)

[힌트]

의사 소통자는 대상자로 하여금 문제 상황과 관련된 대상자 자신의 감정, 경험, 행동을 구체적으로 표현하게 하고, 이들이 충분히 구체적이고 명료하게 논의되도록 이끌어간다. 이때, 대상자에게 모순된 정보를 주지 말고 솔직한 태도로 일관해야 하며 이러한 태도는 신뢰감을 갖게 한다.

□ '나' 전달법을 사용하라.

<사 례>
"기숙사에서 방을 함께 사용하는 친구가 옷을 아무데나 벗어놓고 청소도 안해서 지저분합니다. 이런 상황에서 참고 지내는데 속상하기 이를 데 없고 다른 친구를 데려오는 것도 망설이게 돼요." ⇨ ㅇㅇ야, 네 옷이 어질러져 있고 방이 정돈이 안 되는 구나! (문제 행동 명확히) 나는 네가 나와 함께 쓰는 공간을 이렇게 어지럽히는 것이 불편해. (나 진술) 네 옷은 네가 정리했으면 해. (요청) 그러면 우리 이 방을 더 넓게 쓸 수 있고 내 친구도 데려올 수 있을 거야. (격려)

[힌트]

문제가 되는 행동을 명확히 하고 자신이나 타인에게 해가 되는 행동에 주목하여, 인격에 손상이 입지 않도록 왜 그 행동이 문제가 되는지를 진술한다. 이때, 그들의 행동에 대해 어떻게 느끼는지를 표현한다. 그리고 행동의 변화를 정중하게 요청하여 그로인해 일어날 수 있는 긍정적인 결과와, 변화가 일어나지 않으면 일어날 수 있는 부정적인 영향을 강조함으로써, 대상자가 행동을 변화시킬 수 있도록 격려한다.

5) 인간의 욕구를 불러일으키다.

평범한 사람은 다음과 같은 것을 바랄 것이다.

1 건강과 장수
2 음식과 수면
3 돈 또는 돈으로 살 수 있는 것
4 내세(來世)의 생명
5 성욕과 만족
6 자손의 번영
7 자기 자신의 중요성

1~6은 생존으로서 필요한 욕구이지만, 7은 사회적 욕구로서 성공적인 인간관계를 형상화하는데 있어서 필수요인이다. 자기 자신에 대한 가치가 있는 인간으로 간주되어 존중받을 수 있어야 한다. 그러기 위해서는 인간에 대한 사랑과 따뜻한 태도를 기본적으로 갖추고 있어야 할 것이다. '나는 당신을 소중하고 가치 있게 생각합니다. 나는 상대방에게 중요합니다.'라는 메시지를 통해 대상자에게 존중을 전달한다. 이는 대상자의 독특성에 대한 이해를 하면서 존중심은 커진다. 예를 들면, 울고 있는 대상자의 옆에 앉아 있어주던지, 어떤 사건에 대하여 대상자와 진실한 웃음을 나눈다던지, 말하기를 원하지 않는 어떤 경험에 대해서는 대상자의 요구를 수용한다. 대상자 때문에 불거진 분노나 받은 상처들에 대해서 대상자에게 이야기 할 수 있을 정도로 개방적인 것도, 곧 대상자를 존중하고 있음을 뜻한다.

상대방이 누구이며, 무엇을 하고 있고, 또 중요한 존재임을 인식하고 있다는 느낌을 전달하여 대인관계의 기능을 촉진한다.

이것을 만족시키는 것은 매우 어려운 일이다. 다음의 예에서 자기 자신의 중요성을 만족시키려는 노력을 예로 들어 보겠다.

예1) 청소년 범죄자는 자아 덩어리와 같았다. 체포된 후 대서특필된 자신의 모습이 담긴 신문을 보여 달라고 하였다.

예2) 록펠러는 낯선 중국의 빈민을 구제하고자 북경에 근대식병원을 지었다.

예3) '딜린저'는 도둑질, 은행 강도, 나중에는 살인범이 되었다. 경찰에게 쫓겨 시골의 한 농장에 뛰어 들었을 때, 그는 "나는 딜린저다! 너희를 해칠 마음이 없다." 라고 하였다.

참고문헌

공문선(2014). 전략적 대화법. 흐름출판.

구현정(1997). 대화의 기법. 한국문화사.

이경순.이미경.김경희(2015). 인간관계와 의사소통. 현문사.

설기문(2002). 인간관계와 정신건강. 학지사

McKay, M., Davis, M. & Fanning, P.(1999), 임철일.최정임 역, 효과적인 의사소통을 위한 기술. 커뮤니케이션 북스.

Lewis G.K.(1987). Nurse-patient communication(3rd ed.). Dubuaue. L.A: Brown.

공문선(2016). KBS 아침마당

부록 3 포트폴리오

1. 포트폴리오 정의

부록 3 포트폴리오

01 포트폴리오 정의

포트폴리오(portfolio)란 자신이 만든 작품을 지속적으로 모아 둔 작품집을 이용한 평가 방식이다. 여기에는 본인이 한 학기 동안 수행한 간단한 기록이나 짧은 요약으로 되어 있는 숫자상의 성적에서부터 체크리스트 등의 보다 더 다양한 자료를 포함하고 있다. 즉 본인이 학습한 내용을 스스로 반성한 내용, 학습내용에 있어서의 향상결과, 또는 학습자의 학습 성향의 장단점을 나타내는 학습자 자료 등의 총괄된 수집물로 본인의 진전된 수행기록의 모둠이라고 할 수 있다(박혜양, 2008. 2015).

□ **포트폴리오의 특징**

포트폴리오 작성은 하나 이상의 주제나 문제에 대한 해결과정을 모두 기록함과 아울러, 이들에 대한 반성적 자기 평가 결과들을 모아 둔 것을 말한다.

- 학습에 있어서의 자기 자신의 능력의 변화과정을 볼 수 있다.
- 자신의 문제해결과정에 있어서의 장점이나 약점, 성실성 여부, 잠재가 능성 등을 스스로 인식할 수 있다.
- 교수자는 학생들의 과거와 현재의 상태를 쉽게 파악할 수 있다.
- 앞으로의 발전방향에 대한 교수자의 평가와 조언이 수월해진다.

예) 작곡을 배우는 학생이 작곡가에게 지속적으로 지도를 받으면서 자신이 작곡한 작품을 만든 순서대로 차곡차곡 모아 둠으로써 자신의 변화발전과정을 스스로 파악할 수 있고, 그 작품집을 이용하여 자기 스스로뿐만 아니라 다른 사람에게 자신의 변화과정을 쉽게 평가 받을 수 있다.

예) 그림, 사진이나 시, 소설 등의 작문이나 논설문도 포트폴리오를 이용하여 평가받을 수 있다.

예) 교과 과제물이나 연구보고서 및 실험 실습의 결과보고서 등을 정리한 자료집을 이용하여 평가받을 수 있다.

[장점]

단편적인 지식만을 암기하도록 조장하는 전통적인 교수 학습 평가 방법을 지양하고 평가자가 학습자의 학습과제 수행과정 및 결과를 직접 관찰한 후, 그 관찰 결과를 전문적으로 판단하는 평가방식으로, 최근 들어 관심이 증대되는 수행평가의 한 가지 방법이다.

[목적]

포트폴리오는 학생들이 학습한 결과들 뿐 만 아니라 시작부터 수행과정 전반에 이르는 모든 내용을 알 수 있게 해주는 평가도구로서 학생들이 그들 자신의 평가와 학습에 있어 참여자로 활동할 수 있는 중요한 시사점을 주며 자기 평가에만 국한되어 있지 않고 동료들의 가치 있는 피드백을 제공받을 수 있다.

1 자신의 학습에 대한 인식을 촉진시킨다.

본인이 자신의 활동에 대한 깊은 사고를 하게 하므로 반성효과에 의해 스스로가 활동의 주체임을 잊지 않게 하며, 하나의 일을 평가받았을 때 다음 일을 위해 자시에게 무엇이 필요한지를 알게 된다.

2 교수들이 학생을 지도할 때 학생 개개인에게 중요한 의미가 있도록 한다.

3 학습자들로 하여금 교과 전반에 대한 통합된 지식을 갖게 해준다.

④ 교수자가 학습을 지도하고 반성하는데 좋은 자료가 되며 더 나아가 학교 교육방법의 개선을 가능하게 한다.

⑤ 학교교육을 통해 학습자들이 얼마나 진보했는가에 대한 실증적인 자료를 수집할 수 있게 한다.

[평가방법]

주제	완성 날짜	평가 상황 및 평가 내용	비고
1. 학기 초 과제 선정		-과제 수행 및 방법의 서술	0-5%
2. 수업내용에 대한 형성 평가		수업 중 - 틀린 문항 풀기 - 자기 평가 및 반성	0-5%
3. 1학기 중간고사		중간고사 기간 중 - 시험지 제출 - 틀린 문항 풀기	0-10%
4. 1학기 기말고사		기말고사 기간 중 -틀린 문항 풀기 -틀린 개수 / 푼 문항의 수	0-10%
5. 학기말 연구보고서		과제 수행에 대한 절차 및 결과	0-60%
6. 교수자의 논평			10-60%

채점기준표에는 모둠자료에 해한 시간적 변화에 따른 능력 발전도, 자료의 다양성, 문제 해결에 대한 증거(생각/추론), 내용의 조직화 및 구성, 학생 자신의 스스로 평가 등을 평가하는 것에 대한 알맞은 기준을 포함할 수 있다. 그리고 각 영역에 대해 우수, 발전적, 부족으로 성취수준을 분류할 수 있다.

성취기준 평가기준		우수 (5점)	4점	발전적 (3점)	2점	부족 (1점)	비고
선택의 다양성	학기 초 선정과제						
내용의 구성	학기 초 선정과제						
반성 및 감상	학기 초 선정과제						
시간적 변화	학기 초 선정과제						
총계	학기 초 선정과제						

포트폴리오 평가 방법은 크게 점수화 또는 수량화하는 방법과 논평으로 처리하는 방법으로 나누어 생각할 수 있다. 점수화, 수량화 방법은 평가 결과 내용에 따라 가중치를 다르게 주어 합산하는 것을 말한다. 예를 들어 노트정리, 과제물, 평가 답안지, 오답노트, 자율학습 근거 등을 정해진 비율만큼씩 반영하여 총점을 부여한다.

논평은 특정한 행동측면(사고력, 창의성, 문제해결능력, 의사소통능력, 계산능력 등)을 중심으로 포트폴리오 구성물들을 검토하여 학생의 진전, 발달 정도를 교수자의 전문적 판단에 따라 진술문의 형태로 기술하는 것을 말한다.

참고문헌

박혜양(2008.2015). 수학교육론 이야기. 도서출판열린교육.

Howard Eves.(1996). 허민외 역. 수학의 위대한 순간들. 경문사.

Wolfram S(1996). The Mathematica book. Third Edition. Cambridge Univ. Press, boston.

저자소개

김 홍 자

김홍자는 카톨릭대학교와 경북대학교 대학원을 졸업한 문학박사로, 독일 프라이부르크 대학(한국학술진흥재단 재정지원)에서 Post Doc. 연구원으로 재직하였다.

홍익대학교, 고려대학교 연구교수로 재직하였으며 현재 영동대학교 교양융합학부 교수로 있다.

주 전공분야는 수업컨설팅, Therapycommunication, 학습전략, 외국어 교육, 텍스트 언어학이며, 저술로는 「불변화사 그리고 담화분석」, 「테마로 배우는 대학학습전략」, 「Teaching_Learning Strategy」이 있다.

연구논문으로는 「돋들림.끊어읽기 언어형태 분석」, 「한국인 영어학습자의 발음편차」, 「말빠름 장애아동을 위한 읽기교육」, 「의전원 입학이전 계열별에 따른 학업성취도 평가」외 40여편의 논문이 있다.

성공적인 대학생활을 위한 학습전략

저　자 : 김홍자

발행인 : 임정대
발행처 : 도서출판 화수목

인　쇄 : 2016년 8월 20일　초판1쇄
발　행 : 2016년 8월 25일　초판1쇄

등　록 : 제2014-000166호

주　소 : 서울시 마포구 신촌로 2길 5-15
전　화 : 02-338-9119
팩　스 : 02-335-2201

ISBN 979-11-86290-65-1
정　가 17,000원